云南财经大学前沿研究丛书

重叠机制视域下的
非洲国际减贫机制

INTERNATIONAL POVERTY-REDUCTION REGIMES FOR AFRICA IN THE PERSPECTIVE OF OVERLAPPING REGIMES

刘美武 / 著

社会科学文献出版社
SOCIAL SCIENCES ACADEMIC PRESS (CHINA)

摘　要

本书在实证分析联合国机制、国际金融机制、国际双边援助机制三大国际减贫机制对非洲援助的基础上，提出了研究问题：援助为何无法实现国际机制的减贫目标。联合国、世界银行、经合组织等对非洲贫穷国家提供了大量的官方发展援助，但非洲仍然无法按期实现千年发展目标。本书认为，国际减贫机制的重叠结构导致非洲无法实现减贫目标。

为了论证这一研究结论，本书从以下 5 方面来展开。

第一，建立了理论分析框架。本书认为，机制是社会有序生活的运行方式，其主要结构包含主体、客体、本体三个部分，机制的功能集中体现为社会治理。本书先把机制的分析层面上升到国际关系领域，论证了国际机制的主体、客体、本体分别是国际行为体、问题领域、国际治理。接着，本书建构了重叠国际机制理论，从问题领域的重叠、行为体重叠、治理重叠三个方面论证了国际机制的重叠结构降低了机制的效能，必须重构国际机制的重叠结构的观点。

第二，建立了研究的实证基础。根据理论分析框架，本书梳理了非洲减贫的三类国际机制：联合国机制、国际金融机制、国际双边援助机制。在此基础上，从问题领域、行为体、治理三个方面剖析了这三类国际机制及其次级机制，系统发掘了这些国际机制对非洲减贫的援助事实，详细分析了国际机制对非援助的效果，指出了援助效果与减贫目标存在的差距。

第三，本书将理论框架与实证研究相结合，分析了以上三类国际机制在问题领域、行为体、治理三方面的重叠情况，指出这三类国际机制在“贫穷的认定标准”“身份与角色”“减贫手段”等问题上存在冲突与矛盾，影响了援助的有效性，导致了国际机制无法实现减贫目标。

第四，本书提出了重叠国际减贫机制的解决方案。由于重叠减贫机制影响援助有效性，重叠结构危害减贫机制的效能，“千年发展目标”进展缓慢。在分析了产生重叠现象原因的基础上，本书从“厘定贫穷标准”“协调援助工具和援助机构”“统一决策机制”等方面重构国际减贫机制的重叠结构，发挥各种国际机制的减贫效能，以促进千年发展目标按期实现。

第五，本书从服务中国和平发展战略的层面深化理论研究的现实意义。随着中非新型战略伙伴关系深入发展，中国对非援助日益广泛，引起了国内外密切关注。为此本书提出：一要在问题领域把最不发达国家认定标准确定为贫穷的标准；二要在援助行为体方面构建规范的援非体系；三要在援助本体方面不断丰富援助形式，实物援助与经验传播并重。通过上述努力构建具有中国特色的援非机制，帮助非洲国家实现减贫目标。

Abstract

Based on the empirical analysis of three major international poverty-reduction regimes for Africa, including United Nations, international financial regimes, bilateral aid regime, the dissertation raises a research question: Why poverty reduction goals set in international aid regimes can not be achieved? United Nations, the World Bank, OECD provided a large amount of official development assistance to poor countries in Africa, but Africa is still not on schedule to achieve the Millennium Development Goals. The dissertation argues that the overlapping structure of the international poverty-reduction regimes hamper Africa's poverty reduction goal.

In order to demonstrate research conclusion, a theoretical framework must be firstly established. This dissertation argues that the regime is operating mode of social order of life, and its main structure contains subject, ontology, and object. The functions of regime can be expressed as social governance. The dissertation lifts firstly the analysis of regime up to the level of international relations, so as to demonstrate the subject, object, ontology in regime is respectively international actors, problem area, international governance in the international regime. Then the dissertation develops the theory of overlapping international regime to demonstrate that the overlapping structure of international regimes can reduce their efficiency and effectiveness. Consequently the overlapping structure of international regimes must be reconstructed from the aspects of overlapping problem areas, overlapping actors, overlapping governance.

Secondly, an empirical research basis must be first established. According to the theoretical analysis framework, the dissertation outlines three major international regimes for poverty reduction in Africa: the United Nations regime, international financial regime, bilateral aid regime. On this basis, the dissertation analyzes the three major international regimes and their sub-regimes from the perspectives of problem area, actor, governance, then to explore the facts of international assistance to Africa by these international regimes for poverty reduction. And the dissertation analyzes deeply aid effectiveness by these international regimes, and finds a gap between the target and real effect.

Thirdly the dissertation analyzes overlapping structure in terms of problem area, actor and governance by combination with theoretical framework and empirical research, and finds conflicts and divergences among "poverty standard", "status and role" and "poverty reduction measures" in three major international regimes, which reduces aid effectiveness and can not achieve poverty reduction goals.

Fourthly the dissertation presents a solution for reshaping the overlapping international regimes for poverty reduction. As the overlapping regimes affect aid effectiveness, " the Millennium Development Goals (MDG)" is off the track. Overlapping structure hurts effectiveness and efficiency of poverty reduction regimes. Based on the analysis of reasons for overlapping the dissertation reforms overlapping structure of international regimes for poverty reduction from the aspects of "poverty standard", "coordination of assistance tools and aid agencies", and " unification of decision-making system", so as to enhance performance of international regimes for poverty reduction and achieve MDG on schedule.

Finally, the dissertation deepens its practical significance for China's peaceful development strategy. With the development of the new China-Africa strategic partnership China's aid to Africa widespread increasingly, and attracts close attention at home and abroad. Accordingly the dissertation maintains that firstly the criteria for LDCs must be specified as poverty standard, secondly standard aid system for poverty reduction in Africa must be established in term of international actor, and thirdly aid tools must be enriched in term of ontology, putting equal significance onto material aid and experiential communication. Developing aid regimes with Chinese characteristics helps African countries achieve poverty reduction goals.

序　言

贫困问题已经成了威胁世界和平与发展的重要问题，当今许多全球性问题都是贫困所诱发的。贫困导致精神和物质的匮乏，也使人的心理和生理发生失衡。人为了争夺有限的资源而诉诸暴力手段，从而导致社会动荡。在国际社会，国际关系行为体的经济社会发展水平悬殊，贫困导致的国内问题产生溢出效应，影响到国际社会的稳定与发展，威胁到整个人类的安全。当今世界，恐怖主义、跨国犯罪、生态危机等非传统安全问题与贫困问题密不可分，即便是在传统安全领域，国家之间争夺资源而导致的战争也不胜枚举。传统国际关系的问题领域主要集中在国家安全、国家利益等方面，近年来，贫困问题日益引起了国际关系学者的关注。

贫困是国际社会的共同敌人，减贫是国际社会的共同使命与责任。根据联合国开发计划署发布的《2014 年人类发展报告》，基于收入的贫困指数显示，全球约有 12 亿人每天的生活成本不超过 1.25 美元，但如果按照联合国开发计划署最新发布的多维贫困指数来衡量，目前在 91 个发展中国家仍有近 15 亿人口生活在贫困之中。贫困阻碍了国际社会平等享有发展成果的机会，许多发展中国家和最不发达国家的民众挣扎在贫困线上，生活艰难，丧失了尊严与体面。贫困地区和国家的社会结构不稳定，生态环境脆弱，各种突发性的生态危机和社会危机频发，族群冲突、社会对抗、政治危机、环境污染、疾病疫情等问题时刻威胁着普通民众。贫困使民众的生活失去依赖，国家的脆弱性徘徊在临界点，也给国际社会带来许多不可确定的风险。在全球化时代，国际风险的传染与扩散更加迅速与普遍，任何国家和地区都无法完全阻隔风险。贫困国家和地区的社会动荡与冲突会影响到周边国家的边境安全，大量难民的出现将给周边国家带来严峻考验。种族冲突、宗教矛盾、族群对抗等问题在贫困的大背景下变得更加激烈，周边国家往往难以置身其外。贫困地区的生态环境脆弱，生态危机和环境污染殃及其他国家。贫困地区疾病频发，并可能迅速向其他国家传染和蔓延，从而导致全球性的公共卫生危机。

贫困带来的灾难使得国际社会的每个成员都无法幸免，减贫是所有国家的共同责任。各国政府尤其是发达国家要把减贫提上政府工作的重要议事日程，努力消除本国的贫困现象，致力于帮助发展中国家和不发达国家减轻贫困，履行必要的国家义务和承诺。发达国家在全球减贫行动中负有更加重要的责任，发达国家要稳定增加对发展中国家的官方发展援助，并达到联合国确定的官方发展援助占发达国家 GDP 0.7% 的目标，给最不发达国家的官方发展援助要占发达国家 GDP 0.15% ~0.20%，向发展中国家和最不发达国家提供长期、稳定、可预期的资金援助。然而，现实情况不容乐观，作为最重要的双边援助机构的经合组织在 2013 年对最不发达国家的官方发展援助总额不足成员国国民总收入的 0.10%，一些重要的发达国家如美国、英国等的官方发展援助不增反降，发达国家没有真正履行国际援助的承诺，国际减贫面临更大的资金压力。当然，近年来发达国家对外援助的形式和途径发生了许多变化，援助的基本原则和价值观也在变化中，对受援国提出了许多标准，这在一定程度上弥补了官方发展援助的不足。作为国际多边援助体系的重要体制，联合国、世界银行、国际货币基金组织在全球减贫进程中应该发挥更大的作用。国际社会应该维护和平与发展的国际环境，尊重发展中国家的自主选择权，提高发展中国家在国际组织中的话语权，建立更加平等公正的国际政治经济新秩序。

当前，联合国千年发展目标进程喜忧参半。截至 2014 年，千年发展目标取得了稳定的进展，有关极端贫困人口减半、将无法获取改善的饮用水源的人口减半的具体目标已提前 5 年完成，以及在实现小学性别均等方面已经到了目标触手可及的阶段，将饥饿人口减半等更多目标也有望在 2015 年的最后期限到来之前如期实现。然而，在普及教育、环境可持续性、关键性的公共卫生指标方面，目标将无法实现，下一个减贫的国际议程还充满变数。

沈丁立

2014 年 7 月于复旦

目录

表目录

图目录

英文缩写简表

AU　非洲联盟，African Union

CDF　综合发展框架，Comprehensive Development Framework

CRS　债权国报告系统，Creditor Reporting System

DAC　发展援助委员会，Development Assistance Committee

EU　欧洲联盟，European Union

GDP　国内生产总值，Gross Domestic Product

GNI　国民总收入，Gross National Income

HDI　人类发展指数，Human Development Index

HIPC　重债穷国，Heavily Indebted Poor Countries

IDA　国际开发协会，International Development Association

IMF　国际货币基金组织，International Monetary Fund

LDCs　最不发达国家，Least Developed Countries

LIC　低收入国家，Low Income Countries

MDGs　千年发展目标，Millennium Development Goals

MDRI　多边债务减免动议，Multilateral Debt Relief Initiative

MPI　多维贫困指数，Multidimensional Poverty Index

NEPAD　非洲发展新伙伴计划，New Partnership for Africa's Development

NGO　非政府组织，Nongovernmental Organization

ODA　官方发展援助，Official Development Assistance

OECD　经济合作与发展组织，简称经合组织，Organization for Economic Cooperation and Development

PRSP　国别减贫战略，Country Poverty Reduction Strategy

SDR　特别提款权，Special Drawing Right

SRD　统计报告指针，Statistical Reporting Directives

UN　联合国，United Nations

UNCT　联合国国别小组，United Nations Country Team

UNDP　联合国开发计划署，United Nations Development Programme

WBG　世界银行集团，World Bank Group

WTO　世界贸易组织，World Trade Organization

绪　　论

一　问题的提出：援助为何无法实现减贫目标

（一）穷非洲

非洲位于亚洲的西南面，东濒印度洋，西临大西洋，北隔地中海与欧洲相望，东北角习惯上以苏伊士运河为非洲和亚洲的分界，面积约3020万平方千米，南北约长8000公里，东西约长7403公里，约占世界陆地总面积的20.2%，次于亚洲，为世界第二大洲。非洲人口大约为10亿人（2009年），约占世界总人口的15%。非洲沿海岛屿不多，岛屿的面积只占全洲面积的2%，沙漠面积约占全洲面积的1/3，为沙漠面积最大的洲。大陆北宽南窄，海岸平直，少海湾和半岛，缺少优良的港口。全境为高原型大陆，平均海拔为750米。非洲大部分地区位于南北回归线之间，全年高温地区的面积广大，境内降水较少，有“热带大陆”之称。非洲动植物种类丰富，但生活着不少有害生物，对人畜、农作物危害很大。非洲大陆矿产资源丰富，素有“世界原料仓库”的美称，世界上最重要的50多种矿藏资源在非洲的储量都很丰富。在当前被认为最重要的50多种非燃料矿产中，非洲至少有17种矿产的蕴藏量居世界首位[①]。石油储量占世界总储量12%左右。

非洲被认为是人类的发源地，埃塞俄比亚、坦桑尼亚、肯尼亚、南非等国家都出土过古人类化石。非洲人民曾经创造了辉煌的人类文明。尼罗河上的古埃及文明、努比亚文明、库施文明、阿克苏姆文明，西非的诺克文明、萨奥文明、豪萨文明，东非的斯瓦希里文明，以及影响广泛的版图文明，这些光辉灿烂的非洲文明是人类文明的瑰宝。然而，近代以来，西欧殖民者在非洲大陆制造了赤裸裸的屠杀和掠夺，破坏了非洲自主发展的道路，造成了非洲贫穷落后的局面。

非洲是全球最贫穷的大洲，是全球唯一存在极度贫穷的大陆，根据联合国在2009年发表的人类发展报告，人类发展指数排名最低的24个国家中，其中有22个都是非洲国家（第159位~第182位），世界上总共39个最不发达国家中有33个是非洲国家。2008年美国《外交政策》和美国和平基金会列出的10个最失败国家中，7个在非洲大陆。

就传统意义而言，非洲一般指撒哈拉以南的非洲，由于这些地区人种多为黑人，所以也称黑非洲。除了肤色上的特征外，非洲也很容易让人联想到贫穷。非洲大陆由于历史上长期被欧洲殖民，被白人残酷剥夺和压制人身自由，甚至大量的黑人被贩运往欧美，黑奴贸易一度成为非洲与欧美人口迁移的主要原因。非洲一直以来都是欧美等发达国家的原材料来源地和商品倾销地，非洲自身的产业结构畸形，缺乏产业发展的独立能力，没有形成完整的工业体系，自身独立发

① 李智彪主编、陈宗德等著《非洲经济圈与中国企业》，北京出版社，2001，第57~59页。

展能力落后。而且，由于殖民者的入侵割裂了非洲大陆的自然联系，非洲被欧洲殖民者划分成了大大小小上千个条块分离的势力范围，造成了非洲边境紊乱，居民跨境冲突频繁，不同宗教严重对立，家族部落矛盾连连，军队等强权干政，导致国家认同感较低，政府的控制力不足，无法形成稳定的社会环境，而国家的发展必须依靠稳定的社会。此外，欧洲殖民者入侵打断了非洲自我独立发展的历史，资本主义冲击了非洲自我发展的环境，非洲社会形态被迫进行转型，殖民者割断了非洲发展的历史纽带，非洲被迫融入资本主义世界体系。民族独立后，非洲曾经迎来了短暂的高速发展期，但由于国内宗教文化、政治选举等冲突不断，社会精英阶层与普通民众对立加剧，官员贪腐丛生，政府治理能力落后，社会局势动荡不安，经济发展受阻。一直以来，非洲都没有走出贫穷的阴影。

非洲贫穷落后的现状令人担忧，撒哈拉以南的非洲都被贫穷笼罩（见图0－1），贫困人口占全世界穷人的近2/3。全世界28%的多维贫穷人口生活在撒哈拉以南的非洲地区（见图0－2）。[①] 2005年撒哈拉以南非洲每日生活费1.25美元（购买力平价）以下的人口占50.9%，2美元（购买力平价）以下的人口占72.9%。[②] 联合国开发计划署对1970～2010年135个国家的人类发展指数（HDI）进行排序发现，非洲的刚果（金）、

① 《2010年人类发展报告》，第98页，http://hdr.undp.org/en/media/PR1-HDR10-overview-China.pdf。

② http://data.worldbank.org/topic/poverty.

赞比亚和津巴布韦三个国家的 HDI 甚至低于 1980 年的水平。①居于 2010 年 HDI 排名前 10 位的国家全部都是欧美国家，分别是挪威、澳大利亚、新西兰、美国、爱尔兰、列支敦士登、荷兰、加拿大、瑞典和德国。在 169 个国家的排名中，居于最后 10 位的国家全部是撒哈拉以南的非洲国家，依次是马里、布基

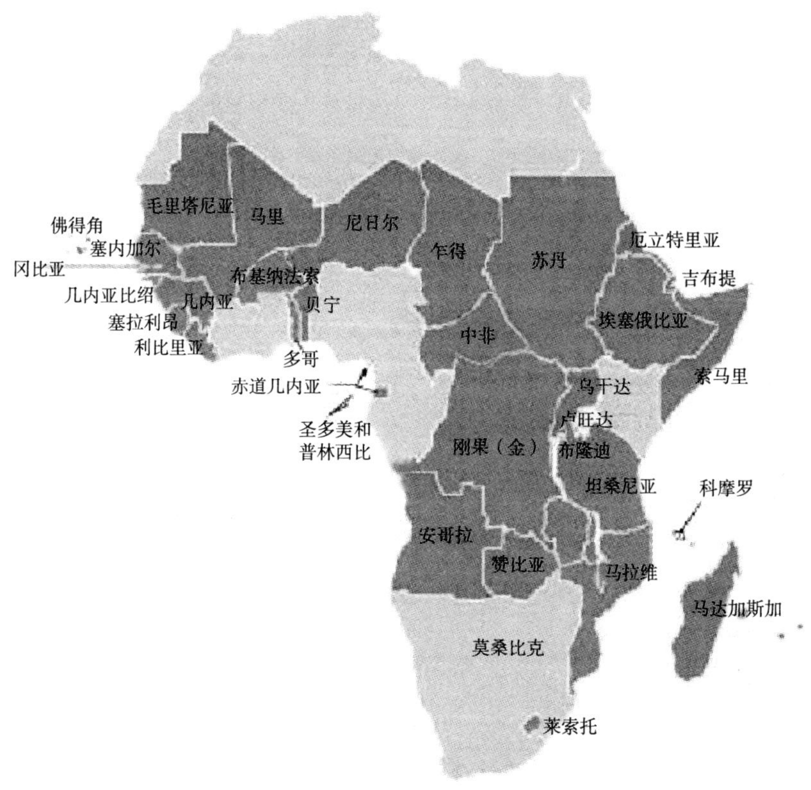

图 0－1　非洲最不发达国家分布（阴影部分）

资料来源：根据联合国网站（http：//www.unohrlls.org/）数据制作。

① 《2010 年人类发展报告》，http：//hdr.undp.org/en/media/PR1-HDR10-overview-China.pdf。

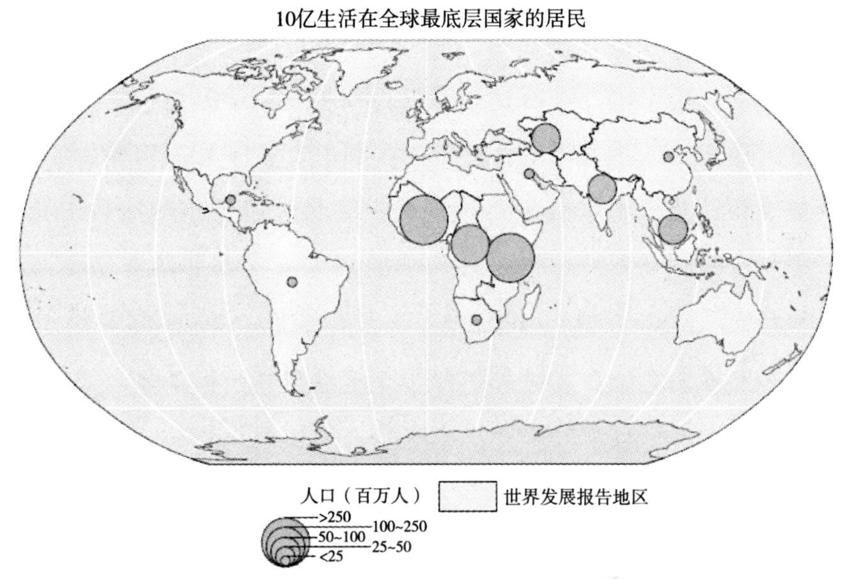

图 0-2　世界穷人分布

资料来源：国际复兴开发银行/世界银行：《2009 年世界发展报告：重塑世界经济地理》，第 4 页。

纳法索、利比里亚、乍得、几内亚比绍、莫桑比克、布隆迪、尼日尔、刚果（金）和津巴布韦。

尽管面临严重的困境，很多非洲国家在近几十年内依然取得了不容忽视的进步。1970 年以来，埃塞俄比亚（第 11 名）、博茨瓦纳（第 14 名）、贝宁（第 18 名）和布基纳法索（第 25 名）主要由于在教育和公共卫生上的进步而步入了“进步最快的国家”的前 25 位（在 135 个国家中）。但是，刚果（金）、赞比亚和津巴布韦受到冲突和艾滋病的困扰导致预期寿命下降，是仅存的几个 HDI 值小于 1970 年时水平的国家。

金融危机加重了减贫的压力。非洲受到全球金融危机的严重冲击，经济增长从 2008 年的 5% 下降到 2009 年的 1.6%，危机的影响将是持久的，2015 年非洲将有 2000 万人陷入贫穷。[①] 虽然危机的直接影响并没有达到毁灭性的程度，但是危机的长期影响令人担忧，因为危机对医疗卫生、教育、就业和贫穷指标，尤其是对婴幼儿（特别是对女孩）的生存状况有严重的滞后影响。经济衰退时，婴儿死亡率上升，学龄儿童入学率和毕业率下降，婴幼儿食品阻碍了婴幼儿的正常发育。来自 1980～2008 年 189 个国家的证据表明：经济危机时千年发展目标指标恶化，经济扩张时指标向好。然而影响高度不对称，危机时指标恶化的程度远远高于景气时指标向好的程度。[②]

（二）援助非洲

非洲民族独立浪潮过后，欧洲宗主国势力在非洲逐渐消退，殖民政权和代理人政权被民族独立政权取代。虽然如此，但欧美殖民者在非洲留下的影响无法消失。虽然欧洲殖民者作为政权力量已经被赶出了欧洲，但是欧洲还有大量的企业留在非洲，非洲作为欧洲原材料来源地和商品倾销地的地位没有改变。为了保持和加强与前殖民地的经济联系，欧洲前宗主国需要以援助为手段来延续本国在非洲的经济利益。当然，欧美国家对非洲的援助更多的是出于政治和安全的目的。冷战时期，欧美与苏联阵营争夺势力范围，“冷战”后通过援助来稳定自身安全环境，提高自身国际地位。近年来，美国以援助换取在非洲建立非洲司令部。日本为了“入常”不断加大对非洲的援助。此外，欧洲在非洲殖民地留下的文化影

① 《世界银行 2010 年度报告》，第 20 页。

② 《世界银行 2010 年度报告》，第 13 页。

响持久深远。民间交往并没有因为非洲民族独立而中断。很多独立运动领导人都曾在欧洲国家留学，欧洲殖民者带来的宗教也在非洲扎根，殖民者语言也永远留在非洲，民众之间的亲缘关系也一直延续。文化上的亲缘关系使得欧洲国家愿意援助非洲。非洲民族独立期间，欧洲殖民者在非洲残酷的剥夺被揭露，也引起了国内民众的普遍反感，欧洲政客为了回应民众情绪，顺应选举需要，通过对非洲的援助来化解国内民众的不满情绪。同时，残酷的殖民经历也给殖民者带来了深深的负罪感，援助非洲能弥补自身的罪过，平衡内心的感受。无论出于什么目的，只要运用得当，管理科学，援助都能促进受援国经济发展。

综上所述，从现实主义视角来看，欧美对非洲的援助是实现本国权力和利益的手段；从自由主义角度而言，援助非洲受人道主义的影响；从建构主义角度来看，援助非洲是受社会文化心理的影响。

1. 援助的概念

长期以来，学术界和政界对援助有许多术语，如援助（Aid）、对外援助或外援（Foreign Aid，Foreign Assistance）、对外经济援助（Foreign Economic Aid，FEA）、经济援助（Economic Aid，Economic Assistance）、经济合作（Economic Cooperation）以及发展援助（Development Assistance，DA）。本书所指的援助采纳经济合作与发展组织关于官方发展援助（Official Development Assistance，ODA）的定义。它指的是官方机构（包括管理机构或地方合作机构）为促进发展中国家的经济发展和改善生活水平，向发展中国家和多边机构提供的赠与或赠与成分至少为 25% 的贷款。经合组织用一个非常复杂的公式来计算赠与成分。①

本书采纳这一定义最根本的原因在于，官方发展援助与减贫存在对称的二元一体因果关系。就目的而言，官方发展援助和减贫的目的都是发展；就手段而言，两者都离不开援助；从国际关系的角度来看，官方发展援助与减贫都是对应的国家外交行为。

从定义上看，官方发展援助具有如下特点：第一，这种援助是由官方机构（包括中央政府、地方政府以及政府部门的执行机构）所提供的，因而不包括非官方机构以及非政府组织所提供的援助。第二，援助的对象必须是发展中国家及其多边机构。

① 公式：

$$GE = 100 \times (1 - ZG - ZM - ZX)$$

其中：

$$ZG = R_1 \times (1 - 1/C_1)/(A \times D)$$

$$ZM = (1/NR) \times (1/C_1) \times (1 - 1/C_2)/D$$

$$ZX = R_2/(A \times NR) \times (1/C_1) \times [(1/C_2) - 1 + D \times NR]/(D \times D)$$

变量：

M = Maturity

G = Grace period

A = Number of repayments per year

INT = Interval between the commitment date and the first repayment date minus the interval

between two successive repayments = G - 1/A

DR = Repayment duration = M-INT

I = Discount rate(10% = 0.1)

R_1 = Interest rate during grace period

R_2 = Interest rate during repayment period

D = Discount rate per period = (1 + I)(1/A) - 1

NR = Total number of repayments = A × DR

C_1 = (1 + I)INT

C_2 = (1 + I)DR

GE = Grant element

第三，提供援助的宗旨是为了帮助发展中国家发展经济和改善福利，因而不包括军事援助以及各种间接形式的援助。第四，援助的财政条件有严格的限制，除了无偿赠与外，每笔贷款的条件必须是减让的，贷款中的“赠与成分”即国际上衡量贷款财政条件优惠程度的综合指标，至少为25%。因此，官方发展援助必须同时满足这三个条件。

根据经合组织援助委员会的规定，所谓发展目的不包含军事援助，军事援助不属于ODA，但是因为投放援助而动用军事力量的花费属于ODA。强制性的维和行为也不属于发展援助，但是联合国实施和批准的和平行动，如人权、选举监督、隔离军事人员、重建基础设施、监督培训管理人员（包括海关、警察等）、经济稳定的建议、遣返军事人员、武器销毁和扫雷等，这些都属于ODA，其他类似的联合国之外的以发展为目的的维和也属于ODA，但是不得违反维和守则。其他一些非发展目的的维和行为，如为了军事训练而开展的扫雷，不属于ODA。民事警察训练支出属于ODA，但准军事行为，如打击动乱和反恐情报收集等不属于ODA。用于控制社会动乱的警察支出不属于ODA。用于难民救助和遣返的费用属于ODA，民用核能建设、安全防范等也是。用于直接与发展相关的研究支出属于ODA，如热带病防治、农作物育种等，即便在发达国家开展的这类研究，也属于ODA。反恐支出不属于ODA，因为受益者往往是捐助国，也不是以发展为目的。

官方发展援助所指的官方机构是指政府机构，以市场为导向的中央金融机构不属于官方机构，不能计入发展援助范围。官方机构内部之间的资金转移也不属于发展援助，只有官方机构与发展中国家的资金转移才属于ODA。官方对私人公司的补贴不属于ODA，但对非营利组织的非政府机构的资金补贴属于ODA。对于多边组织和非政府组织，统计报告指针（Statistical Reporting Directives）罗列了这些组织机构的名称。联合国建立了许多特定用途的基金会组织，对这些组织的捐助属于 ODA。非政府组织也是如此。如果一些非政府组织机构不在名单之列的话，那要根据非政府组织的目标、项目、成员国等情况决定对其的援助是否属于 ODA。如果捐助国相信对这些组织的捐助属于 ODA 的话，捐助国应该告知经合组织秘书处，成员国才能将这些组织列入名单。

经合组织对资金流动也有特殊规定。用于在捐助国实施的对发展中国家人员进行教育培训考察的费用属于 ODA。捐助国国内的项目管理费用、对非政府组织的补贴、难民救助、提高发展意识的项目支出等都属于 ODA。

所有援助能否属于官方发展援助最终需要得到经合组织秘书处的确认，只有秘书处才能判断援助的性质。各国要根据统计报告指针（Statistical Reporting Directives）向经合组织秘书处申报援助情况，由经合组织秘书处判断是否属于官方发展援助，各国对申报中存在的疑问也可以向经合组织秘书处咨询。

2. 援助比例

经合组织将发达国家的官方援助比例确定为每年不少于其国民总收入（GNI）的 0.7%。联合国、世界银行、国际货币基金组织等国际援助机构也认可了这一标准。早在 1958 年一些国际组织就讨论过援助比例的问题。当年世界教会委员会建议，对发展中国家的官方和私人援助比例应该达到 GDP 的 1%，经合组织发展援助委员会（DAC）也接受了这一标准。一些学者也提出了专业性的建议。1972 年诺贝尔经济奖得主简·丁伯根（Jan Tinbergen）建议官方发展援助应占 GDP 的 0.75%。1969 年佩尔森委员会（the Pearson Commission）在《发展伙伴报告》中建议

GDP 的 0.7% 作为官方援助比例。1970 年 10 月 24 日联合国正式采纳了这一标准。经合组织发展援助委员会把这个标准写入了 1969 年官方发展援助的定义中，同时也得到了成员国的认可。

发达国家援助义务中的 0.7% 中必须划拨专门的部分用来援助最不发达国家。联合国千年发展目标第 33 项指标规定，经合组织发展援助委员会成员必须将 0.15% 的 GNI 用于援助最不发达国家。2001 年联合国第三次最不发达国家问题会议通过的《2001～2010 十年期支援最不发达国家行动纲领》规定，各国要将 0.15% 的 GNI 或者 0.20% 的 GNI 用于援助最不发达国家。这样，对最不发达国家援助的比例基本得到了各国的认同。

3. 援助的工具

根据 OECD 发展援助委员会（DAC）的分类方式，援助国对受援国的双边援助形式可分为赠与（Grants）和非赠与（Non-grants，主要为贷款）两大部分。赠与的援助项目又可分为项目援助（Project Aid）与计划援助（Programme Aid）、技术合作（Technical Co-operation）、粮食援助（Food Aid）、紧急灾害救助（Emergency/Distress Relief）、债务减免（Debt Forgiveness）。[①] 非赠与援助主要指贷款援助（loan）。贷款援助是指由援助国直接提供长期低利的优惠融资，用于缓解受援国财政困境或补充发展过程中所需的资金。目前国际上为了发展目的而流通的官方贷款可分为“硬贷款”（Hard Loans）和“软贷款”（Soft Loans）两种。硬贷款不符合发展援助委员会关于 ODA 的定义。软贷款是目前国际上相当普遍的一种援助方式。它通常具有优惠的性质，其利率和期限较长。经合组织通过一个复杂的公式计算这类贷款

① 贺光辉：《美日对外援助之比较》，复旦大学，2003，第19～20 页。

的赠与成分，只要达到了25%的赠与就符合官方发展援助的标准。通常情况下，这类官方贷款的贴现率应低于10%。由于目前大部分国家的长期贷款利率远低于10%，所以要符合ODA的要求，要求这类官方贷款必须具有优惠的性质，即必须低于市场利率。经合组织发展援助委员会对贷款的期限并没有统一的规定，主要根据赠与成分来确定援助是否属于发展援助。如果贷款中包含有优惠和非优惠贷款的话，只要赠与部分达标，而且符合经合组织“官方支持的出口信贷指针”（the Arrangement on Guidelines for Officially Supported Export Credits），那么政府的优惠贷款部分应视为发展援助①。

国际减贫机制对非洲的援助采取了知识援助和资金援助的形式，其中知识援助主要是为非洲国家减贫提供解决方案和技术支持，资金援助主要为优惠信贷、赠与和免除债务。

4. 援助概况

“二战”后，布雷顿森林体系建立，官方发展援助诞生；20世纪50年代美国推出旨在复兴欧洲的“马歇尔计划”，对抗苏联的社会主义阵营。在“马歇尔计划”下，1948~1952年援欧资金约为130亿美元。英国份额最大，获得24%，接下来依次为法国、意大利、德国，分别为20%、11%、10%。从人均看，小国更受益，挪威136美元/人，奥地利131美元/人，希腊为128美元/人，荷兰为111美元/人。② 20世纪60年代援助主要投向工业领域，初期非洲大约获得了1亿美元的援助，到了1965年援助至少达到了9.5亿美元。70年代，援助的中心转向了贫困问题。油价

① “Is it ODA?”, Factsheet-November 2008, OECD website.

② 〔赞比亚〕丹比萨·莫约（DambisaMoyo）：《援助的死亡》，王涛、杨惠等译，世界知识出版社，2010，第9~10页。

上涨，石油出口国家大量资金急需寻租，导致利率低下，借贷条件宽松，发展中国家大量向国际金融机构借贷，为今后的债务危机埋下了伏笔。由于油价上涨，食品等价格飙升，非洲国家陷入了经济衰退之中，贫困问题日益严峻。在第一个油价高峰年（1973～1974年），与贫困相关的援助大约增加了3倍；到第二个高峰年（1979～1980年）此类援助又增加了1倍。80年代援助的目标是宏观经济稳定和结构调整。由于此前大量借债，非洲国家陷入了债务困难，必须通过不断举债才能维持资金链条，而石油价格的上涨加重了欧美国家援助的成本，新的借债都是以高利率为代价，这犹如抱薪救火，债务危机愈演愈烈，最后导致非洲国家无法按期偿还国际金融机构的贷款。1982年安哥拉、喀麦隆、刚果、科特迪瓦、加蓬、冈比亚、莫桑比克、尼日尔、尼日利亚、坦桑尼亚、赞比亚11国都无法清偿所欠债务。解决危机唯一的办法就是债务重组，于是国际货币基金组织成立了结构调整基金，将资金借给债务危机的国家，使其有能力继续偿还债务，但这样却造成了非洲国家对外援的严重依赖，国际金融机构掌握了非洲国家的财政金融大权。然后，最终减贫的援助失败，非洲国家的外债屡攀新高，与减贫相关的援助趋冷，援助的重心放在结构调整和私有化改革上。在华盛顿共识指导下的私有化和市场化最终并没有帮助非洲国家成功减贫，20世纪90年代援助的问题领域转移到了民主与治理。在此之前，由于冷战影响和两大阵营对抗，即使是最腐败和专制的政府都能从国际社会得到援助，这些援助大多落入到了腐败者的口袋。扎伊尔总统蒙博托要求里根贷款50亿美元，但自己却租借协和喷气客机到科特迪瓦为女儿举办婚礼。博卡萨1977年加冕中的非皇帝仪式花费了2200万美元。腐败导致减贫努力付之东流，世界银行提出，援助必须附加条件，援助必须首先进行治理改革，消除腐败，扩大民主。然而，西方的民主治理缺乏非洲文明的土壤，非洲的民主进程依然缓慢，更为重要的是非洲最大的问题是债务，而非民主，“是债务拖了非洲的后腿”。①

（1）减债援助

由于非洲穷国债务负担沉重，不少国家面临严重的国际债务危机，国际收支情况恶化，自我发展的能力下降，为了减免非洲穷国的债务，世界银行和国际货币基金组织提出了“重债穷国动议”，分步骤减免穷国的债务。

在减免的债务中，多边债权方承担了45%，国际开发协会承担（IDA）20%、IMF承担9%、非洲开发银行承担7%。双边债务减免占了总援助的一半以上，其中大部分是巴黎俱乐部成员，占36%。非巴黎俱乐部成员占13%，其他商业债权人占6%。巴黎俱乐部成员的减债援助绝大部分流向了到达完成点的国家，但一半以上的非巴黎俱乐部成员的减债援助给了决策点之前的国家（见图0－3）。

符合减债要求的36个国家已得到的援助相当于这些国家GDP的38%，全部援助到位后，这些国家的债务负担将减少80%。② 在达到完成点后，大约76%的重债穷国面临低度或者适度（low or moderate）债务风险，而非重债穷国动议的低收入国家是73%。在重债穷国动议中，没有国家陷入债务困境（debt

① 〔赞比亚〕丹比萨·莫约（DambisaMoyo）：《援助的死亡》，王涛、杨惠等译，世界知识出版社，2010，第9～10页。

② International Development Association and International Monetary Fund, Heavily Indebted Poor Countries（HIPC）Initiative and Multilateral Debt Relief Initiative（MDRI）—Status of Implementation, p.5.

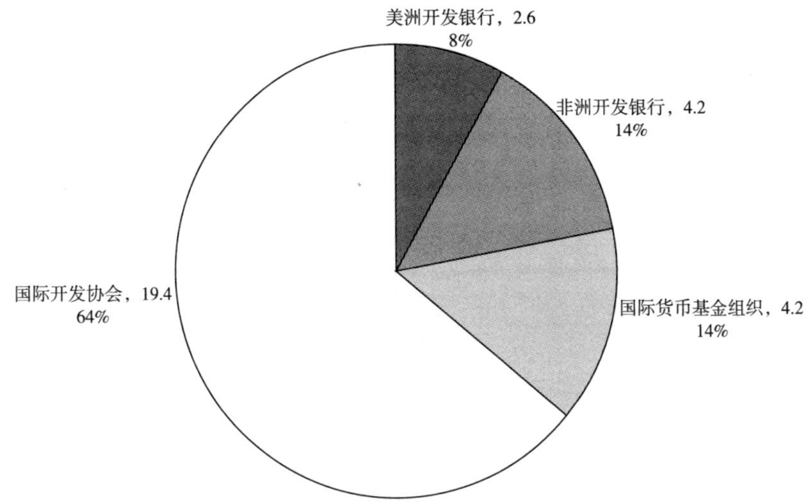

图 0-3　重债穷国动议 I 期多边减债基金来源情况（2009 年美元比价，单位：十亿美元）

资料来源：International Development Association and International Monetary Fund, "Heavily Indebted Poor Countries (HIPC) Initiative and Multilateral Debt Relief Initiative (MDRI)" (Status of Implementation), p. 15.

distress)，但非重债穷国动议国家大约有 8% 陷入债务困境。[1]

达到完成点的国家还是会面临一些债务问题，2009 年 7 个债务风险高的重债穷国中有 5 个处于高风险状态，这 5 个国家是布基纳法索、布隆迪、海地、冈比亚、圣多美和普林西比。40 个重债穷国在千年发展目标上的进展不一，少数国家能按期实现目标，尤其在教育、消除极度贫穷与饥饿、妇女健康等方面进展缓慢。根据世界银行的评估，19 个国家处于脆弱的状态。

到 2009 年底，重债穷国动议的援助金额预计为 764 亿美元

① International Development Association and International Monetary Fund, Heavily Indebted Poor Countries (HIPC) Initiative and Multilateral Debt Relief Initiative (MDRI) —Status of Implementation, p. 8.

（2009年美元比价），比2008年增加25亿美元。2/3的援助（约543亿美元）流向了30个到达完成点的重债穷国，6个处于过渡阶段的国家获得了53亿美元，4个决策点之前的重债穷国获得了169亿美元，其中苏丹、索马里获得了绝大多数援助。

由于重债穷国动议的实施，这些国家能够投入更多的资源进行减贫。2001～2009年，36个到达完成点的国家每年减贫的支出以3% GDP的额度增长。2001年重债穷国减贫支出占本国收入的44%，到2009年达到了54%，大约占本国GDP的10%。①

（2）世界银行的发展援助

国际开发协会对非洲的援助力度最大。到2010年6月30日为止，国际开发协会（IDA）共向108个国家发放贷款和赠款高达2220亿美元，之前每年大约130亿美元，约50%流向非洲国家。在2010财年（截至6月30日），IDA承诺发放贷款146亿美元，其中27亿美元为赠款，119亿美元为信贷。非洲总共获得资金为72亿美元，约占49%。

世行还通过不同的政策工具、培训课程及跨国经验分享，为内容丰富的知识管理活动提供支持。在该基金的资助下，2010年世行国别团队完成的研究报告数量从2009年的22个上升到33个。世行与其他发展合作伙伴一起，采取多方面措施，努力提高援助效果。其中包括：通过加强能力建设和完善国家制度，鼓励国家主导性；促进非洲政府和人民自主设计、实施和评估发展项目；进一步强调结果；确保穷人参与发展并从经济增长中获益。为了实现这些转变，世行把“非洲行动计划”（AAP）作为向该地区提

① International Development Association and International Monetary Fund, Heavily Indebted Poor Countries (HIPC) Initiative and Multilateral Debt Relief Initiative (MDRI) —Status of Implementation, p. 10.

供援助的指导框架，并增加世行常驻借款国代表处的人员，在各代表处（包括战后国家和脆弱国家的代表处）工作的国际职员人数从2007年的153人上升至2010年267人。代表处还被赋予了更大的决策权，由代表处直接负责的世行业务从2007年的25%上升到2010年的32%。

世行在提高农业产量、改善生活条件和援助人类发展、艾滋病防治、推进千年目标等方面对非洲进行广泛援助。

（3）经合组织成员对非洲的援助①

根据OECD统计，2010年OECD官方发展援助有望达到1260亿美元，但与承诺的援助比例还相距甚远，2009年援助金额为1232.5亿美元，占GNI的0.31%。② 非洲在2008年总共获得440.05亿美元援助，人均45美元，仅次于大洋洲的人均177美元，高于欧洲的人均42美元。③

然而，实现千年发展目标需要捐款国额外提供大量援助，尤其是对非洲地区的援助。八国集团在鹰谷峰会上承诺，到2010年将把对非援助提高一倍。2000年以来，每年对非洲的援助已经增长了5%，但大多是债务减免或应急和人道主义援助，而不是提供新的资金。

（三）千年发展目标无法实现

战后对非洲的援助一直未曾停止，过去50年非洲接受了大约

① 经合组织的援助统计包含了联合国机制、国际金融机制等多边机制的援助，也包含了其34个成员国的双边援助，其他国家的双边援助未统计在内。中国等国家对非的双边援助并未加入经合组织援助机制。三大国际减贫机制的援助金额存在重复计算的情况，基于现有资料，无法剔除这些重复的数据。

② 见OECD援助历史数据，http：//webnet.oecd.org/dcdgraphs/ODAhistory/。

③ 见OECD官网数据，http：//www.oecd.org/dataoecd/40/27/42139250.pdf。

1 万亿美元的援助，相当于地球上每个人得到了 1000 美元，虽然经济增长明显加速，但是贫困却日益严重。[①] 当前，由于金融危机肆虐，非洲减贫步履日益艰难，非洲千年发展目标很难按期实现，虽然 20 世纪 90 年代以来，非洲贫穷率每年下降 1%，各项社会发展指标好转，儿童死亡率下降了 25% ~40%，千年发展目标取得一些积极进展，但是联合国和世界银行的相关报告显示，如果按照目前的进度持续下去的话，到 2015 年非洲将无法实现千年发展目标。虽然重债穷国动议对非洲国家的债务进行了大幅度减免，但这些国家的千年发展目标进展情况仍不甚理想，大部分国家都无法按期实现千年发展目标，即便是获得减债援助的非洲 24 个重债穷国也无法按期实现千年发展目标。[②] 2010 年 9 月 16 日，在联合国全球领导人峰会上，联合国发布的一项报告《全球发展伙伴关系处于关键时刻》（The Global Partnership for Development at a Critical Juncture）指出，现在距实现千年发展目标的最后期限只有五年时间，但是距离目标却还有很大差距（见表 0 -1）。

表 0 -1　撒哈拉以南非洲千年发展目标实现进展

总目标	分目标	现状	进度
目标 1：消灭极度贫穷与饥饿	将极度贫穷人口减半	高度贫穷	无法实现
	生产性而且体面的工作	大量人口缺少体面工作	正在恶化
	将挨饿人口减半	高度饥饿	无法实现

① Dambisa Moyo.，"Dead Aid：Why aid is not working and how there is another way for Africa"，London：Allen Lane，2009，p. 101.

② International Development Association and International Monetary Fund，Heavily Indebted Poor Countries（HIPC）Initiative and Multilateral Debt Relief Initiative（MDRI）—Status of Implementation，p. 32.

续表

总目标	分目标	现状	进度
目标 2：普及小学教育	普及小学教育	中等教育率	无法实现
目标 3：促进男女平等并赋予妇女权利	女童平等接受小学教育	近于平等	可以实现
	在有酬就业者中妇女比例	中等份额	无法实现
	妇女在国民议会中平等占有席位	低代表性	无法实现
目标 4：降低儿童死亡率	将 5 岁以下儿童的死亡率降低 2/3	很高的死亡率	无法实现
目标 5：改善孕产妇保健	将孕产妇死亡率降低 3/4	很高的死亡率	正在恶化
	接受生殖保健服务	低接受率	无法实现
目标 6：与艾滋病病毒/艾滋病、疟疾和其他疾病作斗争	遏制艾滋病病毒/艾滋病的蔓延	高感染率	无法实现
	遏制肺结核病的蔓延	高死亡率	正在恶化
目标 7：确保环境的可持续性	减少森林的流失	中等森林覆盖率	无法实现
	将无法获得安全饮用水的人口比例减半	低覆盖面	无法实现
	将无法获得基本卫生设施的人口比例减半	很低的覆盖面	无法实现
	改善贫民窟居民的生活	很高的贫民窟居民比例	无法实现
目标 8：全球合作促进发展	互联网用户	低使用率	无法实现

资料来源：根据联合国数据整理，参见 http：//unstats. un. org/unsd/mdg/Resources/Static/Products/Progress2010/MDG_ Report_ 2010_ Progress_ Chart_ Zh. pdf。

从表 0 - 1 可以看出，在这些目标中，只有“女童平等接受小学教育”能在 2015 年完成；“生产性而且体面的工作”“将孕产妇死亡率降低3/4”“遏制肺结核病的蔓延”这三个指标处于“正在恶化”的状态中；按照现有进度，剩余目标都无法在2015年实现。由此可见，如果不采取进一步措施，撒哈拉以南非洲将无法按期实现千年发展目标。

二 研究综述

国内研究非洲贫穷问题的论文为数不少，主要有以下几类。

第一，介绍非洲贫穷基本状况。非洲拥有丰富的矿藏和资源，但长期以来为贫穷所困扰，经济发展迟缓。提高非洲地区的经济发展水平，使其减少贫穷，既是非洲国家自身的义务，也是当今世界共同的责任。[①] 这类文章介绍非洲贫穷状况，认为国际社会虽然自20世纪60年代以来便开始对非洲提供援助，非洲国家自身也做了一系列努力，但并未根本改变非洲贫穷状态。[②]

第二，国际组织和国家社会对非洲减贫的措施、效果、影响及其援非政策。文章主要包括：①研究世界银行的减贫目标、支柱和前景，世界银行减贫的最终目标是实现“没有贫穷的世界”，而其中短期目标为联合国“千年发展目标”。为了实现这样的目标，世界银行确立了两大支柱，即改善投资环境和赋予穷人能力。[③] ②研究欧盟的援非政策，认为欧盟对非洲的援助政策不断完善，范围不断扩大，总体呈现积极态势。但非洲的落后并非仅仅靠援助能够解决的问题，非洲的发展需要多方面的共同努

---

① 杜小林：《谁来帮助非洲减贫?》，《当代世界》2005年第3期，第39页。

② 毛小菁：《国际社会对非援助与非洲贫困问题》，《国际经济合作》2004年第5期，第4页。

③ 黄顺武、关雪凌：《世界银行减贫的目标、支柱与前景》，《兰州学刊》2008年第11期，第65页。

力，根本上要靠非洲国家自身的努力。[①] ③研究中国对非洲的援助政策，认为中国对非援助已经成为一种独特的模式，这是一种成功务实的对非援助与经贸结合的合作方式，它对中非关系产生了重要影响，其得失也引起世界的热议。[②] 也有文章分析了中国对非援助政策的变迁。[③] ④研究德国援非政策的演变，认为德国对非洲援助政策有了新的发展和调整，主要表现在3个方面：强调平等伙伴关系和非洲自身的责任承担；倡导进行对非洲援助的国际合作；加大对非洲的文化援助。这能增强德国作为一个大国的影响力，但德国仍需付出巨大努力，才能塑造在非洲的独特援助形象。[④] ⑤研究日本对非洲的援助，对冷战后日本援助非洲政策、理念及影响进行了分析。认为东京非洲发展国际会议是日本力图改变以西方为主导的传统援助方式的尝试，其效果已经呈现。[⑤] 还研究了日本对非洲官方发展援助政策。[⑥] ⑥有的文章评析了美国对非洲有条件援助的效应及其制约因素，认为美国的有条件援助不仅缩小了非洲国家的政策空间，耗费了大量的谈判成

---

① 张永蓬：《欧盟对非洲援助评析》，《西亚非洲》2003年第6期，第32页。

② 马丁·戴维斯、曹大松：《中国对非洲的援助政策及评价》，《世界经济与政治》2008年第9期，第38页。

③ 罗建波、刘鸿武：《论中国对非洲援助的阶段性演变及意义》，《西亚非洲》2007年第11期，第25页。

④ 张海冰：《德国对非洲援助政策评析》，《西亚非洲》2008年第7期，第23页。

⑤ 李安山：《东京非洲发展国际会议与日本援助非洲政策》，《西亚非洲》2008年第5期，第5页；吴波：《日本对非洲官方发展援助战略》，《西亚非洲》2004年第5期，第29页。

⑥ 张海冰：《21世纪初日本对非洲官方发展援助政策评析》，《世界经济研究》2008年第10期，第73页。

本，而且还影响了非洲国家的长期发展战略。[①] ⑦研究西方对非援助新变化和新动向，认为发达国家对非洲的援助与发达国家应承担的国际义务仍相差甚远，在调整对非洲发展关系重大与不合理的国际贸易体系方面，发达国家短期内难有实质性让步，非洲真正实现发展需要各方长期艰苦的努力。[②] 以坦桑尼亚为例，分析了发达国家的援非政策。[③] ⑧还有的文章分析了美国、日本、德国三股力量执行“千年援助计划”的情况。[④]

第三，以案例分析为切入点，研究非洲减贫问题以及对中国的影响。有的文章研究坦桑尼亚的减贫工作，并系统而战略性地探讨了坦桑尼亚减贫经验对我国做好新时期扶贫工作的启示；[⑤] 有的文章评析了尼日利亚与中国的减贫政策及其实施效应。[⑥]

第四，有的文章结合非洲具体问题研究减贫。包括：①研究教育与减贫，认为非洲各国减贫战略曾一度忽视高等教育对缓解贫穷的重要性，高等教育与经济发展是双向多维的互动关系，主张发展教育实现减贫目标。[⑦] ②从防控艾滋病出发，强调非洲国

① 张丽娟、朱培香：《美国对非洲援助的政策与效应评价》，《世界经济与政治》2008 年第 1 期，第 51 页；杨宝荣：《美国对非洲的官方援助》，《亚非纵横》2005 年第 2 期，第 70 页。

② 邢玉春：《西方国家援助非洲新动向及其对非洲发展的影响》，《西亚非洲》2006 年第 5 期，第 11 页。

③ 熊志勇：《发达国家援助非洲的方式——以坦桑尼亚为例》，《西亚非洲》2003 年第 1 期，第 19 页。

④ 潘嘉、郭厚禄：《解决非洲贫困问题的三股力量》，《社会观察》2005 年第 10 期，第 54 页。

⑤ 胡国勇、路卓铭：《坦桑尼亚的贫困状况、减贫策略及其对我国的启示》，《社会科学家》2007 年第 5 期，第 56 页。

⑥ 拉瓦尔・M. 玛拉法、张春宇、陆航：《千年发展目标与减贫政策在中国和尼日利亚的作用》，《西亚非洲》2007 年第 10 期，第 66 页。

⑦ 魏杰：《新世纪减贫战略中的非洲高等教育》，《比较教育研究》2006 年第 12 期，第 25 页。

家减贫的关键之一在于扼制艾滋病的蔓延，并以乌干达为例。乌干达在艾滋病的预防和控制方面取得了令人瞩目的成绩，并成为第一个扭转疫病蔓延趋势的撒哈拉以南的国家。[①] ③从治理和贫穷两个角度，探讨撒哈拉以南非洲移民和贩卖人口的关联。[②] ④有的文献研究人力资源与贫穷的关系，认为要消除南部非洲持续的广泛贫穷，目前应立足于消除教育资源分配上的不均现象，加强农业技术培训，以及控制艾滋病的蔓延。[③] ⑤有的文献探讨了利用自然资源摆脱贫穷的途径，认为自然资源系统的开发利用无需投入大量设备和资金，进入的门槛较低，对于穷人而言，大自然有时是他们最好最方便的选择。可以通过赋予穷人支配自然资源的权利实现减贫。首先，要在法律上保护穷人的权利，并且由负责任的机构来推动穷人的利益。如果缺乏这种治理结构的保障，丰富的自然资源反而会对穷人有害，大部分资源最后都会落入特权阶层手中。其次，要把自然资源的管理权限移交给社区和地方，形成当地居民与资源管理的利害关系，提升管理效率和公正。同时，国家制定相应的政策和法律框架，使地方管理能够全面实施。国家还要协调各种机构，使其能有效运转。国家还可以通过建设基础设施、能力建设等手段使地方成为资源收入的有效管理者。[④]

第五，研究非洲减贫战略。减贫战略报告的产生，表明世界

---

① 安春英、乌干达：《艾滋病与减贫》，《亚非纵横》2005 年第 4 期，第 66 页。

② 谭丹·特鲁翁、黄觉：《撒哈拉以南非洲的治理与贫困：重新思考移民管理的最佳实践》，《国际社会科学杂志》（中文版）2007 年第 4 期，第 159 页。

③ 张子珩、冯九璋：《南部非洲的贫困与人力资源能力研究》，《西亚非洲》2007 年第 1 期，第 27 页。

④ 宋燕波：《自然资源走出贫困的途径》，《绿色中国》2005 年第 19 期，第 44 页。

银行和国际货币基金组织与非洲国家的合作载体已由原来的“结构调整计划”过渡到“减贫战略报告”，大多数非洲国家以此作为近几年的国家减贫计划和行动纲领。从减贫战略报告提出的历史背景、制订过程以及主要内容来看，它为非洲国家解决贫穷问题提供了新的国际合作平台。良好的治理结构、稳健的宏观政策和人民的积极参与是该战略取得成效的关键。[①] 这方面的文章包括：①研究“重债穷国”计划。有文章介绍国际减贫计划项目的“重债穷国计划”在非洲实施的进展，[②] 以及对受援国经济影响的成果。[③] 有人认为《减贫战略文件》是组织实施“重债穷国计划”对相关国家进行援助和减免债务的基础，但减贫战略在非洲的实施正以一种新的方式侵蚀着非洲国家的传统主权。[④] ②有的文章从贫穷成因理论的发展轨迹，以及反贫穷战略模式与实践角度考察非洲国家在诊断贫穷、选择减贫模式，以及制定和实施减贫战略方面的实际情况。[⑤]

减贫研究一直是国际学术界非洲研究的热点，研究主题多，范围广，研究很有学术深度，研究视角多样，研究成果丰硕。非洲减贫研究主要有减贫战略和途径、疾病预防与减贫、减贫中的人类学角度、政府治理与减贫、环境保护与贫穷、减贫与全球化等。

---

① 安春英：《非洲脱贫战略的演进——减贫战略报告》，《西亚非洲》2005年第1期，第26页。

② 杨宝荣：《“重债穷国减债计划”非洲案例研究》，《西亚非洲》2005年第3期，第71页。

③ 胡晓山：《浅论“重债穷国减债计划”对受援国宏观经济的影响》，《世界经济研究》2005年第7期，第31页。

④ 杨宝荣：《西方减贫战略对非洲国家的政治影响》，《西亚非洲》2003年第5期，第32页。

⑤ 安春英：《非洲贫困与反贫困战略思想述评》，《西亚非洲》2007年第8期，第51页。

第一，全球化与减贫。在贫困形成的原因方面，有学者认为全球化不能减轻非洲国家的贫困，反而会加重这些国家的贫困程度。① 有的学者探讨了全球化对减贫的影响，认为全球化虽然对撒哈拉以南的非洲经济发展做出了贡献，但是全球化还未能促进这些国家的结构转型，无法使这些国家进入经济起飞阶段，无法加快经济发展和减贫步伐。全球化增加了非洲内部国家间的不平等，对减贫作用甚微。②

第二，减贫途径。更多的研究集中在减贫途径方面。有的学者认为，改善治理并不足以实现减贫，因为这种治理实现减贫的假设忽视了非洲特定的社会经济和政治条件。非洲的减贫更多地需要从外部体系来解决。③ 有的学者研究了地方治理中的金融支持政策对减贫的作用。④ 有的学者探讨了减贫的渠道，主张通过发展小矿井来实现减贫。⑤ 有的学者看到了一些慢性非传染性疾病对减贫的影响，认为如果不采取综合卫生措施的话，在南非将

---

① Ray Kiely, "Poverty Reduction through Liberalisation? Neoliberalism and the Myth of Global Convergence", *Review of International Studies*, 2007, 33 (3): 415 - 434.

② Nissanke, Machiko; Thorbecke, Erik, "Introduction: Globalization-Poverty Channels and Case Studies from Sub-Saharan Africa", *African Development Review*. Apr., 2008. Vol. 20, Issue 1: 1 - 19.

③ Goran Hyden. "Governance and Poverty Reduction in Africa". *Proceedings of the National Academy of Sciences of the United States of America*, 2007, 104 (43): 16751 - 16756.

④ Mogale, M. T., "Local Governance and Poverty Reduction in South Africa Ⅱ: the Role of Micro-finance", *Progress in Development Studies*, Oct., 2007, Vol. 7, Issue 4: 345 - 355.

⑤ Spiegel, Samuel J., "Small-Scale Mining, Rural Subsistence and Poverty in West Africa", *Natural Resources Forum*, Aug, 2007, Vol. 31, Issue 3: 243 - 245.

出现慢性流行疾病，从而影响未来政治经济发展。① 利用非洲自然资源减贫是学界研究的热点。有的学者看到了矿业对减贫的重要作用，初步提出利用矿业租金支持减贫项目的主张。② 还有的学者认为，资源的诅咒虽然不是不可以避免的，但是利用资源促进减贫还停留在口头阶段，矿业发展的历史表明资源并没有对减贫起到应有的作用，虽然资源促进减贫在理论上可行，但是实际上，要实现矿业减贫还需要一些前提条件。③ 有人认为，非洲的贫困来自特殊的地理条件，内陆国家太多，人口稀少但族群繁多，自然资源不均衡等。因此，要建立制约自然资源价值分配的政治经济制度，国际社会应给予非洲国家更优惠的市场准入待遇，加强非洲大陆安全与稳定，在非洲建立地区政治稳定机制等，借以实现减贫目标。④

第三，国际减贫机制与非洲减贫。有的文章对国际金融机制通过减贫战略文件过度干预穷国内政的做法表示反对，认为这种做法严重影响到非洲国家的内政、民主、自决权等国家主权。⑤

---

① Schneider, Michelle, Steyn, Krisela; Norman, Rosana; Laubscher, Ria., Bradshaw, Scandinavian. Debbie, "Poverty and non-communicable diseases in South Africa", *Journal of Public Health*. Mar, 2009, Vol. 37, Issue 2: 176 - 186.

② Labonne, Béatrice, "Commentary: Harnessing Mining for Poverty Reduction Especially in Africa", *Natural Resources Forum*. Feb, 2002, Vol. 26 Issue 1: 69 - 73.

③ Pegg, Scott, "Mining and Poverty Reduction: Transforming Rhetoric into Reality", *Journal of Cleaner Production*. Feb2006. Vol. 14 Issue 3/4: 376 - 387.

④ Paul Collier, "Poverty Reduction in Africa", *Proceedings of the National Academy of Sciences of the United States of America*, 2007, 104 (43): 16768.

⑤ Alastair Fraser, "Poverty Reduction Strategy Papers: Now Who Calls the Shots?", *Review of African Political Economy*, 2005, 32 (104/105): 317 - 340.

有人质疑国际金融机制的减贫战略加剧了发展中国家的地位上的不平等，必须重组“第三世界”的概念。[①] 有学者认为，世界银行促进非洲国家出口农产品和矿产品的政策不但不能减贫，反而会加剧贫困，非洲国家应该发展本国制造业，不断提高技术水平，通过工业化来利用本国资源。[②]

三　基本观点：重构国际减贫机制的重叠结构，实现非洲千年发展目标

机制规定了角色分工，划分了责任和义务，确认了各方的利益期待，对减贫做出了制度性安排。机制型减贫增强了减贫的系统性、有效性和可持续性，具有独特的优势。减贫机制能有效整合各种资源和社会力量，因为任何单一的因素都不足以根除非洲贫穷的病因，良治只有与法制、财政政策框架等结合，才能促进非洲穷国的社会经济发展。因此，必须全面梳理非洲减贫的国际机制，从主客体和本体等方面重构国际机制的重叠结构，促进非洲国家实现千年发展目标。

四　主要创新和突破

（1）本书从理论上第一次在国内提出了“重叠国际机制”的概念，并对重叠国际机制与机制效能之间的关系进行了探索，提出了重构国际机制重叠结构，提高国际机制效能的观点。

① Heloise Weber, “Reconstituting the ‘Third World’? Poverty Reduction and Territoriality in the Global Politics of Development”, *Third World Quarterly*, 2004, 25 (1): 187.

② Suranjit K. Saha. Role of Industrialisation in Development of Sub-Saharan Africa: A Critique of World Bank's Approach, *Economic and Political Weekly*, 1991, 26 (48): 2757.

（2）本书通过提炼问题领域、国际行为体、国际治理三个国际机制要素，在理论上建构了对国际机制的分析框架，从认识论和实践环节来解读国际机制。这个理论分析框架基本能包含国际机制的主要内容，符合认识的逻辑结构，构成了一个完整的理论框架。

（3）本书对非洲减贫的国际机制进行了全面的梳理，从问题领域、机制行为体、治理、决策程序等方面分析了非洲的国际减贫机制，厘清了涉及非洲减贫的国际机制体系，从实证层面考察了这些机制的效能。

（4）本书基于对重叠国际机制的分析，从问题领域、援助的行为体、治理本体等方面提出构建具有中国特色的对非援助机制，为发展中非新型战略伙伴关系提供理论进路的方案，服务于中国和平发展的大外交战略。

五　研究方法

本书试图通过整体定性和个案验证的研究方法，对国际机制与减贫的因果关系进行定性和细化。由于国际机制种类繁多，机制之间关系复杂，需要总体定义和分类汇总，提炼出模式特征，而后进行模式匹配。在本书中历史分析方法不可或缺，此外，定性与定量分析相结合，价值分析与实证研究相结合，既注重价值判断，又注重事实依据。

第一章　国际机制与重叠国际机制

第一节　机制的哲学解读

一　机制是公共政治的运行方式

当政治把关注点对准社会公众的时候，就已经演变为社会公共事务，公众通过表达意见和政治选举参与政治，成为政治生活的主体。与此同时，政治也是民众参与社会生活的规范，普通民众按照政府规范有序参与公共领域管理，维护社会稳定运行，促进经济社会发展，不断提高自身幸福水平。因此，政治需要稳定的运行机制，机制是有序社会生活的外在约束和实现手段。

把握社会机制内涵的过程从本质上是哲学中认识活动的过程。认识论哲学揭示了人的认识包括主体、客体、本体三个部分。主客体二元结构揭示了认识活动的基本规律，即人的意识作用于认识对象，在实践中产生两次飞跃，最终形成认识的成果，即本体。主客体是认识发生的基本结构，主体以意识去接近和感知客体，客体是自在自为的客观对象，本身不因主体而发生变化。然而，在建构主义者看来，主客体是一个互动关系，客体也会因为主体认识能力、结构、经验、知识等的局限性而发生变化。建构主义的观点最终会导致不可知论和相对知识论。主体认识客体，从而产生了理性知识，这一理性知识就是认识的本体，因此本体是认识的结果。本体揭示了事物“是什么”和“怎么样”的问题，主客体结构揭示了认识是如何发生的。主体、客体、本体构成了认识论的完整哲学体系。

社会机制的结构也可以分为主体、本体、客体三个部分，这三个部分构成了社会机制运行的完整体系。这一结构符合哲学认识论的逻辑体系，遵循了辩证法规律，为研究分析社会机制奠定了方法论基础。主客体结构是指机制参与者相互作用的形式，主体是指参与机制的各方力量，它们是机制的创设者和使用者，在社会机制发展历史中居于主导地位；机制的本体是指由机制的性质、结构、功能、运动等组成的原理系统①；机制的客体是指机制作用的对象，即人与人之间的关系。

（一）从主体来看，机制是由人创设的社会实践的产物

为了协调人类交往关系，人创设了社会机制，机制是人的社会实践的产物。社会实践是主观见之于客观的过程，是人改造自然、创造历史、进化思维的活动。这个过程包括生产劳动、产品分配、商品交换等环节，为了协调人与人之间的社会交往关系，国家创设机制来保障社会实践。霍布斯、洛克、卢梭等都认为制度是人与人之间协议的产物，是人性冲突的必然结果。为了遏制人性泛滥，协调人们之间的利益冲突，维护社会有序运转，人们需要用协议来保证各自利益。霍布斯认为，人是一种“自然物体”，受“自然本性”支配，这种状态叫“自然状

① 杨伟敏：《制度本体论研究》，中央党校，2008，第4页。

态”。在“自然状态”中，由于每个人都要去实现自己占有一切的自然权利，就不可避免地发生人与人的争斗，“自然状态”就是“一切人反对一切人”的战争状态。人类处于“自我保存”的原初状态，需用“自然法”来约束“自然权利”，把权力交给公共机构，由公共机构制定制度，维护政治、社会秩序和个人权利。洛克认为自然状态是和平、自由、平等的理想状态，人们在社会实践中形成了交往关系。为了维护自由、平等，人们需要订立契约。卢梭认为人类在“自然状态”下是平等的，但生产和技术的发展，导致了私有制的产生和“社会状态”下的不平等，私有制产生后，国家也就出现了。国家建立公共权力和政治法律制度，维护统治阶级的利益，人们之间就由经济上的不平等发展为政治上的不平等，从而国家成为专制的工具。要想改变人在“社会状态”下的不平等，只有通过根据社会契约建立起来的社会才能实现人的自由平等。社会契约是人民自愿协商的产物，国家或主权建立的原则是“公意”，“公意”的运用如立法、行政、司法等就是主权，主权是神圣不可侵犯的，主权掌握在人民手中。

在国际政治领域，国家是国际行为体的基本单元，国家与国家的关系取代了国内政治人与人的关系，国际机制也是国际合作的产物。由于民族国家主权的确立，国家之间具有排他性的主权利益，导致对抗、合作、战争等状态，为了维护主权利益，国家通过外交等实践手段达成某种制度性的安排，以此来协调国际关系。在这个过程中，主权国家之间的互动过程本质上也是社会实践，也是人与人之间的交往关系在国际层面的反映。

（二）从本体来看，机制是规范体系

机制是一系列由原则、价值、规则、规范、准则、组织、过程等形成的体系。机制源于“思想习惯”和“精神状态”等社会文化的范畴。美国制度学派的先驱凡勃伦认为“制度实质上就是个人或社会对有关的某些关系或某些作用的一般思想习惯”。[①] 新制度经济学家诺斯曾说：“制度提供了人类相互影响的框架，它们建立了一个社会，或确切地说一种经济秩序的合作与竞争关系。”[②] “制度是一系列被制定出来的规则、守法秩序和行为道德、伦理规范，它旨在约束主体福利或效用最大化利益的个人行为。”[③] 在《制度、制度变迁与经济绩效》一书中，诺斯说：“制度是一个社会的游戏规则，更规范地说，它们是决定人们的相互关系的系列约束。制度是由非正式约束（道德的约束、禁忌、习惯、传统和行为准则）和正式的法规（宪法、法令、产权）组成的。”[④] 由此可见，在诺斯看来，“制度”就是一种“规范人的行为的规则”，即“游戏规则”。凡勃伦和诺斯都认为，机制是源于人们思想道德观念的规范体系。

韦伯的解释是从科层制出发的。他说：“一个规范团体行为的制度，应该叫作行政管理制度。一个规范其他社会行为并保障给行为者们提供通过这种规范所开创的机会的制度，应该叫作调节制度。”[⑤] 在这里，规范性是制度的本质功能和属性。在解释制度的规范性的时候，韦伯着重强调了信仰、信念的作

① 〔美〕凡勃伦（Thorstein Veblen）：《有闲阶级论》，蔡受百译，商务印书馆，1964，第139页。

② 〔美〕诺斯（North）：《经济史中的结构与变迁》，上海三联书店，1994，第225～226页。

③ 〔美〕诺斯（North）：《经济史中的结构与变迁》，上海三联书店，1994，第225～226页。

④ 〔美〕道格拉斯·C.：《制度、制度变迁与经济绩效》，格致出版社、上海三联书店、上海人民出版社，2008，第3页。

⑤ 〔德〕韦伯：《经济与社会》（上），商务印书馆，1997，第80页。

用，同时也在一定意义上承认了人们利益追求的因素。哈贝马斯对制度的解释是从对人的行为理性的分析开始的。他把人在交往过程中的行为理性分为目的理性和交往理性。“有效的行为协调不是建立在个体行为计划的目的理性基础之上的，而是建立在交往行为的理性力量基础之上；这种交往理性表现在交往共识的前提当中。”① 因此，制度是人们交往、互动的必然产物，是人们在追求“目的理性”的过程中所形成的“交往共识”的体现，这种共识需要通过规范体系来确立。罗尔斯从公平正义的角度定义制度，他把机制看成一种处理人们之间关系的规范体系，“现在我要把一个制度理解为一种公开的规范体系，这一体系确定职务和地位以及他们的权利、义务、权力、豁免等。”②

（三）从客体来看，机制的调整对象是人与人的交往关系

从机制研究的历史进程能看出，机制是对公共政治生活的秩序进行有效安排的手段。古希腊哲学家柏拉图在《理想国》里描述了一个森严的等级制度，他把公民（奴隶除外，因为奴隶不被当成人看）分为三类：最高等级是监护者，又称为哲学王，是神用金子做成的，是国家的最高统治者；其次是辅助者，又被称为武士，是神用银做成的，他们的使命是使用武力帮助最高统治者实行统治；最低一级是农工商人，这是一个占多数的劳动阶级，是神用铜、铁做成的。这三个等级都是按血缘关系传下来的，其种族等级和本性是不可改变的。这种稳定的社会等级关系

① 〔德〕于尔根·哈贝马斯（Jurgen Habermas）：《后形而上学思想》，曹卫东、付德根译，译林出版社，2001，第60页。

② 〔美〕罗尔斯（Rawls）：《正义论》，中国社会科学出版社，1988，第64页。

需要机制来维持。柏拉图实际上用一种神授制度对社会公众进行了等级划分，通过等级划分分配每个人的社会角色。他主张人要隶属于一定阶级和等级制度，必须受到国家和制度的约束，只有少数人才能真正享受自由，因为他们是社会秩序和制度的制定者。可以看出，古代希腊哲学中人没有独立地位，隶属于一定的群体，而群体生活是个人得以生存的保证，群体的习俗、法律、制度等一方面维护了统治阶级的利益，另一方面也是保证社会发展所必需的。

等级和秩序是规则、规范的前身，也是人与人交往的产物，通过机制化的安排又可以强化这种等级和秩序。在公共政治生活领域，制度被视为一种规则或规范，其功能是社会利益的分配。新制度经济学家诺斯把制度定义为“一系列被制定出来的规则、守法程序和行为的道德伦理规范，它旨在约束追求主体福利或效用最大化利益的个人行为”。[①] 利益关系是人与人之间交往关系的核心，机制是调整人际交往关系的手段和形式。

马克思主义者从社会阶级关系来看待人与人的交往关系，马克思把人还原为现实中的人、实践中的人、社会历史发展的人，把制度机制视为上层建筑，经济基础决定了上层建筑，机制是经济基础的产物，实践把人与制度统一起来，制度是人的生产实践与交往实践的产物。在马克思看来，机制是对人与人交往关系调节的手段。制度是社会经济关系的法律范畴，其中，生产资料的所有制是社会经济制度本质的内容，人与人的交往关系最终取决于生产关系。美国著名政治学家亨廷顿认为，“制度就是稳定

---

① 〔美〕诺斯（North）：《经济史中的结构与变迁》，上海三联书店，1994，第 225 ~ 226 页。

的、受珍重的和周期性发生的行为模式”。[①] 在他看来，机制是对行为进行塑造的手段。

在国际关系层面，国家之间的关系也需要国际机制来调整。由于国际社会的无政府状态，国际社会缺乏中央集权的最高权威，国家之间的关系更加不稳定，不时爆发对抗与冲突，危害世界和平与发展，损害国际社会利益。冷战时期，两极对抗，国际社会屡次濒临两大阵营相互摧毁的边缘。为了防止战争，美苏通过订立双边协议，在军备控制、核战略、裁军等方面达成了一系列制度性安排，在一定程度上维护了国际体系的稳定。后冷战时期，合作取代了对抗，但国际局势动荡不安，热点地区冲突不断，地区经济发展水平悬殊，发展中国家在全球化时期面临严峻的挑战。为了维护世界和平，促进各国发展，国际社会需要创设国际机制来调整国家之间的关系。

二　制度发生的路径

社会机制不是自然产物，它是人类社会发展到一定阶段后出现的历史现象，它的出现标志着人类生产生活方式进入了更高级的社会形态。只有出现了私有制和私有财产，人类社会才需要机制来调整社会关系。

（一）社会机制的来源

1. 社会机制源自价值意识的规范化

价值意识是社会意识中的一个普遍的基本内容，它是指人们关于自然界、社会和思维的全部反映中有关价值内容的心理、认

---

① 〔美〕塞缪尔·P. 亨廷顿：《变化社会中的政治秩序》，上海人民出版社，2008，第12页。

识思维的抽象和概括。作为一种主体性的意识，价值意识体现着主体内在尺度，其主要方式是价值判断或评价。价值意识的规范化过程就是价值从自发到自觉的过程。人的发展是一个不断提升、丰富、扩大自身价值的过程，对人的认识也经历了一个从感觉、心理、情感到理性意识形成的过程，这一过程既是价值意识被规范化的过程，也是价值从自发到自觉的过程。

当意识是对某物的意识或意识指向自身时，意识就处在与某物或自我的相对位置中。于是，事物或自我便获得了一种秩序性的规定或源于事实关系的规范性。它使自我与事物的价值关系成为一种主体－客体结构。这种规范性，无论是人把自己物化为某种规范结构，还是把这种规范结构重新内化为一种主观状态，都是通过遵循某种规范来实现的。因为遵循某种规范秩序已经成为自我意识或价值意识的构成性因素，价值意识才能被规范化。

价值意识与其规范化是内在一致的。首先，任何规范人类行为的价值意识与规范都产生于人们的社会行动和交往关系中，交往关系本身就是一种价值关系，要使这种关系保持一种稳定性和有序性，人们需要对他人的行动做出价值预期，而使预期成为可能的一个基本条件就是，人们的社会行动可能因遵守某些规范而呈现重复性特征，而这些规范是某种价值意识的内在要求。其次，人们对行动规范性的意义理解是通过概念体系的建构来实现的，也就是说社会行动的规范性意义表现为一种知识结构，它是作为一种社会生活知识来规导个人行为的。因此，知识的形式化和体系化特征使价值意识与规范可以统一起来。最后，任何价值意识概念化的生成，都包含了主客体之间的目标生成方式，这种方式从来都不是任意的，它带有人为的选择性，而这种选择性的背后就是价值意识本身的规范性要求。

人的价值意识无论作为一种自我意识还是一种类意识，在其现实性上都是一种规范意识。可以说，制度是在价值意识规范化诉求过程中建构起来的。制度是价值意识及其规范化要求所复合的规则体系。所以，制度是人们为实现自己的理想，根据某种价值意识和与之相应的规范要求制定的供一个社会群体成员共同遵循的行为规则、标准和尺度。社会制度正是通过具体规则来确定人们在社会生活中的角色、身份和位置，同时也确定相关地位之间的权利与义务的关系。①

2. 社会机制源自社会关系

从社会关系的角度考量制度也是学界的通行视角。社会关系是人与人之间的关系。人之所以为人，是因为人不仅是世界上唯一的有意识、能思维、会创造的自生存在物，也是一种社会存在物。人只有在与他人结成的复杂的社会关系中才能生存。而许多个人的共同活动表现为人们之间的合作。合作是人的本质属性，也是人类存在的基本方式。然而，合作又与制度分不开。首先，合作是以承认自由主体之间的各自独立性以及利益上的差异性、价值观上的多元性为前提的，是不同利益主体之间的相互沟通。离开这种差异性，也就无所谓合作。罗尔斯认为，制度就是“要使社会成为自由平等的、被各自持有合理的综合性信条深刻分裂的公民间的一个公平稳定的合作体系”。② 罗尔斯所说的“综合性信条的分裂”，是指现代社会在世界化过程中出现的价值及信仰的多元化趋势。这种趋势的多元化是通过制度得以沟通

① 陈欢：《从价值哲学的角度审视制度的涵义》，《中国集体经济》2008 年第 15 期，第 39 页。

② 〔美〕约翰·罗尔斯：《自由与正义》，廖申白译，《公共论丛》第 2 辑，上海三联书店，1996，第 330～331 页。

和合作的，表现为一种合作的社会关系。不同利益、不同价值的主体之所以能进行合作，还在于他们之间有着共通性，这种共通性构成他们合作的中介和通道。这种共通性就是对物的依赖性。制度从某种意义上说是通过对中介化的物性关系的调整，去协调相互独立的人与人之间关系的，把共同依赖于物的不同主体结合起来，形成他们之间的合作关系。合作是通过制定参与共同活动的人必须遵守的共同规则来实现的。制度通过促进合作、化解冲突来调节社会关系，维护社会有序运行。

国际机制也源自国家间关系。私有制产生后，民族国家出现在世界舞台。由于国家利益的排他性和独占性，为了寻求海外利益，一些冒险者和探险家开始远涉重洋，长途跋涉，进行贸易、文化交流等国际交往。由于交通和信息技术的发展，国家之间的交往越来越频繁，政治、外交、贸易、文化、民间等国际交流使得国家之间形成了错综复杂的相互依赖关系，国际关系合作与冲突并存，和平与战争交错，传统和非传统安全问题重叠，为了维护国际社会利益，促进和平与发展，加强国际合作，国家之间通过外交等手段达成某种制度性安排，形成了国际机制。国际机制形成的国际秩序有三种：自然秩序（Pontaneous Orders）、协商秩序（Negotiated Orders）和强加秩序（Imposed Orders）。[①]

3. 社会机制源自人的交往活动

原初状态的个人，其与自然的结构关系决定了他是一个非自足系统，他必须与异他的环境进行物质、能量、信息等交换，才能维持系统的自平衡，从而才能生存与发展。随着人类社会由低

① Oran R. Young, "Regime Dynamics: The Rise and Fall of International Regimes", *International Organization*, 1982, 36 (2): 277 - 297.

级向高级阶段发展，人与自然、社会的关系日益复杂，任何个体的创造能力和活动范围都是有限的，而自身的需求却是无限的，个体的有限能动性与社会需求存在张力，有限与无限的矛盾单靠个体自身是不能解决的，必须借助个体之间的交往活动来解决。正因为如此，马克思指出，生产本身是以个人之间的交往为前提的。个体的目的、手段、条件等方面的多样性造成个体之间的交往陷入混乱状态，自身需求无法顺利实现。为了保障社会交往活动顺利进行，实现自身利益，个体就需要创设社会交往机制。

由于资本和市场的全球流动和组合，各国在全球化时代无法脱离他国而独自生存和发展，国家之间日益形成了相互依赖的关系。各国之间的政治、经济、文化、社会交往频繁，但由于各国在政治体制、意识形态、经济制度、贸易规则、文化形态、民族性格等方面差异很大，国家之间交往经常受到多元政治经济文化体制的阻碍，导致国家之间产生冲突与对立，损害了双边利益，危害了世界和平与发展。为了维护各国共同利益，促进合作与共赢，获得国际权力，国家之间在相互交往中逐渐达成了共识，制定了一些交往的原则、规则、规范等，最终形成了国际机制。

（二）制度发生的路径

在人类的思想史上，关于社会秩序（制度）发生学的研究成果为“制度是如何形成的”这一问题提供过两种答案：自发演化生成和理性创设生成。从经济学的视角看，制度发生学遵循了两条不同的理论进路：一是斯密－门格尔－哈耶克的演化生成论传统；二是康芒斯的“制度是集体行动控制个人行动”的制度设计论传统。[①] 演化生成论是在哈耶克的“自发秩序原理”、

① 韦森：《经济学与哲学》，上海人民出版社，2005，第65页。

诺齐克（Robert Nozick）的“最小国家理论”、纳尔逊和温特的“经济演化理论”以及肖特、培顿·杨和宾默尔的“博弈论制度演化理论”发展中被逐渐系统化的。而后一传统的延续和发展则存在两个分支，在当代新古典主义经济学家赫维茨（Leonid Hurwicz）的“激励经济学的机制设计理论”、保罗·A. 萨巴蒂尔的“政策过程理论”，以及戴维·L. 韦默的“制度设计理论”那里被系统化。该传统的新近发展在布坎南和塔洛克的以“同意的计算”为核心的宪政理论，以及舒贝克这样的博弈论经济学家的“数理制度设计理论”中得以传承。① 韦尔斯认为，人类是创造文化的动物。社会机制是文化的产物。人通过社会实践与周围环境发生联系，不断发现新知识和技术，与社会环境和自然环境产生互动。知识经过理性升华，产生新概念、原理等，从而为创设社会机制奠定基础。他认为“人是自然物，是一种创造文化的自然物”。② 制度就是人创设文化的产物。

国际机制产生的路径可以分为历史演进、理性设计和建构三种，现实主义国际机制论遵循历史演化的道路，认为机制是国际体系变迁的产物；自由主义国际机制论则强调理性设计是国际机制的进路；建构主义者认为国际机制是主客体互动的产物。

在现实主义者看来，国际机制是霸权主义提供的公共产品，权力和利益决定了国际机制是霸权国家用来控制和改变附庸国的工具和手段。③ 霸权国主导创设国际机制，最大限度地维护自己

① 顾自安：《制度发生学探源：制度是如何形成的》，《当代经济管理》2006 年第 4 期，第 12 页。

② Christopher. Wills.，*The Runaway Brain: The Evolution of Human Uniqueness*. New York: Basic Books，1993: pp. 3 – 11.

③ 秦亚青：《西方国际关系学的现实主义与新现实主义理论》，《外交学院学报》1996 年第 2 期，第 40 页。

的利益，同时通过国际机制来稳定国际体系，巩固霸权地位。[①]国际机制的演变也取决于霸权国的兴衰，霸权衰落后，霸权国无法承担国际公共产品的成本，旧的国际体系崩塌，国际机制也不复存在。现实主义者认为，国际机制是权力和利益的产物，随霸权国实力变化而演变。霸权国在国际机制形成过程中承担领导任务，通过结构型领导（Structural Leadership）、事业型领导（Entrepreneurial Leadership）和知识型领导（Intellectual Leadership）[②]在国际机制形成过程中起主导作用。现实主义追求权力和利益，崇尚国家实力，尤其是军事实力，认为安全是国家最大的利益，国际关系本质上是对抗冲突的，国际机制是实力尤其是军事实力的产物，只有通过霸权、均势、武力威胁、军事对抗、战争才能创设国际机制。由于安全依赖于各方军事力量对比的变化，受国际体系变迁影响，国际机制的发展随历史而演变。例如，在近代，欧洲大陆在均势外交思想的影响下形成了维也纳体系，暂时维持了欧洲列强之间的和平，后来由于军事力量对比变化，神圣同盟解体，克里米亚战争的爆发标志着维也纳体系的崩溃。

自由主义认为人性是向善的，并且是可以教化的；个人的自由是社会变革的动力；个人自由与福利、社会正义和安全有赖于法制；自由主义的历史观是进步的，它认为合乎理性的人类社会的规范设计是可以实现的。主权国家不再是国家社会的唯一行为

---

① 苏长和：《解读〈霸权之后〉——基欧汉与国际关系理论中的新自由制度主义》，《美国研究》2001年第1期，第141页。

② Oran R. Young, "Political Leadership and Regime Formation: On the Development of Institutions in International Society", *International Organization*, 1991, 45 (3): 281.

体，高级政治与低级政治的分野被打破，“复合安全”取代了军事安全，国家之间形成了相互依存的关系。由于国家是理性行为体，即便在无政府状态下，在追求自身利益最大化的过程中，国家之间依然可以合作，通过构建国际机制促进国际合作，国际机制是影响国家行为的关键。① 康德的“永久和平论”认为，具有民主和法制精神的共和国组成的不断扩大的共同体可以在国际法的原则下最终达到“永久和平”。因为共和政体的制约机制能阻止共和国家冒险进行战争；而非民主国家是否进行战争则全凭独裁者不受制约的意志。伍德罗·威尔逊“十四点”中提出建立一个国际组织取代均势原则的思想，以此保证世界和平与安全。他主张，各国应当放弃秘密外交、取消贸易壁垒、公海自由航行、鼓励民族自治、裁减军备等理想主义外交。自由主义者认为，通过精巧的制度设计才能实现世界和平，国际机制是理性设计的产物。机制是人造的事实，国际机制是创设的，而非发现的。②

建构主义者从主客体间互动来解读认识结构，既看到了客观现实对主观意识的限制作用，又观察到人的认识结构对客观对象的再加工能力，包含了理性主义的决定论，也有反理性主义的相对论。建构主义的国际机制理论认为，国家通过历史和现实制度与国际社会共识互动，历史和社会认同等观念形态又会制约国际行为体的利益偏好结构和行为方式，而这种行为选择等客观存在又能建构新的观念意识形态。国际机制作为一种观念形态，是主

① 徐秀军：《新现实主义与新自由主义国际关系理论的本体论分析》，《社会主义研究》2008 年第 4 期，第 133 页。

② Oran R. Young, “International Regimes: Problems of Concept Formation”, *World Politics*, 1980, 32 (3): 348、331.

客观相互建构的产物。建构的过程体现了国际行为体之间主观认同和行为方式的趋同。国际关系受到互动主体之间认知和行为的影响。在建构主义者看来，国际机制发生的路径是行为体之间的互动，互动建构观念，观念决定外交行为。外交谈判、国际论坛、民间交往等和平方式能促进行为体良性互动，武力对抗、制造危机、威慑、战争等也能产生互动，但危害了国际社会的整体利益，代价巨大。文化、宗教、媒体在行为体互动中发挥了独特的作用。由于文化的亲缘关系和共同的宗教信仰，行为体的意识形态和道德价值观念更容易融合，行为体之间更倾向于采取和平手段解决国际冲突。媒体基于广大受众群体的认同，在引导国际舆论和表达公众观点方面能塑造行为体的国际形象，这种国际形象又影响了双方的利益目标和行为方式。例如，建构主义者在解释为什么朝鲜研制出 1 枚导弹比英国研制出 500 枚更先进的导弹对美国的威胁更大，为什么美国政府要不断地宣传伊拉克是“无赖国家”或“邪恶国家”等问题上很有说服力。①

三　机制的功能

机制的功能在于规范社会公共政治生活，使社会各单元有序参与公共事务，有效地稳定各方预期，促进社会各组成部分之间的合作，实现各自的利益诉求。机制的功能集中体现在社会治理上。

（一）主体功能

从机制主体而言，社会机制界定了主体的身份地位，为机制

① 郭树勇：《利用社会建构主义理论成果推动中国国际关系研究》，《世界经济与政治》2003 年第 4 期，第 19 页。

主体分配了角色和利益，划定了主体行动自由的范围，规范了机制主体的社会交往活动。因此，机制具有自由功能、伦理功能和秩序功能，这三种功能对机制主体具有规范、引导、塑造、限制、激励的作用。

（1）自由功能。制度为人们提供了其可以自由活动的空间，它不仅告诉人们不能、禁止做什么和如何做，同时也告诉人们能、可以自由选择地去做什么。现代制度是通过限制去界定自由的：它可以通过限制某种自由去扩展他种自由；通过限制一些人的自由去扩展另一些人的自由。在制度规定的范围内，限制与保障得到了统一。机制通过宣示消极的自由和积极的保护划定人们自由的范围，这是制度的自由功能。

（2）伦理功能。机制源自人性善恶，并从道德伦理、文化传统、宗教信仰中获得合理性支撑，反映了人的自我意识和价值判断，具有丰富的道德伦理内涵。社会机制通过规范化的体系来引导人们的社会交往，使社会交往符合道德伦理要求。社会机制引导人的行为之善，规范人的道德之形成，激励道德正气之弘扬，以其独特的规范功能发挥对道德建设的重要作用。这是制度的伦理功能。

（3）秩序功能。从社会哲学的角度看，社会机制最直接的功能是形成和塑造社会秩序。具体来说，制度的秩序功能主要表现为对社会经济秩序、政治秩序、文化秩序三个层次的调节功能。机制之所以能发挥这些功能，是因为：首先，机制能规范个体行为，使之符合社会交往规则，维护稳定的社会关系；其次，机制的规范性功能能促进社会合作，合作方在规则体系的指导下有序地开展社会合作；最后，机制通过惩罚性的规定约束社会个体的行为，使人们遵循社会合作的规则，维护稳定的社会合作关系。

（二）本体功能

从机制本体来看，机制的运行过程要经过制定目标、实施治理、效果评估三个基本阶段。在这三个阶段中，各参与者需要界定利益范围，然后通过社会机制实施治理，机制各部分协调运行，最终实现整合社会的作用。制度的功能可以概括为利益预期、引导激励、信息传递三种。

（1）利益预期。机制是稳定预期的手段。机制对主体的身份地位、功能角色、利益范围进行分配，机制参与者根据利益预期塑造身份，这是机制运行的基础阶段。规则是限制性的外在约束，制定规则的目的也在于限制，它规定人们能做什么，不能做什么；该怎样做，不该怎样做，从而划定了一条行为的边界。此功能实际上类似于前文的自由功能。制度约束人的行为有两种方式，一种是通过意识形态说服人们自我监督，一种是借助外部权威强制执行。但制度约束的基础是强制，不是说服。

（2）引导激励。机制不可能对所有行为都做出严格明确的定义，但机制可以根据规则对行为做出评价，通过评价引导机制主体参与社会交往活动。机制通过正面和负面的评价向主体表明它提倡什么或反对什么，鼓励什么或压抑什么，借助奖励或惩罚的强制力量得以执行。机制的引导激励能调节各方的利益偏好，影响人们的选择，改变社会运行方向。

（3）信息传递。系统理论表明，机制内部通过信息与外部世界进行能量交换，维持系统内部平衡。信息在机制各子系统内部传递，把外部能量导入机制，机制参与者根据信息并通过谈判妥协不断调整策略和行动，保证机制朝着预设的目标运行。

（三）客体功能

从机制客体而言，机制是为了实现有序化的社会交往活动，形成稳定和谐的社会状态，最终实现社会整合（Social Integration）。

随着社会的发展，社会从同质性向异质性的分化越发明显，制度的适应性增大，包容性增强，价值普遍化现象突出，分化就在系统和生活世界之间出现了。现代社会显示了经济、政治、社会、文化各制度领域的清晰分野，市场领域和国家领域冲突加剧。随着传统规范的衰落，社会整合的挑战更大。社会整合是指基于成员广泛认同而形成社会秩序的过程及其功能机制。通过经济制度、政治制度、法律制度、家族/宗教制度，实现适应，达到目标，协调整体各组成部分的功能以达到整体均衡和协调一致。人的活动方式（生产方式、生活方式、思维方式）在社会化过程中产生或改变，而社会化是通过机制化来实现的，机制化的生活能把分散的力量汇集起来，形成社会合力，从而整合社会。

四　机制跨越国境：全球治理

从国内政治来看，机制是有序的社会公共生活的制度安排，机制在国内政治进程中承担政治平台的作用，各种政治力量和政治活动都在制度安排下有序展开，国家依靠强制力保证机制稳定预期，各级政府机构根据政治权限制定机制，下层机制按照等级机制服从上层机制的管辖，权力等级制保证社会资源在全社会有序流动，公众有序参与公共事务，社会内部各组成部分在制度体系下协调合作，平稳运行。因此，在国内政治领域，机制在政治等级权力中能起到稳定社会运行的作用。然而，在国际社会层面，由于缺乏中央权威力量，各国在对外活动中仅仅从本国利益出发，必然导致利益冲突和纠纷，尤其是在面对一些共同的问题和挑战时，无法协调立场和行动，不能开展国际合作，最终使各国利益受损。在这种情形下，各国需要协商和谈判，制定共同的对策，在一些问题领域开展广泛的国际合作。

（一）全球问题

经济全球化将民族国家卷入了全球体系中，民族国家之间的差距被拉大，不平等的国际秩序使得各国贫富悬殊，全球化失去了合理性基础。非传统安全问题大量涌现，恐怖主义、跨国犯罪、气候变化、能源安全、突发疫情等威胁着各国民众安全，全球性问题不断涌现。国际行为体趋于多元化，国家不再是单一的行为体，国际组织、公民社团、跨国公司等日益成为国际舞台的重要角色。主权国家基于各自利益的需求，对全球性问题各自为政，难以形成统一的集体行动。现行的国际机制未能给各国提供平等参与全球进程的发言权。

当机制跨越国境成为国际机制时，由于国际社会的无政府状态，国际机制缺乏有效的国际政府强制力，各国国力和身份地位处于不断变化的状态，各国利益目标相互冲突，各国角色和定位因此变幻无常，国际机制无法在政府强制力的外在干预下得到各方遵守，必须通过平等的外交手段才能达成合作。与此同时，由于没有强制性的中央政府权力，国际社会公共事务的治理也必须通过国际机制来进行，各方在国际机制的约束下才能进行合作。因此，国际机制是国际合作的主要手段和依据。国际机制也对国家外交行为产生影响。机制成员国的民主国家更容易在国际体系中采取合作态度，而缺乏民主的国家更容易采取对抗措施。①

① Brett Ashley Leeds, David R. Davis, "Beneath the Surface: Regime Type and International Interaction, 1953 - 78", *Journal of Peace Research*, 1999, 36 (1): 5.

（二）全球治理

全球治理理论形成于20世纪90年代初期，由美国学者詹姆斯·罗西瑙概最先提出。在西方现代政治学中，治理的概念绝不是指那种依据国家强制性权力来维系的统治形态，而是指社会政治共同体成员，以公益为基础，以共同参与、民主协商的方式形成的决策机制、社会政治管理方式，以及由此而构成的社会政治体制。俞可平认为，全球治理是通过具有约束力的国际规制解决全球性的冲突、生态、人权、移民、毒品、走私等问题，以维持正常的国际政治经济秩序。全球治理是各国政府、国际组织、各国公民为最大限度地增加共同利益而进行的民主协商与合作，其核心内容应当是健全和发展一整套维护全人类安全、和平、发展、福利、平等和人权的新的国际政治经济秩序，包括处理国际政治经济问题的全球规则和制度。

治理理论的另一位代表人物罗茨（R. Rhodes）认为，治理意味着“统治的含义有了变化，意味着一种新的统治过程，意味着有序统治的条件已经不同以前，或是以新的方法来统治社会”。接着，他还详细列举了六种关于治理的不同定义。这六种定义是：第一，作为最小国家的管理活动的治理，它指的是国家削减公共开支，以最小的成本取得最大的效益。第二，作为公司管理的治理，它指的是指导、控制和监督企业运行的组织体制。第三，作为新公共管理的治理，它指的是将市场的激励机制和私人部门的管理手段引入政府的公共服务。第四，作为善治的治理，它指的是强调效率、法治、责任的公共服务体系。第五，作为社会－控制体系的治理，它指的是政府与民间、公共部门与私人部门之间的合作与互动。第六，作为自组织网络的治理，它指的是建立在信任与互利基础上的社会协调网络。

全球治理委员会的定义具有很大的代表性和权威性。该委员会在《我们的全球之家》的研究报告中对治理做了如下界定：治理是各种公共的或私人的个人和机构管理其共同事务的诸多方式的总和。它是使相互冲突的或不同的利益得以调和并且采取联合行动的持续的过程。它既包括有权迫使人们服从的正式制度和规则，也包括各种人们同意或以为符合其利益的非正式的制度安排。它有四个特征：治理不是一整套规则，也不是一种活动，而是一个过程；治理过程的基础不是控制，而是协调；治理既涉及公共部门，或包括私人部门；治理不是一种正式的制度，而是持续的互动。

在现实主义看来，国际组织在现实世界中的作用是边缘性的。国际组织仅在主权国家有共同利益的非冲突领域能够促进合作，在国家利益多样并可能产生冲突的领域很难限制其行为。国际组织在维护国际和平与安全方面作用很小。一方面，霸权国利用国际组织推动其在国际体系中的国家利益；另一方面，非霸权国也能够利用国际组织实现其目标并在现存体系中表达自己的意愿。然而，在限制国家行为方面，国际组织作用有限，一旦涉及其直接安全或重要国家利益，国家便会绕过或者忽略国际组织。霸权稳定论认为，国际关系被霸权决定和维持，国际组织是霸权国家维持其主导地位与合法性的重要工具。

新自由制度主义把国家看作社会的合法代表，接受国际体系的无政府结构及国家之间通过国际机制进行合作的可能性。罗伯特·基欧汉借用经济学“交易成本”概念解释国际政治和全球治理。

建构主义是对国家中心理论的批判。鲁杰针对以国家为中心的方法提出三个问题：一是国家中心主义者对国际关系研究中什么是最基本的问题没有做出解答——行为体（主权国家）如何获得它们的利益和身份；二是国家的身份可以发生改变；三是有经验证据表明国家身份形成利益。建构主义对全球治理概念的解释建立在由身份和文化组成的观念体系基础上，观念因素有规范和工具的性质，可以以个人或集体形式进行表达。全球治理中行为体的身份和利益以及全球治理概念本身是国际互动的产物。全球治理结构根据法律和社会承诺建立起来，因此全球治理不是努力降低交易成本的结果，而是行为体之间持续互动的结果。全球治理结构不具有永久性，建构主义为全球治理概念提供了主体间衡量标准，并且对于国际机制如何帮助建立“行为体的利益与社会目的”提供了更加宽泛的解释。

第二节　国际机制

一　概念与内涵

奥兰·扬曾说，我们生活在一个国际机制的世界里。[①] 国际机制是国际关系的基本背景。国际机制理论源于对国际合作问题的研究，在20世纪70年代伴随着相互依存理论的产生而逐步兴起。1975年，英国人约翰·鲁杰首先在国际关系理论研究中引入了国际机制的概念，1977年罗伯特·基欧汉和约瑟夫·奈在《权力与相互依赖》一书中，正式运用国际机制的概念来研究相关国际问题。随之而来，国际关系理论界掀起了新自由主义与新

① Oran R. Young, “International Regimes: Problems of Concept Formation”, *World Politics*, 1980, 32 (3): 331.

现实主义之间的论战。

国际机制的概念林林总总，本书不准备在其概念上浓墨重彩，这不是本书的重点。目前学术界普遍认可斯蒂芬·克莱斯纳提出的国际机制的概念。在1983年《国际组织》杂志召集的关于国际机制的研讨会上，斯蒂芬·克莱斯纳综合了不同意见，将国际机制定义为："在国际关系特定领域由行为体的期望汇集而成的一整套明示或暗示的原则、规范、规则和决策程序。所谓原则，是指对事实的因果关系和诚实的信仰；所谓规范，是指以权利和义务方式确立的行为标准；所谓规则，是指对行动的专门规定和禁止；所谓决策程序，是指流行的决定和执行集体选择政策的习惯。"① 这一定义认为国际机制具有原则、规范、规则和决策程序四个方面的内涵，比较符合当前国际机制的现状。

本书所指的国际机制是指全球性机制，地区机制和国家间机制不属于本书研究的范围。联合国、世界银行、国际货币基金组织、经合组织等未限定成员区域来源的国际组织属于全球机制，欧盟、地区开发银行、东盟等限制区域的国际组织属于地区机制。由于本书研究的对象是非洲减贫，因此把非盟这一地区机制涵盖在内。

从方法上而言，德国学者利特伯格认为，国际机制理论可分为基于权力（power-based）、基于利益（interest-based）和基于知识（knowledge-based）三种研究方法，即国际机制研究有三种思想学派：现实主义者侧重于研究权力关系，新自由主义者以利益的聚合为研究基础，而认知主义（cognitivism）的重点在于知

① Stephen Krasner, "Structural Causes and Regime Consequences: Regimes as Intervening Variables", in Stephen D. Krasner. *International Regimes*. Ithaca: Cornell University Press, 1983: p. 2.

识动力、传播和认同。[1] 三者之间的最大差异在于对“制度主义”（即国际机制作用大小）的认可程度。[2]

按照国际关系理论的传统范式，现实主义、自由主义、建构主义对国际机制都有不同的解读。[3] 新现实主义的基本理论主张是：国际社会处于无政府状态，国家是自私理性的行为体，受制于国际系统的结构，追求权力是国家基本的行为模式。由此，新现实主义国际机制理论的基本出发点是：权力在合作中的核心地位不次于其在冲突中的地位；行为体之间的权力资源分配极大地影响着机制的出现、某问题领域机制的存在及其性质，特别是合作中的利益分配；国家会考虑无政府状态下的相对权力，从而对国际机制的效率形成制约。以上观点集中体现在霸权稳定理论中。

霸权稳定理论的基本机制理论主张是：霸权国家建立了自己的霸权体系，并制定该体系的基本原则、规则、规范和决策程序，霸权国的实力与威望是其他国家接受这些国际机制的前提；霸权国利用这些机制维持霸权体系，最大限度地获取利益；为了维持该体系，它愿意向其他国家提供“公共产品”，容忍“搭便车”行为；霸权国衰落或急剧变化，则国际机制发生相应变化。霸权并非国际机制的稳定器，国际体系的结构性变化会导致国际

① Andreas Hasenclever, Peter Mayer, Volker Rittberger, "Interests, Power, Knowledge: The Study of International Regimes", *Mershon International Studies Review*, 1996, 40 (2): 178.

② 门洪华：《对国际机制理论主要流派的批评》，《世界经济与政治》2000年第3期，第23～24页。

③ 有学者也尝试整合现有三大流派的国际机制理论，见 Andreas Hasenclever, Peter Mayer, Volker Rittberger, "Integrating Theories of International Regimes". *Review of International Studies*, 2000, 26 (1): 3－33。

机制发生相应的变化。①

新自由主义是在新现实主义理论的挑战中崛起的。其基本理论主张是：国际社会处在无政府状态，但国际社会并非无序，而是有一定的组织形式和行为规范；国家是排他的行为体，其目的是追求绝对收益；国家之间存在利益的冲突，但各国为了求得自己的利益而寻求合作；为达到绝对收益的目的，国家要寻找一种有效的机制，使国家放弃各自的帕累托最优战略，而取得集体的最佳结果。

机制分析是新自由主义的旗帜，新自由主义机制理论在过去十多年影响巨大，成为分析国际机制的主流理论，其基本机制理论主张是：国家是追求绝对收益的理性自我主义者，只关心自己的得失；承认权力在国际机制中的作用，但认为国际机制是国际关系中的独立变量（Independent Variable），强调国际机制在帮助国家实现共同利益中的重大作用；活跃在特定问题领域的国家拥有只能通过合作才能实现的共同利益；不确定性是国际机制形成的理论核心，世界政治存在广泛的不确定性。国际机制帮助达成政府之间意愿的契合。行为体相信，这种安排会帮助达到互利的目的。换言之，没有国际机制，则协议无法达成。国际机制正是通过降低不确定性来促进国际合作。②

建构主义的基本理论主张是：在本体论上，认为国际关系是一种社会建构，是人的信仰与行为选择的产物，强调主观性变量对国家行为的作用，强调过程（process）的意义；在方法论上，

---

① Robert O. Keohane, "The Demand for International Regimes", *International Organization*, 1982, 36 (2): 325-355.

② Kenneth Neal Waltz, *Theory of International Politics*, *Reading*, Mass.: Addison-Wesley Pub. Co., 1979: 115-116.

强调多元学术范式以及理论解释的多元化；在认识论上，强调国际关系的含义处在变化之中，各种解释和变化都有探究的价值；在价值论上，强调恢复研究国际伦理的重要性，指出文化、认同和规范等因素在调整国家关系以及利益方面的重要作用。

从以上的分析可以看出，新自由制度主义和建构主义在实际的研究操作中，有选择地使用了原则、规范、规则和决策程序的某些方面。在理性主义的方法论路径下，新自由制度主义的国际机制概念仅仅包括规则和决策程序两个维度，而将原则和规范排除在外。新自由主义的认识路线是主体性哲学。建构主义的国际机制概念则突出强调原则和规范两个维度，而对规则和决策程序有意忽略。这反映了建构主义更强调认识过程中的主体间性，即主客体互动的过程。这一分歧是由新自由制度主义和建构主义不同的方法论路径造成的。前者采用的是理性主义的经济学方法论，后者采用的则是社会学方法论；前者的方法论起点是理性选择，后者的理论核心是社会化选择。

二　机制要素分析

一项完整的国际机制必须具备特定的构成要件，这些要件从过程上和实质上确保了国际机制的有效性，反映了制度作用于国际关系的基本过程和原理，组成了国际机制的基本形式。根据本书对机制的哲理考察，国际机制也是由主体、客体、本体三个部分组成。[①] 国际机制的主体、本体分别是国际行为体、国际治理，问题领域是国际机制的客体。

---

① 奥兰·扬把国际机制分为实质部分、程序部分和执行部分。见 Oran R. Young, “International Regimes: Problems of Concept Formation”, *World Politics*, 1980, 32 (3): 331 - 356。

（一）客体：问题领域

1. 问题领域的实质

国际社会出现的问题和挑战成为国际机制的问题领域并非自然的过程，取决于三个方面的因素：首先，问题和挑战必须是客观存在的事实，如科学研究表明，臭氧层变薄，导致气候变暖。这是经过科学验证的客观事实，所以才能成为国际机制的问题领域，因此才会有《蒙特利尔议定书》，规定各国逐步禁止使用氟利昂。其次，问题领域是国家实力对比的产物。虽然人类面临许多发展和环保的问题，但是这些问题能否成为国际机制的问题领域、何时成为问题领域、问题领域的强度如何等不仅是事实决定的，更多的是国家权力和国力对比的反映。如环保和发展对于发达国家和发展中国家而言，其重要性的程度悬殊，发达国家利用环保标准来限制发展中国家的发展就是国家权力对比的反映。在当今国际社会，发达国家利用自身经济、科技、军事等优势，给发展中国家设置议题，让其疲于应对。最后，问题领域也是国家利益使然。符合本国利益，国家才会将其作为问题领域对待。在南海之争中，由于发现了大量海底油气资源，各国纷纷插足南海，制造话题，设置议程，都想从中分得一杯羹。无论是实力还是事实，知识在其中扮演了重要角色。知识帮助行为体定义目标和利益，① 知识是软实力，利用知识能够建构事实。这犹如气候问题一样，由于科学技术水平落后于发达国家，发展中国家在这一问题领域处于不利的地位。

2. 问题领域的标准

特定问题要进入国际机制的管辖范围需要跨越准入门槛，只

---

① Ernst B. Haas, "Why Collaborate? Issue-Linkage and International Regimes", *World Politics*, 1980, 32 (3): 357 -405.

有达到一定的事实标准，才能加入国际机制。国际机制要形成特定的管辖和影响范围，就必须设置标准，根据标准来认定事实范围和排除对象。如联合国千年发展目标对贫穷的认定标准是人均日收入低于1美元。这样一来，就形成了特定的问题领域和参与标准。当然，标准的设定一方面要以客观现实状况为准，具备科学依据，但另一方面也是机制参与者利益的汇集点，反映各方价值追求的主观愿望。国际机制是国际体系成员的利益活动。[①] 只有利益才能导致机制成员期望的聚合，机制才能被创设。机制参与者通过技术讨论、外交谈判、民间游说、磋商妥协，最终制定事实的标准，这个过程是科学标准掩饰下的利益博弈和力量对比。

3. 问题领域的目标

本书所涉及的减贫国际机制，其客体是减贫。在减贫国际机制中，只有千年发展目标对减贫目标做了明确规定，其他减贫国际机制只对启动援助划定了标准线，如经合组织只对最不发达国家和低收入国家规定启动援助的标准线，并没有制定减贫的目标。

千年发展目标是国际社会达成的发展议程，得到了联合国成员国的广泛认同和支持，具有法定的效力，确定了减贫目标，千年发展目标可以简化为八大主要目标。

目标一：根除极度贫穷和饥饿。在2015年底前，使世界上每日收入低于1美元的人口比例和挨饿人口比例降低一半。

目标二：普及初等教育。确保2015年前所有儿童能完成小

① Oran R. Young, "International Regimes: Problems of Concept Formation", *World Politics*, 1980, 32 (3): 333.

学的全部课程。

目标三：促进性别平等和赋予妇女能力。到2005年消除中、小学教育中的性别歧视；到2015年消除各级教育中的性别歧视。

目标四：降低婴幼儿死亡率。将目前五岁以下婴幼儿死亡率降低2/3。

目标五：改善孕产妇健康状况。到2015年将孕产妇死亡率降低3/4。

目标六：遏止并开始扭转艾滋病毒/艾滋病的蔓延状况，遏止并开始扭转疟疾和其他主要疾病的发病率增长态势。

目标七：将可持续发展原则纳入国家政策和方针，减少环境资源的损失；将无法持续获得安全饮用水的人口比例减半；使至少1亿贫民窟居民的生活有明显改善。

目标八：进一步发展开放的、遵循规则的、可预测的、非歧视性的贸易和金融体制。

（二）主体：国际行为体

1. 国际行为体的类别

参与国际机制的国际行为体有民族国家、国际组织、非政府组织、商业组织、知识团体（学术研究组织），甚至个人，其中民族国家是国际机制的中坚力量。现实主义强调，国家是国际社会的中心角色，是国际政治的最基本研究单位。经典现实主义大师摩根索在其名著《国家间的政治》中宣称，国际政治中的主要行为体是国家。① 国家是国际政治中最重要的行为体，非国家行为体从属于国家行为体。斯蒂芬·克莱斯纳认为国家是“国

① Hans J. Morgenthau, *Politics among Nations: the Struggle for Power and Peace*. New York: Knopf, 1978: 650.

际体系的基本角色”，“其他角色的行为，包括跨国公司和国际组织，是由国家的决策和国家的权力所规定的”。[①] 冷战后出现的美国自由制度主义学派也提出，国际行为主体除国家之外还应包括专门的国际机构（Special International Agencies）、超国家权威机构（Supernational Authorities）、利益集团（Interest Groups）、跨政府政策网（Transgovernmental Policynetwork）和跨国行为角色（Transnational Actors）。美国新自由主义学者约瑟夫·格里格提出：“国际行为主体除国家以外还应该包括超国家权威机构、国际机构、利益集团和跨国行为角色等。从某种角度看，他们对于国际事务具有更大的作用。”[②] 国际关系理论三大范式视野中的国际行为体都承认民族国家和非民族国家组织都是国际行为体的一部分，但对其作用和地位有不同的认识。现实主义者强调国家的中心地位。主权是国际机制运行的政治基础。[③] 新自由主义者从相互依赖的角度出发，兼顾了非国家行为体日益上升的国际影响力，认为国家不再是占中心地位的国际社会的角色，但强调除国家外，国际组织、跨国组织以及各种社会团体对国际体系的作用，认为国家作为唯一主要行为体的作用在下降。建构主义者

---

① Stephen D. Krasner, “Structural Conflict: the Third World against Global Liberalism”, Berkeley: University of California Press, 1985: 28.

② Joseph M. Grieco, “Anarchy and the Limits of Cooperation: A Realist Critique of the Newest Liberal Institutionalism”, *International Organization*, 1988, 42 (3): 494.

③ Ken Conca, Fengshi Wu, Ciqi Mei, “Global Regime Formation or Complex Institution Building? The Principled Content of International River Agreements”, *International Studies Quarterly*, 2006, 50 (2): 26. Barry Buzan, “From International System to International Society: Structural Realism and Regime Theory Meet the English School”, *International Organization*, 1993, 47 (3): 350.

主张从历史、文化、制度、经济等方面综合认识主权国家，着重考虑体系结构和行为体之间的建构进程，即国际体系结构建构行为体的身份和利益，行为体只有具备身份和利益之后才能采取与之相称的行动。从中可以看出，建构主义者对行为体身份的认定不依赖于物理的结构，而是以行为体的角色来确定其身份。

2. 行为体的理性

由于国际社会处于无政府状态，国际行为体基于自身利益而参与国际机制进程，具有明确的利益目标和权力追求，具备理性行为体的特征，类似于“经济人”的假设状态。作为理性人的行为体，追求利益最大化是其行为目标。为此，行为体必须具有充分信息能力，从而始终追求最优目标，做出最优决策；理性人具有完全意志能力，能够独立负责地做出决策；理性人使用边际分析的方法，通过比较边际收益和边际成本进行决策；理性人拒斥情感、道德、激情等社会心理文化的影响。同时，在建构主义者看来，认识国际行为体还应该将社会文化作为变量来考察，行为体并非单纯理性的行为者，有时也受到文化、情感等因素的影响。行为体在合作中受到道德、情感等非理性思想因素的影响，在社会交往中建构身份和利益目标。行为体在合作中往往不是追求最优的均衡，而是追求次优的均衡。

3. 行为体的资格条件

参加国际机制的行为体一般需要具备特定的条件和标准，这就是通常所说的“俱乐部标准”。只有达到了标准才能加入俱乐部。这种准入标准分为一般性标准和特殊性标准。作为合格的国际行为体，需要具备形式上的要件。例如，作为民族国家，则需要有政府和法制；作为国际组织，则需要在联合国备案；等等。在特定的问题领域对国际行为体具有特定的要求。例如，世界银行的“重债穷国计划”要求减债对象国家的债务净现值与出口额之比超过150%，或者在某些情况下债务净现值超过政府财政收入250%，就有资格申请减债救助。作为参与国际机制的理性行为体，各方必须信守承诺，遵守自己加入的国际机制。

（三）本体：国际治理

国际机制通过宣示价值、目标、原则、准则、程序来进行国际治理，在治理过程中涉及的原则、规则、准则、规范、组织程序就是国际机制的本体，即本体性是指国际机制“是什么”“怎么样”的问题。任何一项国际机制都有特定的问题领域，反映了机制参与者和国际行为体对该领域基本形势的判断和共同的期望。建立国际机制的目标就是要使特定的问题领域达到稳定的最优均衡，这种均衡能实现机制参与者和国际行为体的利益最大化，体现了各方的价值共识和现实利益需求。国际机制的目标和原则正是机制参与者利益追求和价值共识的载体，同时也是凝聚各方力量的工具和稳定期望的手段。

1. 行动计划

国际机制要实现自身目标就必须制定确实可行的行动计划和方案，机制参与者的价值共识和利益追求也要通过具体的行动计划来实现。行动计划是机制有效性的前提，如果一项国际机制缺少行动计划，那么这项机制的有效性就无法预测，效果也无法测度，这样也就丧失了国际机制的制度性优势。同时，建立国际机制的目的是促进国际行为体之间的合作，只有具有共同的行动计划才能使合作落到实处。行动计划包括原则、目标、日程、决策、评估、规则、责任等一系列内容，这些构成了国际机制的实质性内容。

国别小组根据联合国发展集团的指导手册和技术规范，在对受援国进行调查研究的基础上，制定出规范的国别发展援助框架。

2. 组织程序

国际机制的日常运作需要通过组织机构来保障。组织机构是由机制参与者组建的，具有一定的内部组织架构和治理规范，内部各单元分工协作，共同负责国际机制的日常运行，如“千年发展目标非洲指导小组”，由国际货币基金组织、世界银行、伊斯兰发展银行、非洲开发银行、非盟委员会、欧盟委员会和联合国发展集团的领导人组成，联合国秘书长任主席，负责非洲千年目标计划的实施。组织机构既可以是专属的，也可以是从属的。

由国际机制参与者组成的组织机构一般都有投票表决的制度安排，这样才能形成有效的决议和统一的行动。一般来说，投票表决分为简单多数规则、绝大多数规则和一致同意规则，投票权分为平等投票和份额投票。

国际治理的目的在于促进国际合作和协调，国际机制的组织程序必须遵循以下原则①。

合法性原则。统治的方式必须得到人民的赞同；行使权力的人必须是值得信赖的人；对个人自由的限制尽可能减少，除非出于公益的需要，否则要尽量减少对个人自由的干涉；治理要建立在合理性的基础上。

民主性原则。符合民主理想和公民权利，排除多数专制；在权利、权力和责任之间达到公正的平衡；对权力进行制衡。国际民主来自权力和利益，而非平等，在协商谈判环境下，国际机制

① 皮埃尔·卡蓝默：《治理的五个基本原则以及与国际合作的关联》，陈力川译，http：//www.governance.cn/governance _ ceshi/1226/browarticle.php?wz_ id=181。

的基本假设是合作的内容源自权力和利益。①

效能性原则。这要求国际机制利用专业技能及时满足国际社会发展和管理的需求，对公共生活领域做出及时的反应，采取行之有效的措施，维护公共生活空间的秩序。

协调性原则。治理应当按照共同制定的程序，组织公共部门和私人部门的不同行动者之间、不同治理层次之间、行政部门之间的关系。

统一性原则。社会的组织应当使基层社群的自治与世界层面的社会团结相协调，维护个体和整体的利益。

3. 监督审核

国际机制要实现效能标准必须要有相应的监督审核机制作为保证。一个有效的国际机制往往有中期评估、终期评审、同行互查、报告指南等检查落实环节。联合国千年发展目标每年都有年度进展报告，2010 年 9 月，联合国发布了千年发展目标中期评估报告。联合国秘书处开展的最不发达国家办事处每年都要发布年度报告和纲领实施情况总结。2001 年 5 月，联合国第三次最不发达国家问题会议在布鲁塞尔召开，会议通过了《2001～2010 十年期支援最不发达国家行动纲领》，2006 年 9 月 18～19 日，联合国大会举行了关于对《2001～2010 十年期支援最不发达国家行动纲领》执行情况中期审查的高级别会议。2011 年 5 月 30 日到 6 月 3 日在土耳其伊斯坦布尔举行了第四届联合国最不发达国家会议，会议对 2001 年在布鲁塞尔通过的支援最不发达国家十年行动纲领的执行情况进行评估，并达成一项支持最不发达国

① Ken Conca, Fengshi Wu, Ciqi Mei, "Global Regime Formation or Complex Institution Building? The Principled Content of International River Agreements", *International Studies Quarterly*, 2006, 50 (2): 265.

家的新协议。联合国开发计划署每年都要发布《人类发展报告》和年度工作报告。

世界银行和国际货币基金组织每年都要发布《世界发展报告》和年度工作报告。此外，国际开发协会也发布年度报告。世界银行和国际货币基金组织每年都要对在各国实施的项目进行严格的审计和检查，一旦发现违规，将停止资金和技术援助。

经合组织每年发布年度报告，制定严格的报告和互查程序。经合组织对成员国捐赠有严格的报告程序，这一程序实际上是对捐赠真实性的认证程序。经合组织制定了严格的报告和互查程序。经合组织要求成员国严格按照报告程序申报捐赠，对捐赠的真实性进行认证和审查。经合组织制定了国际开发协会统计报告指针和债权人报告指针（DAC Statistical Reporting Directives and CRS Reporting Directives），对报告的覆盖范围、格式等做了详细的规定。

同行审核是经合组织的核心认证程序。经合组织要求所有成员国提交报告，并对报告内容进行相互审核。经合组织要求成员国每 4 年接受一次严格的审核，每年有 5 ~ 6 个国家接受同行审核。同行审核的参与者除了成员国外，还有民间组织、商业组织和劳工组织等。

非盟也引进了成员互查机制。为确保“非洲发展新伙伴计划”的顺利实施，2002 年 7 月，非盟会议明确了非洲国家相互审查机制的职责和程序，制定了 50 多项具体的审查指标。审查内容主要包括民主、人权、安全、经济、发展环境、执政状况和政策透明等方面，大体上可分为政治审查和经济审查。审查分为情报信息收集、组建审查小组、起草报告、向非盟首脑会议提交报告、公布报告五个阶段。[①] 该审查机制规定，非洲联盟的53个成员可自愿加入“非洲互查机制”。加入的国家或地区必须将其政府管理、经济政策以及人权等方面的情况公开，接受其他成员按照既定标准进行的检查和评估。如果经过互查，某个成员国没有达到预先规定的标准，互查机制的专门机构有权要求该国在没有达标的方面进行改革，并提出具体建议。如果该国仍无法达标，就不能像其他“非洲发展新伙伴计划”成员一样从计划中受益。截至2005年4月，已有24个国家加入这一机制。

三 邻属概念的区分

国际机制是一个容易混淆的概念。在汉语中，与机制意思相近的词有制度、体制等，从词义上看，制度含义最窄。制度是共同遵守的办事规程或行动准则，往往指有固定形式的规则体系，如法律法规、办事流程、条例法令等；体制是指有固定结构关系的制度体系，这些制度按照一定的组织形式组合起来，形成固定模式的制度体系；机制是有机体理论和结构功能理论的话语形式，指事物内部各组成部分的机理，即相互关系。这些组成部分包括人、组织、制度等，这些部分组合起来，生成不同的功能，类似于生命有机体。简而言之，制度是固定形式的规则体系，体制是结构框架的制度体系，机制是体制之间的机理。因此，可以把制度、体制、机制理解为具有某种层级递进关系的概念。

在西方国际关系理论中，国际机制有三个词语——institution、regime和organization，大致可以分别对应汉语的制

---

① 梁益坚：《试析非洲国家相互审查机制》，《西亚非洲》2006年第1期，第21页。

度、机制和组织,[①] 但 institution 的含义远比“制度”的含义广得多，除了制度外，还包括惯例、文化、宗教，甚至风俗习惯等。其中前两个词语在很多时候都可以通用，国际组织与这两个词语的区别比较明显。国际组织是指具有一定治理功能的组织机构或团体。拥有人员和机构是国际组织的最显著特征，虽然有时人员和机构不是固定的，但国际组织都离不开一定的组织机构和人员队伍。国际机制则不一定拥有组织机构或人员队伍。美国现实主义学者约翰·米尔斯海莫就明确指出“机制和制度被视为完全同义的概念”。而自由制度主义学者罗伯特·基欧汉也在一定程度上混用这两个概念，他曾说“我们也认为‘国际货币机制’和‘国际贸易机制’也是制度”。然而，从罗伯特·基欧汉对国际制度的区分来看，institution 包括了 regime。他认为，国际制度是指“规定行为的职责、限制行动以及影响行为者期望的持久的互为联系的一组正式的或非正式的规则”。国际制度有三种：正式的政府间组织或跨国的非政府组织、国际机制、国际惯例或协约。这种区分方法与复旦大学经济学院韦森教授的观点有异曲同工之妙。韦森教授把 institution 翻译为“制序”，指“由制度规则调节着的秩序”。[②] 而所谓国际机制，最具代表性的是克莱斯纳的定义，即在国际关系特定问题领域里行为体愿望汇聚而成的一整套明示或默示的原则、规范、规则和决策程序。从基欧汉和克莱斯纳所给的定义来看，“国际制度”和“国际机制”并没有本质的区别，但克莱斯纳的定义更有特定性，基欧汉的定义更宽泛。

---

① 这三个词语还可以翻译为制度、体制和组织，但国际关系理论中似乎已经认同了把 regime 翻译成“机制”。政治学领域一般把 regime 翻译成“政权”。

② 韦森：《文化与制序》，上海人民出版社，2003，第 1 页。

第三节　重叠国际机制

一　国际机制的重叠

某一特定问题领域内组织和协调国际关系的原则、准则、规则和决策程序形成了国际机制。[①] 在当今国际社会，相同的问题领域往往存在多个相互联系的国际机制，这些国际机制之间形成了复杂的关系。国际机制之间的联系是事实，不因既有的机制而改变。[②] 奥兰·扬最早论述了机制之间的关系，他区分了机制之间的互动，将相同问题领域的国际机制之间的关系分为四种：植入式、嵌入式、丛生式和重叠式。[③] 这四类机制在水平和垂直两个层面互动。Henrik Selin 和 Stacy D. Van Deveer 则把机制之间的联系分为治理联系（Governance Linkages）和行为体联系（Actor Linkages）。一些学者分析了不同类型的机制安排，如联邦机制与多层治理机制，对政治能产生不同的影响（Hooghe 和 Marks，2001；Shank S. 等，1996；Tsebelis，1990）。其他学者分析了选择适用机制的主要影响因素（Abbott 和 Snidal，1998，2000；McCall Smith，2000）。此外，还有学者研究了机制适用的转场策略（strategies to navigate or shift from one institutional forum to

① Stephen D. Krasner, *International Regimes*, Ithaca: Cornell University Press, 1983: 1.

② Joel P. Trachtman, "Institutional Linkage: Transcending 'Trade and...'". *The American Journal of International Law*, 2002, 96 (1): 92.

③ 即 embedded, nested, clustered, and overlapping institutions。见 Oran R. Young, "Institutional Linkages in International Society: Polar Perspectives", *Global Governance*. 1996, (21/Apr.): 2。

another)，如 Abbott 和 Snidal（2003）和 Helfer（2004）对适用旧机制还是创造新机制来应对新挑战进行了探讨。

在研究国际机制之间的关系时，西方学者用了许多不同术语来表述这种错综复杂的关系，如重叠（overlapping）、嵌套（nesting）、丛生（clustering）、植入（embedded）、互动（interaction）、相互作用（interplay）、联系（linkage）、冲突（conflicting）、抵触（contradictive）等，这些术语在描述国际机制之间的关系时都涉及这些机制存在的共性和普遍性的部分，这些共性部分构成了机制之间联系的纽带，也是机制各个组成部分叠加的结果。因此，从本质上看，相同问题领域机制之间的关系都可以用重叠来描述，差别主要在于重叠程度不一样，重叠能有效定义相同问题领域的国际机制之间的关系。

由于国际机制一般由问题领域、机制发起者、机制成员、机制内容等部分构成，国际机制的结构也是机制功能的外化，因此，本书认为，重叠国际机制是指在相同问题领域中，两个或两个以上国际机制的结构和功能上的重合现象。这一概念可以分成三个部分。首先，把重叠限制在相同的问题领域，对于不同问题领域的国际机制，即便它们存在联系，也不是重叠国际机制；其次，重叠国际机制在本质上指功能与结构的重合，并没有改变国际机制的本质；最后，重叠是指国际机制之间的关系，是对一系列国际机制之间关系的描述。重叠国际机制与奥兰·扬提出的重叠不尽相同。虽然奥兰·扬最早分离出了“重叠”这一国际机制之间的关系，但与本书“重叠国际机制”有区别。首先，他的分类没有逻辑上的周延。[1] 他

---

[1] Oran R. Young. “Institutional Linkages in International Society: Polar Perspectives”, *Global Governance*, 1996,（21/Apr.）: 2.

明确表示，他这样分类并不是认为这四种机制之间相互排斥，而是认为这四种联系还是存在共性。因此，他提出的“重叠”只是本书重叠国际机制中的一种情况而已，与本书的重叠国际机制并不冲突。此外，他还明确表示，这四种分类并没有穷尽机制联系的类型，还可以找出其他类型。[①] 这种类型的划分只是为了强调机制之间的联系在当今国际关系中的重要性。这就说明他对国际机制所采用的类型学并没有以重叠作为分类标准，并不具备逻辑的周延性。其次，从概念上看，本书的重叠国际机制在一定意义上是对这四种关系共性的概括，其属性涵盖更广。最后，本书把国际机制重叠的前提限定在相同的问题领域。如果不属于同一问题领域，即便这些机制出现了重叠的部分，如气候变化的国际机制与减贫国际机制都有减贫的内容，但本书不把这两者视为重叠国际机制，而奥兰·扬的“重叠”概念没有这个限制性前提。

在逻辑学上，所谓下定义，就是用简短明确的语句提示概念的内涵，即揭示概念所反映的对象的特点或本质的一种逻辑方法。用公式表示就是：被定义概念 = 种差 + 邻近属概念（“种差”是指同一属概念下的种概念所独有的属性，即与其他属概念的本质差别）；“邻近属概念”是指包含被定义者的最小的属概念。在具有明确国际机制概念的前提下，只要对“重叠”进行定义就能得到“重叠国际机制”的概念。在这个概念中，种差就是指“结构和功能”，邻近属概念是“重合”，两者构成了完整的“重叠国际机制”概念。

从形式学的角度看，本书认为重叠是一种重合的现象，具有

① Oran R. Young, “Institutional Linkages in International Society: Polar Perspectives”, *Global Governance*, 1996, (21/Apr.): 2.

客观实在的形式内涵。国际机制的重叠必然反映形式上的共通性，如规则体系、目标、机制成员等。重叠国际机制通常共享组织架构，处理同样问题领域的不同方面，或采用类似的规则和原则来建构问题领域（to frame issues）。[①] 从语义学上来看，《现代汉语词典》将“重叠”解释为“一层层堆积重复”，其近义词是“重合”。从功能主义的角度来看，重叠国际机制借用了“行为体以原则、规范、规则以及决策程序为行动准则，共同解决面临的挑战和问题（问题领域）”这一国际机制的概念，从功能上揭示了国际机制的属性。从考据学的角度看，奥兰·扬最早论述“植入式、嵌入式、丛生式和重叠式”国际机制时，无一不涉及国际机制之间在结构和功能上的重叠。此后学者沿着这条路径进一步考察了机制重叠的原因、功能、影响等，基本概念属性并未发生嬗变。从价值判断的角度来说，重叠国际机制是一个中性概念，本身没有价值倾向，但是机制重叠的结构能导致价值判断的不同。从程序主义来看，重叠需要具备前提条件，只有存在多个国际机制的情况下，才有可能发生重叠。综上而言，重叠国际机制是一个价值中性、功能未定、前提明确的客观现象。

国际机制重叠的根本原因在于问题领域的相关性，这是机制重叠的前提条件。问题领域相同、相交、相容都可能导致机制的重叠。国际机制的发起者（或组织）也可能就相关的问题领域制定重叠的国际机制，如联合国针对人权领域有《公民权利和政治权利国际公约》和《经济、社会、文化权利国际盟约》，在企业社会责任领域的人权保护方面有《全球契约》等。重叠机

① Hugh Ward, “International Linkages and Environmental Sustainability: The Effectiveness of the Regime Network”, *Journal of Peace Research*, 2006, 43 (2): 149 - 166.

制的成员也存在重合，一个国际机制的成员也可能是另外一个相关机制的成员。如在贸易领域，欧洲国家成立欧盟，但欧盟国家同时又是国际贸易组织的成员，而有些国家还是八国集团的成员。

二　重叠类型与重叠结构

相同问题领域出现多个国际机制是国际社会的普遍现象，也是国际治理经常面临的问题，成为当前多元政治力量格局下的选择困境。国际机制要发挥促进合作、实现共赢的功能就必须形成最优的国际机制重叠结构，以最优的重叠结构克服当前多种机制相互冲突的弊端。

根据国际机制的三大结构要素，可以把国际机制重叠分成问题领域重叠、行为体重叠、治理重叠。问题领域重叠是国际机制重叠的前提条件，其本身既是原因也是结果，因为相同问题领域存在多个国际机制，所以才出现国际机制的重叠现象。行为体重叠是指多个国际机制中存在相同的机制成员。每个机制都有许多参与者或者成员，这些行为体构成了国际机制的合作方。它们通过履行一定的程序成为机制的成员，如通过签署文件、加入组织、发表声明等形式成为国际机制的成员。由于同样问题领域存在多个国际机制，这些成员可能同时加入了多个国际机制，这样就形成了国际机制成员重叠的问题。多个国际机制在原则、规范、规则以及决策程序等方面出现重合，在组织程序、行动方案、资源等方面相互交织，构成了机制治理的重叠。

（一）问题领域重叠

各方在相同问题领域具有共同利益，需要相互合作才能实现共同利益，这是问题领域重叠的客观现象，但从国际机制研究的三大范式来看，问题领域的存在并非客观自在的过程，在当前国际环境下，其背后大多是利益与权力的博弈。德国学者利特伯格认为，国际机制理论可分为基于权力（power-based）、基于利益（interest-based）和基于知识（knowledge-based）的研究方法，即国际机制研究有三种思想流派：现实主义者侧重于研究权力关系，新自由主义者以利益的聚合为研究基础，而认知主义（cognitivism）重点在于知识动力、传播和认同。[①] 这三种范式对问题领域的认知截然不同。

现实主义者认为，权力在合作中居于核心地位；行为体之间的权力资源分配极大地影响着机制的出现、问题领域机制的存在及其性质，特别是合作中的利益分配；国家优先考量无政府状态下的相对权力，利用国际机制实现本国利益的最大化。霸权稳定理论最突出地体现了这点。在霸权机制下，霸权国家建立了自己的霸权体系，并制定霸权体系运转所需的基本原则、规则、规范和决策程序，霸权国利用实力迫使其他国家加入霸权机制。霸权国利用这些机制维持霸权体系，最大限度地获取利益；为了维持该体系稳定，霸权国提供“公共产品”，容忍“搭便车”行为；一旦霸权衰落或急剧变化，则国际机制必然转型。新自由主义者认为，在特定问题领域的国家只能通过合作才能实现共同利益；不确定性是国际机制形成的理论核心，世界政治存在广泛的不确定性。国际机制帮助达成政府之间意愿的契合。没有国际机制，则协议无法达成。国际机制正是通过降低不确定性来促进国际合作的。[②] 显

① 门洪华：《对国际机制理论主要流派的批评》，《世界经济与政治》2000年第3期，第23~24页。

② Kenneth Neal Waltz, *Theory of International Politics*, *Reading*, Mass.: Addison-Wesley Pub. Co., 1979: 115-116.

然，自由主义者认为，国际机制的问题领域是由共同的利益决定的，这一假设与现实主义的本国利益最大化假设不同。利益一致的原因也与现实主义者不同，自由主义者除了承认共同利益是自在客观的之外，还认为共同利益来自相互合作。而现实主义者认为，共同利益等同于本国利益。建构主义者认为，国际关系是一种社会建构，是人的信仰与行为选择的产物，强调主观性变量对国家行为的作用；在方法论上，强调多元学术范式以及理论解释的多元化；在认识论上，主张去中心主义和本质主义，指出文化、认同和规范等因素在调整国家关系以及利益方面的重要作用。在建构主义者看来，问题领域是世界观、价值观、认识论的产物。

国际关系理论三大范式在创设问题领域时旨趣迥异。现实主义者用国家实力和权力制造话题，增设权力范围，谋取霸权利益；自由主义者根据自由、民主、和平等理想和价值甄别问题，以外交手段解决争端，把国际问题领域看成自由理想价值的疆界；建构主义者的问题领域是理念互动的产物。在现实国际政治视野中，这三种分野并非相互排斥的，往往相互交叉混为一体。虽然视角不同，但创设问题领域是建立国际机制的第一步，关系到各方利益分配和权力配置。问题领域的创设主要通过以下三种途径进行。

第一，宣示利益与权力。不管是自在自然的国际问题和挑战还是主观意志的产物，一个话题要成为问题领域都是各方利益博弈的结果。大国由于国力强大，利益范围和深度日益无限拓展，与他国发生冲突和纠纷的情况越来越多，为了更好地实现本国利益，这些国家便将这些问题提交到国际社会，在外交谈判和对外政策中不断表达利益诉求，展示国家实力和威望，使本国利益被国际社会承认接受，然后通过建立国际机制巩固本国利益。这个过程实际上是国家展示实力、谋求国际利益的博弈，起决定性作用的是一个国家权力的大小。大国往往凭借强势的国际地位把本国利益上升为国际机制的问题领域，其他各方也借助国际机制追求自身利益最大化，通过展示权力和利益创设了国际机制的问题领域。如果一个国家不具备相应的国力和权力的话，即便面临非常重要的问题和挑战也无法将它上升为国际机制的问题领域。

第二，联系政治（Linkage Politics）。联系政治有两层含义，一是指国内政治与国际政治的联系，如詹姆斯·罗西洛把linkage定义为“一个系统内部产生的会引起另外一个系统做出相应反应的周期性行为后果”。[①] 一是指国际政治层面的联系，如基辛格认为，联系政治即一国政府通过在谈判过程中提出不相关的问题向另一国政府施加压力。[②] 传统外交中经常出现这种微妙的联系，例如，如果欧盟采取过度的贸易保护主义政策，美国就暗示要减少对北约的承诺。多数时候，这种潜在的联系几乎是不言自明的，是国际政治潜规则。

行为体将孤立的问题进行重新分化组合，提出符合本国利益的问题领域，然后借助国际机制来巩固本国利益。在外交活动中，行为体的利益是多元的，但对外目标往往是一元的，为了实现多元的利益，行为体往往根据本国国力采取联系战略，把不同的利益进行捆绑，提出新的问题领域，经过外交谈判的讨价还

---

① James Rosenau. “Toward the Study of National-International Linkage” in James N. Rosenau, *Linkage Politics; Essays on the Convergence of National and International Systems*, New York: Free Press, 1969: 45.

② 〔英〕克里斯托弗·希尔（Christopher Hill）：《变化中的对外政策政治》，唐小松、陈寒溪译，上海人民出版社，2007，第241页。

价，建立国际机制。

利益捆绑一方面是对外战略的需要，另一方面也是国内政治与国际政治相互作用的通道。解释对外政策的国内根源可以使用罗伯特·帕特南的“双层博弈”概念。“政府首脑”被认为是在两个棋盘上同时进行政治博弈，即国内政治和国际政治。对外政策决策者对国际政治的考虑和对国内政治的考虑不断相互影响，最终达成妥协。国内结构为国际力量影响国内政治提供了基本的渠道。国内结构的变迁也是观察国际力量是否作用于国内政治的一个重要指标。[①] 詹姆斯·罗西洛把国内–国际联系政治分成三种：反应型联系、仿效型联系和渗透型联系。反应型联系指某一社会发生的事件，导致另一社会做出自发的而不是政府鼓励的反应。例如，因为法国政府放任 2008 年奥运火炬传递中出现的干扰事件，中国民众和政府对法国政府和企业产生严重的对立情绪，取消了法国企业订单，中断了双方高层交往，直至影响中法两国关系。仿效型联系实质上是经济学家们所说的示范效应：某个社会中发生的事情很快被其他社会的公民仿效。如两德统一促进韩朝民众热议朝鲜半岛统一。第三种是渗透型联系。渗透是指某个社会的某些部分进入、影响甚至操纵另一个社会的企图。这类行为的最终目标可能是针对某国政府，但很多时候人们很难认清它是否属于政府机构的活动。但是这种行为无疑是涉及跨国层面的。历史上，各种形式的帝国主义和新殖民主义都是通过传教士、商人和冒险家的渗透来实现的。例如，法国许多政府官员和知识分子一直认为，美国的文化产品输出（特别是电影和流行

① 苏长和：《跨国关系与国内政治——比较政治与国际政治经济学视野下的国际关系研究》，《美国研究》2003 年第 4 期，第 117 ~ 118 页。

音乐）是非正式帝国的行为，严重威胁到法语文化的生存空间，为此法国政府在全球开展了“法语精英”计划，免费邀请法语学生访问法国。法国总统萨科齐一再表示，推广法语仍将在法国外交举措中居优先地位。外交是内政的延续，内政是外交的基础，通过国内政治与国际政治的捆绑来创设新的国际问题领域已经成为各国普遍的外交手段。

第三，设置议题。通过设置议题来创造话语权，主导外交主题的转换，从而生成问题领域。议题设置理论（Agenda-setting Theory）是由美国传播学者麦克姆斯、唐纳德·肖最早提出。这种理论认为，大众传播只要对某些问题予以重视，为公众安排议事日程，那么就能影响公众舆论。议程设置功能，传媒中的新闻报道和信息传达活动以赋予各种议题不同程度的显著性的方式，影响着人们的对周围的大事及重要性的判断。在国际关系领域，官方谈判、国际舆论、学者论坛等政界和学界的双轨互动的话题来自外交议题，这些议题赋予了人们不同的权力。法国社会学家米歇尔·福柯在其就任法兰西学院院士时的演讲《话语的秩序》之中，提出了“话语即权力”的著名命题，深刻地揭示了话语不仅是思维符号和交际工具，而且是人们斗争的手段和目的，“话语是权力，人通过话语赋予自己权力”。在国际关系领域，外交话语的权力从本质上来说源自国家权力，但通过话语的方式来传递信息，作用于外交决策者的思想和行为，最终借助外交政策来实现。外交话语权力借助以下载体来实现：第一，思想理念。先进的思想和创新的理念自古就是行动的指南，能获得民众广泛的拥戴和支持，能在国际社会取得共识，组成认知共同体。这种软实力由于占据道德、理想的高地，获得了毋庸置疑的真理性，经常使对手处于道德的弱势地位。如近代西方民主革命推崇的自由、平等、公正等理念，在世界得到了广泛传播和认可。第二，系统的专业知识。议题需要创新的知识体系作为支撑，没有专业知识的储备就无法成功创设议题。知识、人才是设置议题的核心资源。当今世界，西方国家在政治、经济、法律等知识体系中占有绝对的领导地位，发展中国家由于教育体系落后，科研能力低下，在话题设置中处于十分不利的地位。第三，政治制度和意识形态。国内政治结构决定了国际话语权。先进的社会制度必然带来社会进步和国家强盛，获得国际社会的认同，从而赢得话语权。第四，发达的传播系统。报纸、电视、互联网等论证政治议题的合理性、正当性和合法性，渲染其社会政治功能，主导国际社会舆论导向，影响受众的政治信仰和价值判断。

现存国际机制源自西方特别是美国的政治－文化观念，其基本原则、规则、规范乃至决策程序主要是西方文化的产物，与西方利益有着天然的联系。这种联系割断了非西方国家参与国际机制话语权的通路，使它们长期处于被国际机制边缘化的不利地位。西方长期垄断着国际关系的主导权和国际机制的制定权，迄今为止的国际机制在建构中仍然难以突破这些机制规则所设定的思维框架。①

（二）行为体重叠

同一行为体同时具备多个国际机制成员的身份，形成了行为体的重叠。国际行为体有民族国家、国际组织、非政府组织、商业组织、知识团体（学术研究组织），甚至个人，其中民族国家是国际机制的中坚力量，非国家行为体从属于国家行为体。这些

① 门洪华：《国际机制的有效性与局限性》，《美国研究》2001 年第 4 期，第 17 页。

行为体同时加入了多个国际机制中，就出现了身份重叠的现象。

国际行为体之所以发生身份和角色重叠，其主要原因在于：第一，行为体的利益目标与多个国际机制的问题领域发生重合，只有加入这些国际机制才能实现自身的利益。行为体目标多元，加入国际机制能促进与各方的合作，实现合作共赢。相同的问题领域存在多个国际机制的现状也使得行为体只有加入这些机制才能寻求合作的平台。如 OECD 的发展援助委员会致力于发展援助，其问题领域就是发展援助，只要符合这一问题领域的国家都可以申请获得援助。根据 2008 年审核名单和 2009 年增补的名单，受援国分为四类：①最不发达国家，共 39 个国家，其中非洲国家 33 个；②其他低收入国家，人均国民总收入（GNI）低于 935 美元（2007 年比价），共 12 个国家；③中低收入国家，人均国民收入为 936～3705 美元，共 38 个国家和地区；④中高收入国家，人均国民收入为 3706～11455 美元，共 33 个国家和地区。[①] 这些国家都可以申请获得援助资格。同时联合国减贫机制也能把这些受援国纳入其中，这样这些行为体就会因为获得援助利益而成为多个国际机制的成员。第二，国际机制的性质规定了行为体的范围。国际机制的问题领域把面临同样挑战和问题的行为体联系在一起，使之成为类似的命运共同体，在小范围内形成国际社会。国际机制的主要任务和目标也能把具有相同使命的行为体进行集合，通过机制合作完成共同的任务和使命。国际机制的准入标准能把具备相同条件的国家聚集起来，共同致力于实现国际机制设定的目标。如世界银行和国际货币基金组织实施

① http：//www. oecd. org/document/0/0，3343，en_ 2649_ 34447_ 42398912_ 1_ 1_ 1_ 1，00. html.

“重债穷国”计划，把债务与出口比净现值为150%或者债务与收入比净现值为250%的国家纳入减债资格的名单。同时，2008年11月，世界银行发起了“债务管理机构”（the Debt Management Facility，DMF），由发达国家捐助，成立信托基金，为国际开发协会中的低收入国家提供债务管理资助。这两项国际机制都对发展中国家进行减债援助，其中有些国家同时是这两项国际机制的成员对象，这就出现了身份重合。第三，行为体的身份地位决定了其为国际机制的成员。穷国的身份决定了行为体成为国际援助的对象，成为国际援助机制的成员。八国集团被称为“富国俱乐部”，而OECD是由33个市场经济国家组成的政府间国际经济组织，成员国有加拿大、法国、德国、意大利、日本、英国、美国等。发达国家的身份，决定了行为体同时成为这两项国际机制的成员，这样也发生了身份重叠。

综上而言，在当今普遍联系的政治议题中，国际关系领域出现了问题网络，行为体同时成为多项国际机制的成员，因而在同一问题领域的国际机制框架内发生身份重叠。

（三）治理的重叠

行为体重叠也不可避免地带来治理重叠，多头治理现象突出，治理对象陷入无所适从的混乱状态，对国际机制的标准、规则、目标等认识模糊不清，没有定数。多个国际机制集中在同一个问题领域，机制治理的对象同一，治理的目标、原则、任务、方法、核查等也会出现叠加，造成效率低下、资源分散、治理失效等后果，与国际机制设立的初衷背道而驰。

由于同样的问题领域存在多个国际机制，机制参与者可以选择最有利于本国利益的国际机制，以满足自己的政策偏好和国家利益。[①] 政策制定者可以根据国际机制的制度安排、成员结构、利益格局制定外交政策，在自己选择的国际机制中达成共识，寻求有利于本国的利益妥协。国际机制中的其他各方也改变自己的政策以应对这种变化，这样一来，被选择的国际机制可能与其他国际机制相互抵触，其他国际机制可能被削弱。这一寻求有利于本国国际机制的行为给外交政策制定者带来了两难选择。由于国际机制缺乏等级结构，无论选择哪一种国际机制都没有科层意义的限制，只要符合本国利益，都可以选择适用。然而，在选择国际机制时必须避免对手的博弈目标，而自身要根据对手的选择不断调整策略，做出新的选择，这样一来有些国际机制被抛弃，机制的目标无法实现。

对于治理的主体而言，由于同一问题领域存在多个机制，机制之间必然存在竞合关系。为了维护自身利益，不同的国际机制会根据竞争机制的对策做出相应的调整，以原则交换利益，损害国际社会的利益。如世界银行和经合组织在甄别援助资格时往往具有不同的价值倾向，世界银行更侧重于事实性标准，而经合组织更倾向于民主性标准，联合国开发计划署更强调普遍性援助，它们在选择援助对象时具有不同的标准。

对于治理成效而言，重叠治理容易导致空头治理或者过度治理，最终无法促进国际合作，无法实现各方利益，国际社会的问题领域无法得到有效治理。重叠治理可能导致资源分散和目标模糊。多个国际机制势必分散有限的财政资源，每个国家用于国际治理的资源基本都是固定的，需要得到国内政治决策程序的批

① Karen J. Alter and Sophie Meunier, "Nested and overlapping regimes in the transatlantic banana trade dispute", *Journal of European Public Policy*, 13：3 (2006)：365。这一过程也成为"forum shopping"。

准，而国际机制数量增加，势必摊薄有限的资源，从而限制了国际机制的行动能力。多个国际机制集中在同一个问题领域，每个国际机制都有自身的价值目标和规则程序，由于缺乏国内政治的中央权威性，这些机制无法弥合分歧，导致治理目标多重，最后导致国际问题无法得到解决。重叠机制也可能导致治理缺位，形成治理真空。由于多个机制集中在某个问题领域，相互之间缺乏必要的联系和信息流通，无法获取对方的工作进度，难以制定自身的工作计划。而且由于自身资源和能力范围有限，在信息不对称的情况下不可能把资源投入一个未知的领域，因而造成治理真空。重叠治理也容易导致资源浪费，资源过度集中在某个问题领域，有限的资源无法得到合理配置。

重叠治理导致国际机制效能低下，损害国际社会利益，必须对重叠进行改革和治理。总体看来，治理重叠的国际机制要在问题领域的标准、政策工具、组织机构、决策机制等方面重构国际机制的重叠结构。第一，各个国际机制要形成一定的分工协作关系，对问题领域进行细化，拆分出多级问题领域，建立差异化的国际机制，形成相互分工合作的国际机制关系。第二，要在各个国际机制之间合理配置资源。目前各个国际机制获取资源的能力取决于自身的筹款能力和各国的出资义务，资源分配不均，行动能力差异很大，不能反映国际问题领域的现状，要探索建立国际机制之间资源交换和转移支付的机制。如国际复兴开发银行每年都把部分盈利转移给国际开发协会。此外，各个国际机制要在身份标准和门槛的设定上互相参照学习，如成员资格、援助资格和额度等，对穷国的标准定义和援助资格做出统一的规定。第三，国际机制之间进行积极互动。类似的国际机制之间相互共享信息和经验，机制领导人之间通过论坛、交流研讨、外交谈判等开展积极有效的对话与合作，在国际事务的规范和标准等方面达成共识，整合国际机制的技术流程。如巴黎俱乐部、经合组织成员国、八国集团、20 国集团等国际组织经常就援助、减贫等国际公共事务发表宣言，采取一致行动。第四，国际机制内部治理要符合一般性和普遍性原则，形成科学合理的决策程序和内部流程。有些国际机制缺乏同行核查监督程序，机制效能无法实现，有的国际机制程序烦琐复杂，需要专业知识和技术培训才能参与，如世界银行的援助项目申请程序复杂，历时长，规则晦涩难懂，只有某些专业的中介机构才有能力申请。

在国际机制实际运行中，有些尝试很值得推广学习，如针对世界领导人建立决策交流机制。世界经济论坛正与世界领先的技术伙伴建立一个数字网络，通过该网络将世界经济论坛的正式成员、选民、企业、政府和其他利益攸关的决策者联系起来，形成长效交流机制，确保世界经济论坛的正式成员通过多次会议交流合作。该机制的目标是最终在全球最重要的 1 万名决策者之间建立网络。该机制是为希望吸收专业知识、分享信息并愿与同行联合应对全球危机的决策者专门设计的。试想金融危机发生时，这一机制若已生效，情况便会完全不同。我们认为，决策交流机制是运用利益攸关方理念解决所有突发危机的全新途径。为了建立这个虚拟的国际社会，智力支持非常必要。①

建设全球问题日程网络。各个国际机制的领导人制定出各自的日程表，通过国际论坛、学术交流、联合国平台等建立日程网

① 克劳斯·施瓦布、潘莉莉：《21 世纪的全球治理》，《外交评论》（外交学院学报）2008 年第 6 期，第 8 页。

络，相互协调行动和政策。世界经济论坛正与中国多所高等院校合作，致力于建立100个全球日程委员会，以应对气候变化、水源短缺等当前最严峻的挑战。粮食危机问题只有与水利、能源、生物燃料、饮食习惯等多种因素结合起来讨论，才能更有针对性。①

去中心化（decentralization）也是建立国际机制互动网络的途径。通过大量的民间社会参与，非政府组织发挥机制运行监督者的作用。与此同时还可以根据机制运行的情况，创设新的国际机制。国际层面的民间社会能为国际公共事务治理提供智力支持，也能给各国施加压力，通过游说和社会动员参与政府决策，从而影响国家的外交政策。这个过程类似于全球民主（Cosmopolitan Democracy）的运行。②

三　机制重叠影响机制的效能

考察重叠国际机制的目的在于廓清机制重叠对机制效能的影响，找出机制重叠与机制效能的相关性，探索机制最优重叠结构对机制能效的加速催化作用。

（一）机制的效能标准

国际机制的根本目标在于促进各方在共同问题领域的合作，以实现帕累托最优状态。国际机制要实现这一功能，必须具备形式上、实质上、程序上的要件。

国际机制的效能包括两个内容，一是机制的有效性

① 克劳斯·施瓦布、潘莉莉：《21世纪的全球治理》，《外交评论》（外交学院学报）2008年第6期，第8页。

② ames Bohman, “International Regimes and Democratic Governance: Political Equality and Influence in Global Institutions”, *International Affairs* (Royal Institute of International Affairs 1944 -), 1999, 75 (3): 511.

(effectiveness)，二是机制的效率（efficiency），集中体现在机制能促进各方在特定问题领域的合作，从而实现各自的利益期待。机制的效果和效率决定了机制的周期。根据美国学者奥兰·扬的定义，国际机制的有效性是衡量国际机制在多大程度上塑造或影响国际行为的一种尺度，国际机制的有效性可以从其能否成功地执行、得到服从并继续维持的角度来加以衡量，有效性是一个程度高低的问题，而不是一个全有全无的问题，只要一种制度的运作能够经受时空变换的考验，该制度就是有效的。[①] 他从刺激反应的生物学角度衡量国际机制的效能，认为机制的效能体现在它在多大程度上塑造或影响国际行为。有效的国际制度安排将引起行为主体、行为者的利益追求以及行为者之间的互动关系发生变化，以致国际关系的行为者在一定程度上遵守国际机制。国际制度有效性是从其能否成功地执行、得到服从并继续维持的角度来加以衡量的。

国内外学者普遍采用了奥兰·扬的有效性概念来研究国际机制的效能。影响国际机制有效性的因素主要有问题领域、成员数量和遵约机制三个方面。这三个因素仍然符合认知论对国际机制的解读：问题领域是指国际机制的客体；成员组成是指国际机制的主体；遵约机制可以看成简化的国际治理，这是国际机制的本体内容。

国际机制的创立是为了解决各方在一定问题领域面临的共同挑战和问题，问题属性成了影响有效性的初始变量之一，而且，国际机制在解决问题的过程中涉及多方参与、协调各自对策，成

① 〔美〕奥兰·扬：《国际制度的有效性：棘手案例与关键因素》，〔美〕詹姆斯·N. 罗西瑙：《没有政府的治理》，张胜军、刘小林等译，江西人民出版社，2001，第186～224页。

员数量成了影响有效性的过程性变量；初始问题最终能否解决，还取决于参与各方对条约的遵守情况，遵约问题是影响机制有效性的约束性变量。三个变量共同决定了国际机制的有效性。[①] 根据国际机制有效性的影响因素，国际机制有效性的观测指标可以分为机制目标、机制功能、机制形式、机制成员四个方面。第一，就机制的目标而言，国际机制的有效性体现在它能实现各方的利益期待，解决共同面临的问题。由于各方面临共同的问题领域，因而需要建立相互协调与合作的国际机制，在合作的过程中实现各方利益。机制的有效性体现在各方利益实现的过程中，最终表现为机制目标的实现。第二，从机制的功能角度而言，机制的有效性是指机制能促进合作。各方通过建立国际机制来分配角色、稳定预期、明确规则、止纷定争，促进各方在问题领域的合作，实现国际机制治理下的国际政治和国际关系的协调。只有能促进国际合作、消除冲突，国际机制的有效性才能得以体现。第三，从国际机制的形式来看，一个有效的国际机制需要具备一定的形式要件和结构功能。首先，机制要宣示共同的价值和理想，通过共同的价值和理想达成政治共识，然后建立共同的目标，以目标来稳定预期，以目标来汇集各方资源。其次，机制要具备规则、规范体系。机制各方的合作要以规则为指引，借助规则来分配角色和确立决策程序，从而使机制的各个进程在一个系统的功能体系下顺畅地运行。最后，国际机制是否有效关键在于机制的行动能力。任何价值和理想都需要落实到行动上，通过行动转化为本国利益，从而共同解决面临的问题。机制要具备行动能力，

---

① 谌华侨：《国际机制有效性透析》，《国际关系学院学报》2010 年第 4 期，第 23 页。

必须具备组织载体。通过各方的磋商协调，按照问题领域的特征和要求，建立一整套人员机构，维持机制的日常运转。此外，机制要转化为合作还需要制定科学合理的行动方案和计划。国际机制的行动能力内化在行动方案和计划之中，外化为国际机制功能系统的日常运行和共同目标的实现。国际机制的行动方案和计划搭建了一套解决问题的人员机构，汇聚了足够的物质资源，制定了任务进程时间表，从结构功能体系上保证了机制的有效性。此外，国际机制还必须具有一定的遵约机制，如守约的监督（同行审查）、中期检查、评估、责任追究等制度安排。第四，从机制成员来看，机制是否有效还取决于成员数量和遵约问题。一是要增加成员数量和来源，使更多国家加入共识团体，扩大治理的范围。奥尔森在《集体行动的逻辑》中指出，集团越大，行为体数目越多，交易费用和不确定性就越大，合作性的集体行动就越不可能。国际机制作为促进国际合作的有效载体，其有效性会因为机制内的成员数量有很大差异。① 二是要遵守机制，严格落实各项行动计划，履行国际承诺。国际条约必须遵守成为《维亚纳外交公约》的前提假设，也是各国的共识，这反映了国际制度主义的基本主张。然而，遵守国际机制并非必然性选择，在现实主义国际关系理论看来，遵约是国家实力的选择，遵约与否要以国家权力和利益为转移。因此，建立有效的遵约机制是国际机制效能的重要保证。国家遵约对国际机制的效能是至关重要的，只有各方遵守国际机制才能促进合作，面对问题领域的挑战和任务，实现共同的利益。②

① 〔美〕曼瑟尔·奥尔森：《集体行动的逻辑》，陈郁译，上海人民出版社，1996，第38页。

② 〔美〕莉萨·马丁：《国际制度》，上海人民出版社，2006，第279页。

（二）机制重叠的影响

机制重叠必然对机制的效能产生影响。对于机制主体的行为体而言，机制重叠影响行为体的决策能力，也影响行为者对身份和利益的判断；对于机制本体而言，重叠的多项机制面临冲突、平行、融合的发展趋势；对于作为机制客体的问题领域而言，机制重叠会影响问题领域的进程。

1. 影响行为体决策，导致身份和任务的混乱

重叠国际机制对特定政治领域产生影响的机理遵循以下步骤：第一，区分问题领域。根据所属的问题领域去适用国际机制。然而，由于国际机制的重叠，同一问题领域存在多个国际机制。由于这些机制并没有国内政治的等级关系，因此，选择最有利于本国的国际机制才是各方的目标。第二，选择适用的机制（forum shopping）。由于同样问题领域存在多个国际机制，机制参与者可以选择最有利于本国利益的国际机制，以满足自己的政策偏好和国家利益。政策制定者可以根据国际机制的制度安排、成员结构、利益格局制定外交政策，在自己选择的国际机制中达成共识，寻求有利于本国的利益。国际机制中的其他各方也会改变自己的政策以应对这种变化，这样一来，被选择的国际机制可能与其他国际机制相互抵触，其他国际机制可能被削弱。这一寻求有利于本国国际机制的行为给外交政策制定者带来了两难选择。由于国际机制缺乏等级结构，无论选择哪一种国际机制都没有等级意义的限制，只要符合本国利益，都可以选择适用。然而，在选择国际机制时必须避免对手的博弈目标，而自身要根据对手的选择不断调整策略，做出新的选择。第三，在决策阶段，寻找对己有利的各方不断相互影响和相互游说，加之国际机制之间没有等级政治的区分，各方在选

择适用机制时难以决断，这种机制重叠的背景使得决策者不断调整战略，随时做好重新选择的准备，最终使决策者处于与国内政治进程不同的情境中，他们不断选择适用的国际机制以创设本国的话语权，来获得有利的竞争优势，而不像国内政治依靠权力等级来决策。第四，选择机制治理手段时互相冲突，产生矛盾。特定的问题需要用特定的手段和途径来解决，不同的国际机制在选择政策工具时出现重合，时常出现矛盾冲突。《巴黎宣言》中关于援助的有效性提出以下主张：各种援助工具要相互协调，各援助组织要合作沟通，避免出现重叠现象。

2. 机制重叠影响国际机制的生存时空

国际机制是各方在特定问题领域采取合作行动的制度性安排。合作各方都有自身的战略目标和利益诉求，各方遵守国际机制的弹性很小，守约的边际成本就是本国利益目标。在国际关系双层博弈结构下，国际政治从属于国家利益，一旦守约成本超过边际成本，那么违约才最符合本国利益要求。如此一来，国际机制遭到了破坏，利益格局被打破，新的机制必将取代旧机制，国际局势动荡不安。因此，国际机制的重叠必须在遵约弹性的约束性变量范围内对各方发生作用。

（1）冲突

机制重叠必将导致政出多门，机制的规则、程序相互矛盾，政策措施相互冲突。为实现本国利益，机制成员根据机制安排制定本国外交政策，如果相互冲突的机制安排在同一问题领域出现，那么必将导致各方制定出来的政策措施相互冲突，最终各方利益受损，从而使国际机制失去效用。国际机制的前提假设之一就是机制得到各方遵守，一旦机制被破坏了，国际机制必将被取代。如在国际减债领域，1985 年 9 月，美国财长詹姆斯 · 贝克提出了“贝克计划”，将债务转换为债券或资本，使债务国不必偿还全部债务。后来此计划与世界银行的重债穷国动议重叠，“贝克计划”也就终止了。重叠的机制也可能导致机制之间相互竞争，这种竞争有时会削弱自身的功能。① 重叠的机制也可能在目标上互相冲突，无法在原则、准则、规范、程序上达成一致，最终导致机制失效。

（2）平行

虽然在同样的问题领域，但重叠的国际机制并不一定导致冲突，也有可能最终顺着各自的内在机理发展成为相互独立、互不矛盾的国际机制。如在国际贸易机制中，世界贸易组织是全球性的贸易机制，拥有 159 个成员。其中有许多成员国属于一些地区性的贸易组织，如北美自由贸易区、东南亚国家联盟等，这些地区性的贸易组织与全球贸易组织相互平行独立，并不发生冲突。在国际金融领域，世界银行和国际货币基金组织也是相互独立平行的国际金融机制。

重叠导致机制平行的原因有很多。首先，由于问题领域内还有许多次生问题领域，这些次生问题领域也需要国际机制来促进合作，防止冲突，于是次生问题领域的国际机制就与上层问题领域的国际机制重叠。如国际减贫机制内部就有许多次生的国际机制，如减债机制、援助机制等。其次，就国际机制的成员国而言，许多成员国隶属于不同的国际组织和地区组织，如果这些国际组织和地区组织拥有相同的问题领域，那么这些国际机制的成员国就有可能形成新的国际机制，从而导致平行国际机制的出

① Henrik Selin, Stacy Vandeveer, “Mapping Institutional Linkages in European Air Pollution Politics”, *Global Environmental Politics*, 2003, 3 (3): 17.

现。再次，相同问题领域的国际机制内部有不同的分工，分工和重点的不同导致国际机制的不同。如在国际金融体制中，国际货币基金组织主要保障各国宏观经济健康运行，而世界银行则致力于解决发展和减贫问题。最后，国际机制内部分裂，导致不同立场和主张的国家重新分化组合，从而形成了平行的国际机制。如1927 年发起的《非战公约》，在 1934 年 5 月时签字国共达 64 个，在战后为保障欧洲安全，这些国家在美、苏的主导下成立了欧洲两大对立的军事集团。

（3）融合

重叠的国际机制在问题领域、战略目标、机制成员、运行方式等方面存在共性和普遍性，经过各方技术磋商和外交谈判，最后走向融合，形成新的国际机制。在有些问题领域能成功创设国际机制，而在有些问题领域却无法形成国际机制。其中机制协商（Institutional Bargaining）起着关键性作用。[①] 协商是互动的形式。国际机制之间的良性互动形成新的国际机制。新的国际机制一般综合了原有机制的优势，优化了程序和流程，兼容了各方利益，提高了机制效率。如减债国际机制，为了保证低收入国家债务的可持续性，世界银行通过 1996 年制定的“重债穷国债务减免动议”（重债穷国动议）和 2006 年制定的“多边债务减免动议”（多边减债动议）向低收入国家提供债务减免。2005 年 7 月，八国集团提议国际货币基金组织、国际开发协会和非洲发展基金 100% 免除已经达到或即将达到重债穷国减债计划完成点国家对这三家多边机构的债务，这一提议被称为“多边减债动

① Oran R. Young，“The Politics of International Regime Formation：Managing Natural Resources and the Environment”，*International Organization*，1989，43（3）：349.

议”。然而，这两个国际机制还未能从根本上解决低收入国家兼顾发展和减债的问题，从 2005 年春季开始，国际货币基金组织和世界银行对低收入国家实施了新的债务可持续性框架，并试图以此来解决债务的持续承受能力的难题。低收入国家债务可持续性框架对低收入国家资金需求和还贷能力进行综合分析，为低收入国家可持续举债决策提供全面指导，同时也为其他贷款方及赠款方的融资决策提供参考。因此，“重债穷国动议”和“多边减债动议”融合为“低收入国家债务可持续性框架”（Debt Sustainability Framework for Low-income Countries，DSF）。这一框架按低收入国家的债务水平将风险分成低、中、高三种，为低收入国家制定谨慎的负债战略提供依据，更有效地发挥减债效应。①

重叠的国际机制走向融合的原因之一是原有机制效率低下，无法发挥国际机制应有的作用，亟须制定新的国际机制。如在联合国体系内，涉及减贫的机构繁多，因此，需要建立一个综合的减贫发展机构，如联合国发展集团。联合国发展集团是根据联合国原秘书长安南的改革设想，由从事发展援助及相关活动的联合国方案、基金和机构组成。联合国发展集团是一个松散的机构，旨在建立一个机制，更大程度地协调联合国发展业务。同时，建立联合国发展集团也能使成员充分利用其相对优势，并在国家一级相互支持。通过发展集团的协调和配合，联合国体系内的各有关机构才能充分发挥各自优势，共同致力于减贫和发展。原因之二是原有的国际机制在成员构成、决策程序、基本规则等方面存

① 这一框架也隐含不利因素，根据这一框架，那些具有多边减债动议资格的国家不可以增加新的债务，这可能使它们陷于“低负债 - 低增长”的困境中，影响千年目标的实现。http：//www. ipc-undp. org/pub/chi/IPCOnePager87. pdf。

在重叠和重复，浪费了资源，造成文本冲突，引起了规则适用上的混乱。国际机制融合反映了国家实力对比的变化。任何国际机制都是国家实力对比的产物，国家通过国际机制把自身利益合法化，不存在什么真正的国际机制，国家之间只有国家实力差异。①

3. 国际机制重叠影响问题领域的发展进程

同一问题领域出现多个国际机制会对这一问题领域产生复杂的影响。多项国际机制有可能加快解决问题的进程，可能意味着更多行为体参与国际机制，有利于集合更多国家和国际组织共同面对挑战，更多的行为体往往意味着国际机制能动员更多的资源来解决国际问题。多项国际机制能集合更多的资金、技术、知识、人力等资源，可能形成某种分工模式，如联合国内部有粮食计划署、人口基金会、儿童基金会、开发计划署等多个组织，分别负责某个问题领域的分支，有利于协同推进发展进程。同时，重叠的国际机制也可能延迟问题发展进程。多个国际机制导致行为体身份混乱，任务分工不清，国际机制效率低下；重叠也可能导致资源分散，无法集中全力解决问题；多个国际机制在规则体系、表决机制、认定标准、政策措施等方面相互矛盾，导致行为体各行其是，政出多门，国际问题迟迟无法解决。国际机制的重叠还有可能解构和颠覆国际问题，导致问题领域转型。当前气候问题的国际机制就面临这样的危险，各国迟迟无法在减排上达成一致，不少 NGO 认为气候问题是伪科学，气候问题可能转变为发展议程。

① Stephen D. Strange, "Structural causes and regime consequences: regimes as intervening varialbes", Stephen D. Krasner, *International Regime*, Peking University Press, 2005: 1.

小　结

机制是人类有序社会生活的运行方式，具有主体、客体、本体的功能和结构。机制为行为体分配角色和利益，规范了行为体互动的方式，对主体具有规范、引导、塑造、限制、激励等功能。社会机制通过利益预期、引导激励、信息传递等运行环节控制社会进程，从而形成稳定的社会状态，实现社会整合。由于全球问题和国际公共事务的存在，全球治理也需要社会机制，机制跨越国境，产生了国际机制。

国际机制是在国际关系特定领域由行为体的期望汇集而成的一整套明示或暗示的原则、规范、规则和决策程序。国际机制的主体、客体、本体分别是国际行为体、问题领域、国际治理。由于国际行为体复杂的互动关系，在同一问题领域存在多个具有类似功能和结构的重叠国际机制。国际机制在行为体、问题领域、国际治理三方面发生重叠，重叠方式和结构影响国际机制的效能，必须对国际机制的重叠结构进行治理。建立一个稳定的、高效的机制平衡结构才能管制国际机制之间的竞争。①

① Joel P. Trachtman, "Institutional Linkage: Transcending 'Trade and...'". *The American Journal of International Law*, 2002, 96 (1): 92.

第二章　非洲减贫的国际机制

治理非洲贫穷的国际机制大致有三类：联合国机制、国际金融机制和双边援助机制。在联合国网站减贫专题中，联合国列举了30多个减贫的国际组织和国际机制，但综合起来，这些机制都可以归入以上三种。在联合国每年发布的《千年发展目标报告》和世界银行的《全球监测报告》中，对国际援助的概括也从这三个方面展开，因此本书在分析非洲减贫的国际机制时也采用了这一分类标准。

当然，除了这三类国际机制外，还有一些地区组织和机制也具有减贫的功能，如欧盟和非盟等，但由于这些机制并不具有独立的减贫作用，通常都是以上三类机制的次生功能，因此，本书并未将这些机制作为独立的分析研究对象，而是将这些机制融入对以上三类机制的分析中。

本书所指的非洲减贫国际机制有三个规定：第一，援助功能符合经合组织官方发展援助的标准；第二，减贫机制是指国际性和全球性的机制，地区性机制和组织不是本书研究的重点；第三，减贫机制是政府间的国际机制，非政府机制不在本书讨论之列。

第一节 联合国机制

一 联合国大会：千年发展目标

2000年9月，在第55届联合国千年首脑会议上，世界各国领导人就消除贫穷、饥饿、疾病、文盲、环境恶化和对妇女的歧视问题，发表了《千年宣言》，商定了一套有时限也能够测量的目标和指标。这些目标和指标被置于全球议程的核心，统称为千年发展目标，其主要内容包括：根除极度贫穷和饥饿；普及初等教育；促进性别平等和赋予妇女能力；降低婴儿死亡率；改善孕产妇健康状况；遏止并开始扭转艾滋病毒/艾滋病的蔓延；实施可持续发展战略；进一步发展开放的、遵循规则的、可预测的、非歧视性的贸易和金融体制。

（一）问题领域：低收入和多元贫穷

联合国千年发展目标把每日收入低于1美元的人口和挨饿人口视为贫穷人口。根据联合国世界粮食计划署的标准，饥饿是指粮食少于每人每年182.5千克。在得不到其他食品的情况下，一般规定每人每天半千克多的食品（或2100卡路里）。这样，每人一个月的口粮总计约15千克，即一年182.5千克。同时千年发展目标又把贫穷视为多元多维的指标体系，在《千年宣言》第2~6个指标中，把教育、性别平等、婴儿死亡率、孕产妇健康、艾滋病等重大疾病防治等等领域的落后视为贫穷的表现。

千年发展目标从个体主义出发，把贫穷看作人的贫穷，而不是国家的贫穷。它没有划定贫穷国家的标准，而是划定了人的贫穷标准，即把每日收入低于1美元作为极度贫穷标准。虽然没有明确的国家的贫穷标准，但是对国家的减贫目标做出了明确的数量和时间规定，即到2015年底前，使世界上每日收入低于1美元的人口比例和挨饿人口比例降低一半。

（二）行为体

联合国所有193个成员都是千年发展目标的行为体，所有国家都具有受援的资格和援助的义务，但穷国是主要的援助对象。根据联合国经社理事会的划分标准，非洲33个最不发达国家是主要的援助对象。

（三）治理

联合国机制的减贫为非洲国家提供发展援助框架：联合国大会通过了《千年宣言》，呼吁全世界帮助发展中国家实现千年发展目标。联合国也通过国别小组为非洲国家提供国别发展援助框架。联合国国别发展援助框架（UNDAF）是联合国系统对成员国发展进行共同援助的指导方案，是由联合国国别小组（UNCT）制定的发展援助战略规划。国别小组根据联合国发展集团的指导手册和技术规范，在对受援国进行调查研究的基础上，制定出规范的国别发展援助框架。

国别发展援助框架制定的全过程要充分吸收所在国的各级政府组织、NGO及有关发展合作伙伴的积极参与，要突出以下指导思想：①全程坚持国家主导原则；②与受援国发展战略的优先目标保持一致；③联合国系统内各机构的充分参与；④根据受援国实际情况，全面整合五条基本原则：基于保障人权的发展方式、性别平等、环境可持续性、基于结果的管理、能力提升；⑤共同承担发展责任。

国别小组凭借丰富的专业知识和援助资源帮助受援国制定发展战略。同时，在制定和实施发展援助框架时尊重受援国自主权，坚持国家主导、合作伙伴关系、凸显比较优势、效果最大化和责任明晰的原则，与各利益攸关方广泛合作，共同承担责任，以此追求援助效果的最大化。

开展研究：联合国大会制定了千年发展目标，实际上可以视为一种减贫的行动方案；联合国下属的联合国大学开设了发展问题研究专题，对收入分配、产业结构、经济转型、减贫、私有化等问题进行研究，提出政策建议。联合国大学还设立了世界发展经济学研究院（World Institute for Development Economics Research），进行应用研究和人才培训，开展政策分析，研究发展问题和减贫问题。联合国社会发展研究院（UN Research Institute for Social Development）对民间社会在农村发展和减贫中的作用开展了研究，提出社会政策建议。联合国贸易与发展会议下属的“非洲、最不发达国家和特别项目处”（Division for Africa，Least Developed Countries and Special Programmes）与 80 多个国家合作，开展专题研究和调查，为非洲国家提供发展政策建议；联合国经社理事会下属的非洲经济委员会（非洲经委会）是联合国总部行政领导下的 5 个区域委员会之一。作为联合国负责非洲经济社会事务的一个区域性职能部门，非洲经委会的任务是帮助联合国非洲成员国的经济和社会发展，推动区域一体化，促进国际合作以实现非洲的发展。在联合国经社理事会（Department of Economic & Social Affairs）隶属的社会政策与发展处（Division for Social Policy & Development）中，有一个“发展的社会视角”（Social Perspective on Development Branch）分支机构。该机构的主要任务是从社会的角度来推动公平可持续的发展，协助各国政府履行“哥本哈根社会发展宣言”和联合国大会第 24 次特别会议的承诺。

协调行动：联合国秘书处于2003年5月1日正式设立了非洲问题特别顾问办公室，通过宣传和分析研究工作，加强国际上对非洲发展与安全的支持，帮助秘书长增进联合国系统支持帮助非洲工作的合作与协调，促进全球一级对非洲问题的政府间审议，特别是审议与非洲发展新伙伴关系（新伙伴关系）有关的问题。联合国机制内所有的方案最终都要整合进入联合国国别发展援助框架（UNDAF）。它是联合国系统对成员发展进行共同援助的指导方案，是由联合国国别小组（UNCT）制定的发展援助战略规划。国别小组根据联合国发展集团的指导手册和技术规范，在对受援国进行调查研究的基础上，制定出规范的国别发展援助框架。

二　联合国秘书处：《2001～2010十年期支援最不发达国家行动纲领》

联合国秘书处制定的减贫方案是援助最不发达国家。1971年，国际社会认识到存在着一类国家，其独特性不仅在于这些国家人民极端贫穷，还在于其经济、体制和人力资源基础薄弱，而且往往受地球物理条件的限制。目前，有48个国家被确定为"最不发达国家"，其全部人口为6.105亿人，占世界人口的10.5%（1997年的估计数字）。非洲最不发达国家人口占全球最不发达国家人口的60%，占撒哈拉以南非洲人口的63%，全球66%的最不发达国家是非洲国家。[①] 联合国大会从1981年开始，先后召开了三次最不发达国家国际问题会议，商讨制定对最不发

① http：//www. un. org/wcm/webdav/site/ldc/shared/AfricanLDCsynthesisReportEn. pdf.

达国家的行动方案。

（一）问题领域

联合国把最不发达国家视为穷国。2003 年联合国经社委员会制定了三条标准用以认定最不发达国家，这反映了秘书处对问题领域的界定标准。

第一，低收入标准：3 年内每年人均国内生产总值不高于 750 美元，超过 900 美元就不属于最不发达国家。

在 2006 年审查中，世界银行确定的低收入国家门槛是 755 美元（2000 年是 755 美元，2001 年是 745 美元，2002 年是 735 美元），65 个国家需要进一步审查其最不发达国家地位，其中 50 个国家已经是最不发达国家。

第二，人的发展标准：由营养、健康、教育、成人识字率等指标决定的人力资产指数（Human Assets Index）。2006 年确定的最不发达国家人力资产指数门槛是 58，超过 64 就不属于最不发达国家。

健康和营养方面有两个指标：营养不良人口比例和 5 岁以下儿童死亡率。教育方面有两个指标：初等教育毛入学率和成人识字率。这四个指标的平均数就是人力资产指数。

第三，经济脆弱性标准：由农业生产、货物及服务出口、制造业与现代服务业发展、商品出口集中度、经济规模和受灾人口等指标决定的经济脆弱指数。2006 年审查确定最不发达国家经济脆弱性指数为 42，低于 38 的国家不属于最不发达国家。

经济的脆弱性是发展的结构性障碍，经济脆弱性指数反映了一国经济应对外部冲击的能力，它包含以下 7 个指标：人口规模、地理偏僻性、商品出口集中度、农业占 GDP 的比重、自然灾难导致的无家可归者数量、农业生产的不稳定性、出口的不稳定性，其中前面4个指标构成开放度指数（Exposure Index），后面3个指标构成外部冲击指数（Shock Index）。两者各占50%的权重（见图2－1、图2－2）。

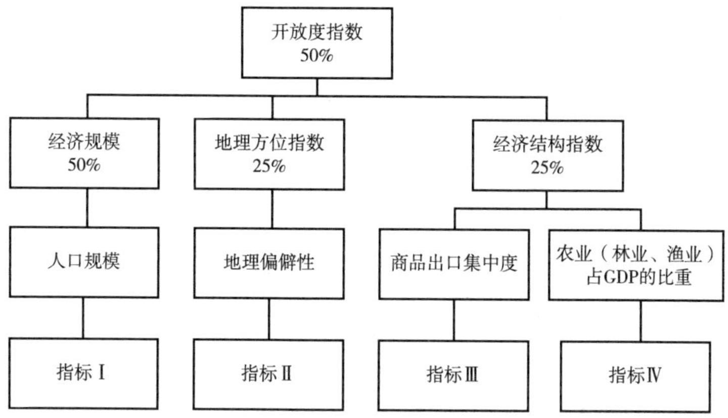

图2－1 开放度指数

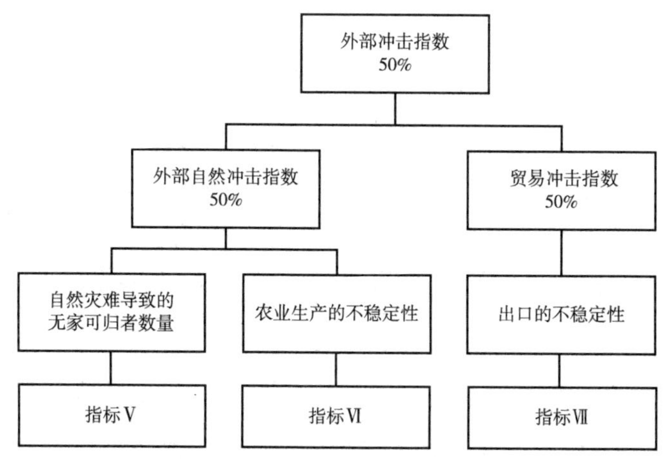

图2－2 外部冲击指数

最不发达国家必须同时满足这三个条件，名单每3年审核一次。如果一个国家要从最不发达国家名单中退出的话，最少要达到这3个标准中的2个（但如果一国的人均国内生产总值为1800美元以上的话，该国可从名单中退出），且需要连续两次通过联合国发展政策委员会审核，即需要6年时间。人口超过7500万人的国家排除在最不发达国家名单之外。

（二）行为体

联合国193个成员都是援助的主体，最不发达国家是援助的客体。根据联合国数据，2010年最不发达国家总共有39个，其中33个在非洲，详细名单如下。

安哥拉、贝宁、布基纳法索、布隆迪、中非、乍得、科摩罗、刚果（金）、吉布提、赤道几内亚、厄立特里亚、埃塞俄比亚、冈比亚、几内亚、几内亚比绍、莱索托、利比里亚、马达加斯加、马拉维、马里、毛里塔尼亚、莫桑比克、尼日尔、卢旺达、圣多美和普林西比、塞内加尔、塞拉利昂、索马里、苏丹、多哥、乌干达、坦桑尼亚、赞比亚33国。这些国家都是减贫机制援助的对象。安哥拉、吉布提、赤道几内亚、莱索托、圣多美和普林西比、塞内加尔、苏丹不属于低收入国家，其他国家同时属于低收入国家。33个国家中除布基纳法索、圣多美和普林西比、冈比亚3国外，其余30个国家都与中国建立了正式外交关系。联合国192个成员国都可能成为最不发达国家的援助国。

（三）治理

联合国大会先后召开了三次最不发达国家国际问题会议，制定援助计划。1981年联合国大会在巴黎召开第一次联合国最不发达国家问题会议。在那次会议上，国际社会一致通过了《支援最不发达国家的八十年代新的实质性行动纲领》，其中载列准则，供最不发达国家采取行动，并由国际支助措施加以补充。许多最不发达国家着手进行了重大的政策变革，从结构上改变其国内经济，而且部分捐助者也在援助、债务和贸易领域采取了扶持性措施。尽管如此，20 世纪 80 年代这些国家的整体经济状况仍然恶化。

1990 年 9 月 3～14 日在巴黎举行了第二次联合国最不发达国家问题会议，审查了 20 世纪 80 年代最不发达国家取得的社会经济进展以及国际支助措施的进展，制定了有关在 20 世纪 90 年代加快最不发达国家发展进程的国家和国际政策及措施。会议吸取了 80 年代的经验和教训，商定了这些国家在 90 年代的战略和发展优先目标。会议成果载于《巴黎宣言》和《1990 年代支援最不发达国家的行动纲领》。与 1981 年通过的《新的实质性行动纲领》相比，它在性质上迈进了一大步，并且有许多新的特点。其中关于国家一级行动的主要特点是强调发展应以人为中心和要有广泛的基础。纲领侧重的部分包括尊重人权和法治、提高机构能力和效率、重视各级决策的权力下放、民主化和透明化。

然而，《1990 年代支援最不发达国家的行动纲领》进行的中期审查结论是，这些国家仍然处于发展边缘。为此，2001 年 5 月 14～20 日，联合国在布鲁塞尔召开第三次联合国最不发达国家问题会议，会议通过了《2001～2010 十年期支援最不发达国家行动纲领》，该纲领为加快最不发达国家的持续经济增长和可持续发展提供了一个全球伙伴关系框架。最不发达国家及其伙伴致力于鼓励以人为本的政策框架以及国家和国际两级的善政，提高生产能力，使全球化有利于最不发达国家，加强贸易在发展中的作用，减少脆弱性并保护环境，以及调动财政资源等。根本目的是到 2015 年将赤贫和饥饿人口比例减少一半。《行动纲领》制定了 7 项承诺、30 个目标和 63 个指标。为此，各国要将国民生产总值的0.15%或0.20%作为对最不发达国家的官方发展援助的商定指标，最不发达国家在其发展伙伴的支援下将力求实现国内生产总值至少7%的年增长率并使其投资率增加到占每年国内生产总值的25%。为保障行动计划顺利实施，该纲领还制定了督查机制。会议还发表了《布鲁塞尔宣言》。宣言表明要为最不发达国家及其人民在消除贫穷、实现和平与发展的全球目标方面取得进展而努力，承认第二次联合国最不发达国家问题会议所确定的目标尚未实现，最不发达国家作为一个整体仍然处在世界经济的边缘并继续遭受赤贫的苦难。

联合国通过年度报告和中期审查促进援助行动。2006年9月18～19日，联合国大会举行了关于对《2001～2010十年期支援最不发达国家行动纲领》执行情况中期审查的高级别会议。大会强调，全球综合中期审查应评估在履行承诺方面取得的进展，并提供机会重申第三次联合国最不发达国家问题会议商定的各项目标；大会分享了最佳做法和经验教训，查明遇到的障碍和限制以及克服障碍和限制的行动和倡议，进一步完善了执行纲领的重要措施，提出新的挑战和问题。

此外，联合国每年还发表《2001～2010十年期支援最不发达国家行动纲领》年度报告。2010年最不发达国家报告显示，非洲最不发达国家在过去的经济增长达到了7%的目标，但是减贫的进展却不平衡。经济结构单一，导致减贫政策受阻。而且这些经济增长基本都是出口导向型的，主要是初级产品在危机前价格较高形成的经济增长率，这些出口行业与其他经济部门联系较少，对减贫作用很有限。资本密集型的资源采掘业对创造就业岗位和减贫的作用也有限，却把非洲经济纳入了世界经济的整体中，把非洲经济的脆弱性暴露在世界经济中，非洲减贫能力受到世界经济大环境的威胁。经济增长没能转化为减贫效果的原因还在于收入分配不公平。初等教育入学率上升，性别平等取得进展，然而，生活用水和卫生设施的改善进展缓慢，甚至倒退。治理改善的进展微乎其微，政府公共服务的能力很弱，政治动荡不安是非洲最不发达国家的突出特点。贸易结构失衡，出口集中在初级产品，初级产品出口比重从59%增长到92%，应对外部经济冲击的能力依然很弱，市场发育迟缓，市场机制失灵，这严重阻碍了出口和经济结构优化。金融危机给非洲最不发达国家带来了冲击，出口产品价格下降，贸易收入减少。气候变化也给非洲国家的农业生产带来严重威胁。官方发展援助没有达到承诺的数量，援助资源流向了非生产性部门，使得最不发达国家无法投资生产领域。特别是大量的援助资金都以人道主义援助的形式进入非洲，生产领域无法获得援助。①

2011年5月9～13日在土耳其伊斯坦布尔举行了第四次联合国最不发达国家问题会议，这是一个具有里程碑意义的会议。会议对2001年在布鲁塞尔达成的《2001～2010十年期支援最不发达国家行动纲领》的执行情况进行评估，并达成一项支持最不发达国家的新协议。

2010年8月，潘基文秘书长任命了由10名知名人士组成的顾问小组，其任务是向秘书长提出建议，加强国际社会支持贫穷国家尽快实现千年发展目标的努力。“最不发达国家知名人士小组”主席由马里前总统阿尔法·奥马尔·科纳雷和欧洲委员会

① http：//www. un. org/wcm/webdav/site/ldc/shared/AfricanLDCsynthesisReport En. pdf，p. 1.

前主席雅克·德洛尔共同担任，其他成员包括世界银行前行长詹姆斯·沃尔芬森、全球发展中心创始人南希·伯德萨尔（Nancy Birdsall）、欧洲议会成员、欧洲委员会前发展和人道援助专员路易斯·米歇尔（Louis Michel）等。

三　联合国开发计划署

联合国开发计划署（United Nations Development Programme, UNDP）1965 年 11 月成立，其前身是 1949 年设立的“技术援助扩大方案”和 1959 年设立的“特别基金”。总部设在美国纽约，是世界上最大的负责进行技术援助的多边机构。

联合国开发计划署的工作是为发展中国家提供技术上的建议，培训人才并提供设备，特别是为最不发达国家提供帮助。开发计划署在 166 个国家开展工作，为应对发展挑战提供知识、经验和资源援助，致力于改善人们的生活水平，实现千年发展目标，主要在民主治理、减贫、危机预防和恢复、环境与能源、艾滋病防治 5 个领域为各国提供解决方案，帮助发展中国家有效利用援助，鼓励保护人权和妇女发展。

（一）机制特征

1. 以援助促进社会发展

联合国开发计划署通过政治、经济、社会等多种援助手段促进社会发展。开发计划署支持制定能更好地反映普通民众需求的政治、法律和法规框架。通过选举有效的立法机构和其他民主机构来鼓励更多的政治参与，特别是妇女的参与；使地方政府和组织在政治决策中发挥更积极的作用；为实施司法改革和保护人权包括妇女的权利提供切实可行的建议。与各国政府合作推进保护穷人特别是妇女的权利的政策，同时帮助他们获得金融、社会和法律服务。此外，联合国开发计划署还与最不发达国家合作增强国家对外贸易能力，建立更有效的海关、法律和法规机构以及加强基础建设。除了在危机情况下协调国际人道主义援助外，联合国开发计划署还在紧急援救和长期经济发展之间架设桥梁。在遭受冲突破坏的地区和国家中，联合国开发计划署在以下方面提供支持：国家及地区的和解；妇女更多地参与构筑和平和民主化；难民和背井离乡人员返回家园；重建战争破坏的社区；以前的士兵复员重新融入民间社会。联合国开发计划署还向各国政府就如何提高能力以防止及应对自然灾害提供建议。联合国与各国政府和民间社会联手行动，开展了由社区主导的优先领域的艾滋病战略计划。联合国开发计划署的顾问们帮助制定了这些战略计划，获得了捐款者对计划的支持，加强了区、镇和市各级政府以及社区组织在基层实施这些计划的能力。联合国开发计划署通过促进实施有益于环境的发展政策来改善穷人的生计，维持经济增长和保护全球环境。这需要强化政策及机构，以开发清洁、负担得起的能源，并对自然资源进行可持续性的管理。①

2. 以发展伙伴的身份实施项目援助

联合国开发计划署的援助项目是无偿的，由联合国工发组织、联合国粮农组织、联合国技术合作部、世界卫生组织、联合国教科文组织、贸易和发展会议等30多个机构承办和具体实施。开发计划署本身不负责承办援助项目或具体实施，它主要是派出专家进行发展项目的可行性考察，担任技术指导或顾问，

① 〔挪〕弗里德约夫·南森研究所编《绿色全球年鉴（2001/2002）》，中国国家环境保护总局国际合作司译，中国环境科学出版社，2002，第289～290页。

主要任务是知识援助。开发计划署之所以能成为值得信赖的发展合作伙伴，主要原因之一在于它坚持联合国的基本原则和价值，尊重各国主权，由各国政府对本国未来发展负责，把控本国发展进程。

3. 资源捐款是开发计划署的主要资金来源

开发计划署的经费主要由各国的自愿捐款提供（称为核心资源），其资金拥有量占联合国发展援助系统总资源的一半以上（见表2－1）。此外，开发计划署还接收多边捐款、双边捐款、项目所在国捐款和向联合国其他机构的捐款，如联合国资本发展基金（UNCDF）、联合国妇女发展基金（UNIFEM）和联合国志愿人员（UNV）。2008年自愿捐赠的核心资源达到11亿美元，筹款一直是开发计划署的核心优先任务。2008年非核心资源的专项捐款（earmarked）总额为37亿美元，其中的双边捐助主要来自经合组织（OECD）国家，总额达14亿美元。其他来自欧盟委员会和多边伙伴的专项捐款为13亿美元。[①] 2008年开发计划署支出的主要领域和资金额分别为：减贫12.55亿美元，民主治理14.29亿美元，危机防治与恢复6.57亿美元，环境和可持续性发展4.04亿美元，其他3.52亿美元。资金主要支出地区和金额分别为：非洲8.74亿美元，亚太地区9.16亿美元，拉美和加勒比地区11.44亿美元，欧洲和独联体3.14亿美元，阿拉伯地区5.12亿美元。全年总额达到40.96亿美元。[②]

---

① "Living up to its Commitments", *UNDP Annual Report 2009*, p. 38.

② "Living up to its Commitments", *UNDP Annual Report 2009*, p. 6, http://www.undp.org/publications/annualreport2009/report.shtml.

表 2－1　2008 年主要国家捐款统计（截至 2009 年 4 月 7 日）

单位：百万美元

国　家	核心资源捐款	其他捐款
挪　　威	137.6	111.4
荷　　兰	116.6	85.8
瑞　　典	109.6	76.4
美　　国	97.4	201.9
英　　国	96.3	188.8
日　　本	73.1	193.2
丹　　麦	73.1	23.5
加 拿 大	55.4	123.9
西 班 牙	54.4	103.4
瑞　　士	45.6	15.2
法　　国	43.2	9.8
德　　国	42.2	46.7
爱 尔 兰	34.0	12.0
芬　　兰	25.7	10.3
意 大 利	23.6	62.2
比 利 时	18.4	9.7
澳大利亚	8.4	39.8
奥 地 利	7.3	3.6
新 西 兰	6.3	5.9
卢 森 堡	4.4	20.0
韩　　国	4.0	5.5
沙特阿拉伯	4.0	9.5
印　　度	3.9	0.0
中　　国	3.5	24.7
葡 萄 牙	1.8	2.3

资料来源：Living up to its Commitments, *UNDP Annual Report 2009*, p. 38.

此外，为提高联合国援助效率和连贯性，增强联合国系统的协调性，联合国开发计划署还代表联合国管理了“多方捐助信托基金”（Multi-Donor Trust Fund）。这一基金由许多专项基金项目组成，捐赠方包括联合国机构、各国政府、个人等，主要用于特定国家和地区的特定项目，如联合国发展援助框架（UN Development Assistance Frameworks）、联合国改革动议“援助一体化”项目（Delivering as One）等。目前有51个多边援助信托基金项目、20个联合项目及其他基金项目，参与的国际组织达38个，有68个国家和国家联盟的捐助方和合作伙伴。①

4. 治理结构兼顾了受援国和援助国的决策权和参与权

联合国开发计划署的领导机构是管理委员会，由经社理事会选举的48人组成，席位按地区分配，任期3年。主要机构包括：①执行局，是政策决策机构，由36个成员国组成。亚洲7个、非洲8个、东欧亚4个、拉美5个、西欧和其他国家12个。执行局成员由经社理事会依照按地区分配原则和主要捐助国和受援国的代表性原则选举产生，任期3年，执行局每年举行3次常会和1次年会。②秘书处，按照执行局制定的政策在署长领导下处理具体事务，署长任期4年。在134个国家设有驻地代表处，驻地代表也是联合国系统发展项目（国别小组）的协调员。

（二）援助机制的要素

1. 问题领域

开发计划署认定贫困问题的标准是人均GDP，其问题领域是低收入国家和最不发达国家的贫穷。根据联合国开发计划署执行局第95/23号决定，核心资源分配目标中60%给予“最不发达国家”，88%给予低收入国家。联合国开发计划署采用了世界银行对低收入国家的标准，即人均GDP低于1000美元的属于低

① http：//mdtf. undp. org/overview/funds/jp.

收入国家。[①] 很显然，开发计划署把最不发达国家视为穷国，把收入等经济性指标作为衡量贫穷的标尺。

2. 行为体

开发计划署把最不发达国家和人均 GDP 低于 1000 美元的国家作为援助对象。联合国所有成员和一些国际组织是援助的主体。根据世界银行的标准，贝宁、布基纳法索、布隆迪、中非共和国、乍得、科摩罗、刚果（金）、厄立特里亚、埃塞俄比亚、冈比亚、加纳、几内亚、几内亚比绍、肯尼亚、利比里亚、马达加斯加、马拉维、马里、毛里塔尼亚、莫桑比克、尼日尔、卢旺达、塞拉利昂、索马里、坦桑尼亚、多哥、乌干达、赞比亚、津巴布韦 29 个国家属于低收入国家[②]。其中，除加纳、肯尼亚、塞拉利昂、津巴布韦外，其他国家均属于最不发达国家。[③]

3. 机制的治理形式

联合国大会下的开发计划署是治理贫困最主要的组织。开发计划署利用知识优势为发展中国家制定减贫发展战略，同时为发展中国家尤其是最不发达国家提供官方发展援助。官方发展援助、技术知识援助是其治理贫困的主要手段。开发计划署为发展中国家提供人员培训和技术知识设备，在 166 个国家有工作组，在民主治理、减贫、危机预防和恢复、环境与能源、艾滋病防治 5 个领域提供解决方案。同时，联合国大会下还有联合国人口基金、联合国资本发展基金、联合国人类居住规划署、联合国贸发会议等联合国组织，这些组织在某些特定问题领域为发展中国家

① 2011 年世界银行把低收入国家的人均 GDP 调整为 995 美元。

② http：//data. worldbank. org/about/country-classifications/country-and-lending-groups.

③ 最不发达国家名单每 3 年更新一次，而低收入国家名单每年调整一次。

提供减贫援助。

联合国开发计划署在联合国援助机制中居于核心地位。开发署署长为联合国发展集团主席，下设一个执行委员会，成员由联合国开发计划署、联合国儿童基金、联合国人口基金、世界粮食计划署和世界卫生组织的领导组成。发展集团是根据联合国原秘书长安南的改革设想，由从事发展援助及相关活动的联合国方案、基金和机构组成。联合国发展集团是一个松散的机构，旨在建立一个机制，更大程度地协调联合国发展业务。联合国发展集团在联合国开发计划署设有一个办公室。

开发计划署驻所在国代表负责联合国国别小组的工作。在联合国机制下，国别小组扮演了援助实施者的角色。联合国国别小组由联合国所有驻所在国机构的代表组成，负责协调联合国系统在当地的工作。联合国国别小组通过《联合国发展援助框架》确保各组织实施的项目能够相互补充，协调进行，以便为受援国提供最佳服务与支持。目前联合国在非洲 24 个国家设立了协调代表办公室。

第二节 国际金融机制

在中文世界中，把世界银行和国际货币基金组织称为国际金融组织更符合人们的习惯，而在人们印象中，国际金融机制更多是指货币承兑、互换、汇率等金融市场的技术名词。[①] 实际上，通过文献检索，本书发现，国内使用“国际金融机制”这一术

① 在本书作为博士论文预答辩中，樊勇明教授对“国际金融机制”这一术语提出了修改指导意见。

语的学者非常少，中国期刊全文数据库中仅见一篇，[①] 但国内学者在研究这两大国际金融组织时，使用“机制”的情况非常普遍，如传导机制、治理机制、合作机制、审查机制、微观机制、安全机制等。

然而，在英文文献中，把世界银行和国际货币基金组织称为“国际金融机制”却很普遍，如 international monetary（或者 financial）regime（或者 system、institution 等）。[②] 语言的差别主要源自中英文对“机制”这一术语的表述，与中文对“国际机制”的翻译混乱的情况内在一致。此外，在中文中，大众意识认为，“机制”具有功能主义的含义，而“组织”是客观实在的事物，两者存在差别。其实，“组织”也具有结构的功能，也有机制的功能。总之，组织必定具有机制的功能，但机制却不一定是组织。

基于以上的区别，本书认为，把世界银行和国际货币基金组织视为国际金融机制并无不妥，本书使用这一术语是为了保持整体上结构的一致性，并非创设新的概念和术语。

---

① 李新明：《试论重塑国际金融机制》，《中国农业银行武汉管理干部学院学报》2000 年第 5 期。

② 部分文章和书籍有：Mueller, Julie L., “The IMF Becomes a Development Agency: Examining the Forces of Change in the International Monetary Regime,” Conference Papers-International Studies Association; 2004 Annual Meeting, Montreal, Cana, pp. 1 – 38, 38p; Viotti, Paul, “Ideas and Power: The Construction, Maintenance and Transformation of International Monetary Regimes,” Conference Papers-International Studies Association, 2006 Annual Meeting, p1; Giulio M Gallarotti., *The anatomy of an international monetary regime: the classical gold standard*, 1880 – 1914. New York, NY [u. a.]: Oxford Univ. Press, 1995.; Takatoshi Ito and Masahiro Kawai, *International Monetary Regime in the Twenty-First Century*, The NBER-CEPR-TCER conference, Published in December 1998 by *Journal of the Japanese and International Economies*, Volume 12, No. 4。而使用 international financial institution（system）这种情况更普遍，在此不列举。

一 世界银行

世界银行是当今最大的减贫国际金融机制，其目标是“建设一个没有贫穷的世界”（Working for a World Free of Poverty）。[①]其下属的国际开发协会是世界上规模最大的向最贫穷国家提供无息贷款及赠款援助资金的来源。国际开发协会（IDA）成立于1960年9月24日，在过去3年每年大约提供130亿美元的发展援助，其中大约50%流向非洲穷国。国际复兴开发银行（IBRD）也具有发展援助功能，但其援助对象主要为中等收入国家和有信用低收入国家。人均GDP为1000～10000美元的国家属于中等收入国家，人均GDP低于1000美元的国家属于低收入国家，低收入国家一般无法从IBRD获得借款。世界银行也面临着不断变化的经济环境和援助任务，世行的援助功能无法被取代。[②]世界银行的减贫努力曾经受到侵蚀，国际社会质疑世界银行在不断减少减贫活动，其资金流向没有明显的减贫导向。事实上，通过数据分析，世界银行流向穷人和穷国的资源不断增加，采取了有利于穷人的政策导向。[③]

（一）决策权由发达国家掌控

各成员国通过理事会和执行董事会对世行集团进行管理。世行各机构的所有重大决定都由这两个主体作出。发达国家在这两个机构中占主导地位。世行前五大股东国为美国、日本、德国、

① 见世界银行官网首页，http：//www.worldbank.org/。

② Robert Paarlberg，“Michael Lipton. Changing Missions at the World Bank”，*World Policy Journal*，1991，8（3）：475－498.

③ Jonathan E. Sanford，“The World Bank and Poverty：A Review of the Evidence on Whether the Agency Has Diminished Emphasis on Aid to the Poor”，*American Journal of Economics and Sociology*，1989，48（2）：153.

法国和英国，它们各自委任 1 名执行董事，另外 19 名执行董事代表其他所有成员国。其中 5 名执董由掌握股份最多的国家（美、英、法、德、日）派任，不参加选举，其余执董由其他成员国的理事按地区组成部分个选区，每两年选举一次，其中沙特阿拉伯、俄罗斯和中国均分别单独组成一个选区。

理事会是世界银行的最高决策机构，由世行 188 个成员各一名理事和一名副理事组成。理事和副理事通常由一国财政部长、中央银行行长或一名级别相当的高级官员担任。理事会成员任期为 5 年，可以连任。理事会每年在世界银行集团和国际货币基金组织理事会年会期间召开一次会议。

由于各理事每年只集中一次，因此理事会把具体职责委派给 24 名执行董事，后者在世行华盛顿总部工作。一般情况下，执行董事会（执董会）每周至少召开两次会议，目的是监督世行的业务。执董会的职责包括审批硬贷款和担保、软贷款、赠款、新政策、行政管理预算、借款以及财务决定。

世界银行下设集团秘书处，负责协调世行股东开展工作。秘书处下设成员资格与股本认购处，负责处理新成员事项。世界银行行长主持董事会会议，负责世行的全面管理工作。行长由理事会选举，任期为 5 年，可连选连任。

世界银行的组织架构反映了其性质和功能。世行的援助其实可以看成公共产品，世界银行是当今提供减贫公共产品最大的机构。世界银行提供减贫公共产品，要与合作伙伴制定明确的共同目标，成立共同的组织机构，提供新产品和服务，向特定人群划拨减贫资源。世界银行从以下几个方面评估项目：选择性、合作伙伴关系、参与性、治理、监控和评估等。从中可以看出，世界银行的公共产品也是一种俱乐部产品，援助具有选择性。因此，发展中国家应该更积极地去影响发达国家的援助政策，提高双方重合度。[1]然而，在世界银行中发展中国家无法取得主导地位。

（二）资本是决策的工具

世行决策的表决机制是复合投票表决制，表决权力取决于拥有的股本份额。国际复兴开发银行在1944年成立之初，总共有100亿美元股本，分成10万股，每股10万美元。经过3/4以上投票权同意可以增加股本。每个成员国有250个基本投票权，各国投票权数量与各国股份的数量成正比，每10万美元1个投票权。截至2010年9月30日，国际复兴开发银行（IBRD）总共发行了1574.526亿美元（1944年美元比价）股份，总共有1621276个投票权。资本是成员国参与决策的手段，只有占有股份才能具有决策权。

国际开发协会（IDA）的决策机制也是如此。国际开发协会是世界银行集团主要的发展援助机制，它的初期股本金为10亿美元，其中第一组国家认缴7.6亿美元，第二组国家认缴2.4亿美元。每一个创始会员国享有500票，另按其首次认缴额每5000美元增加1票，追加股金也享有相应投票权，其他捐助不享有投票权。除特别规定外，协会一切事项需经半数投票权同意，方能通过，但追加认股需总投票权的2/3同意。

协会投票权并没有人们想象得那么重要，因为在协会内大部分决议都是在一致同意的情况下做出的，真正需要投票的情况很少见。投票权反映的是各国名义上的权重。截至2010年6月30日，美国的投票权最大，中国的投票权占2.07%（见表2－2）。

---

[1] Uma Lele, Christopher Gerrard, "Global Public Goods, Global Programs, and Global Policies: Some Initial Findings from a World Bank Evaluation", *American Journal of Agricultural Economics*, 2003, 85 (3): 691.

表 2 - 2　主要国家在 IDA 的表决权

国家	投票数	比重
美国	2252973	11.33
日本	1768764	8.89
德国	1170894	5.89
英国	1051019	5.29
法国	765696	3.85
中国	411.54	2.07
沙特阿拉伯	634924	3.19

IDA 的资金来源是各成员国认缴的股金、补充资金、世界银行从盈余中拨给该协会的款项、协会业务经营的净收入。捐款国政府和受援国代表每 3 年召开一次会议，审议 IDA 政策和工作重点，决定今后 3 个财政年度贷款项目所需资金规模。IDA 第 15 期增资覆盖 2009 ~ 2011 年。资金主要由 40 个捐赠国每 3 年回补一次。

（三）世界银行的改革并没有改变发达国家主导的权力格局

国际金融机制的治理结构一直被人诟病，其运行不公开透明，行为不负责任，成员国的参与性不足，尤其是其责任性不强。国际金融机制的责任根基是成员国代表，分别组成内部主要治理结构——理事会和执行董事会，这种治理结构与成员国政府之间的联系太松散，成员国（除美国）几乎无法监控到世界银行和 IMF 的日常运作，其代表性非常不可靠，其责任性也就大打折扣。[①] 此外，一些国家已退休的前政府高官占据世行的高级

① Ngaire Woods, "Making the IMF and the World Bank More Accountable", *International Affairs* (*Royal Institute of International Affairs 1944 -*), 2001, 77 (1): 83.

职位，其公正性难以服众，其合法性和合理性广受质疑。① 为此，要增强世界银行和 IMF 运行的透明度，确保各国代表对本国负责，与非政府组织广泛接触。世行集团改革的行动计划包括改进治理、问责制、业务有效性；以及完善股东国的代表性和增加资本等。此外，世行还将普遍增资 584 亿美元，其中 6%（35 亿美元）为实缴资本，以加强 IBRD 的资金实力。执董会还强调了所有股东国均参与普遍增资的重要性，将根据 IBRD 的财务能力，加大向 IDA 转移资金的力度。执董会表示，支持通过更公平和更广泛的捐款责任分担机制，成功实现 IDA 第 16 次增资。

国际金融公司（IFC）的发言权改革使得发展中国家和转型国家的投票权达到 39.84%，提高了 6.07 个百分点。为了提高这一比例，世行将选择性增资 278 亿美元，其中实缴资本 16 亿美元。随着世行不断推进发达国家与发展中国家享有平等投票权，IBRD 和 IFC 每隔 5 年举行一次投票权审议。

2010 年 4 月 25 日，世界银行集团通过了两个阶段的一揽子改革方案，批准世行增资 860 多亿美元，为 IBRD 增资 862 亿美元；其中包括 51 亿美元认缴股金。到 2011 年第二阶段改革结束时，发展中国家和转轨国家在国际复兴开发银行的投票权提高了 3.13 个百分点，达到 47.19%。自 2008 年以来共向发展中国家和转轨国家转让投票权 4.59 个百分点。这一举措履行了发展委员会 2009 年 10 月在伊斯坦布尔做出的将发展中国家和转轨国家投票权大幅提高至少 3 个百分点的承诺。到改革第二阶段，中国在世行国际复兴开发银行的投票权从目前的 2.77%

---

① Prashant Bhushan, "The Revolving Door of the IMF/World Bank", *Economic and Political Weekly*, 2004, 39 (45): 4877.

提高到4.42%，成为世界银行第三大股东国，仅次于美国和日本。但是，这样的改革并没有改变英美等发达国家主导世界银行的现实，虽然世界银行还没有投票表决的先例，但各方在磋商谈判中实际上已经运用了各自的投票权，投票权一直都是决策权的依据，特别是美国仍然凭借其15%以上的份额而对世界银行重大决策具有一票否决权（见表2－3）。

表2－3　主要国家投票权变化

单位：%

名次	国　家	改革后投票权	改革前投票权
1	美　国	15.85	15.85
2	日　本	6.84	7.62
3	中　国	4.42	2.77
4	德　国	4.00	4.35
5	法　国	3.75	4.17
5	英　国	3.75	4.17
7	印　度	2.91	2.77
8	俄罗斯	2.77	2.77
8	沙特阿拉伯	2.77	2.77
10	意大利	2.64	2.71

资料来源：根据 World Bank Group Voice Reform：Enhancing Voice and Participation of Developing and Transition Countries in 2010 and Beyond 数据整理。

2010年10月8日，世界银行集团在其执董会为撒哈拉以南非洲增加了第三个席位，南非储备银行原副行长雷诺伊斯·莫凯特博士入选世行25人执董会。莫凯特博士的当选经过了为时一个月的投票期，于2010年11月1日正式进入世行执董会。世界银行行长罗伯特·佐利克指出："莫凯特博士的当选很受欢迎，因为她的当选实现了世界银行执董会为撒哈拉以南非洲增加第三个席位的承诺，也意味着发展中国家将在执董会拥有多数席位。发展中国家的声音对于实现有效的发展和反映当今世界的现实至关重要。”① 莫凯特博士代表南非、尼日利亚和安哥拉。新增的执行董事在一定程度上增强了受援国在世界银行的发言权，但作用有限。撒哈拉以南非洲国家人口众多，但席位偏少。况且，执行董事会最终的决策还是要依据资本份额决定，这次增加执董席位只是人数的让渡，并非权力的转移。

二 国际货币基金组织

国际货币基金组织并非独立的发展援助机构，国际货币基金组织通过运作一系列融资贷款来帮助支付平衡困难的成员国适当改变政策来解决其问题，其主要任务不是发展援助，而是全球金融政策调控，其主要功能是稳定宏观经济。它往往与世界银行一起承担发展援助任务，目前它与世界银行一起对重债穷国实施减债援助。

（一）机制功能并非发展援助

国际货币基金组织通过一系列贷款工具影响成员国的财政金融政策。这些贷款需还本付息，贷款条件较为苛刻，不具有发展援助的赠与特征。这些贷款主要有：①普通贷款，也称基本信用设施，是由各国认缴的份额形成的基金。贷款期限不超过 5 年，数额不超过认缴份额的 125%，根据贷款数额确定贷款条款。②

① http://web.worldbank.org/WBSITE/EXTERNAL/EXTCHINESEHOME/EXTNEWSCHINESE/0，contentMDK：22730772 ~ pagePK：64257043 ~ piPK：437376 ~ theSitePK：3196538，00.html.

② 基金组织主要提供短期流动性贷款，其贷款条件是可协商的过程。见 “Reshaping IMF and World Bank：Meltzer Commission Report”，*Economic and Political Weekly*，2000，35（15）：1233。

②补偿与应急融资贷款，可提供额外资金以补偿商品出口效益中不可预见的临时性亏空和诸如利率突增等某些应急费用。贷款条件是出口收入下降或谷物出口支出增加是暂时性的，而且是会员国自身无法控制的原因造成的，同时借款国要与 IMF 合作实施国际收支调整方案。③缓冲库存贷款，用来帮助初级产品国建立库存以便稳定价格。④中长期贷款，借款国要根据 IMF 计划，调整国际收支，消除长期的国际收支赤字。⑤增强结构调整贷款，向面临长期支付平衡问题的低收入发展中成员国提供高度优惠的贷款，但借款方要根据 IMF 要求制订结构调整计划，根据计划实施情况确定资金发放进度。⑥补充贷款，当借款国满足 IMF 条件，但申请的贷款超过了额度时，IMF 必须提供额外资金以配合融资计划。

虽然如此，但国际货币基金组织在推动全球经济增长中的作用不言而喻。“经济学家和政界都认为，快速持续的经济增长是减贫的前提。”① 国际货币基金组织在经济政策改革方面十分积极，它与成员国紧密合作，凭借专业知识从成员国获得第一手材料，为成员国提供财税政策等技术支持，推动成员国进行经济政策改革。成员国的治理能力得到提高，减贫才能成为可能。

（二）内部治理结构由发达国家主导

国际货币基金组织的最高权力机构是董事会，董事会的常设机构是执行董事会，董事会由每个成员国任命的一名董事和一名代理董事组成，通常是财政部长或中央银行行长。董事会年会与

① Krueger, Anne O., “From Despair to Hope: the Challenge of Promoting Poverty Reduction”, *Progress in Development Studies*, 2009 (9): 282.

世界银行集团年会在每年秋季同时召开。国际货币基金组织的所有权力掌握在董事会。执行董事会负责日常业务，由作为主席的总裁及24名执行董事组成，执行董事由各个成员国或成员国集团任命或选举产生。每个成员都有一个评定的认缴份额，决定其表决权力。执行董事会的成员目前是22人，任期两年，总裁任执行董事会主席。执行董事会设5名常任执行董事，由持有基金最大份额的美、英、德、法、日5国各任命一名。发达国家控制了国际货币基金组织。另外，俄罗斯、沙特阿拉伯和中国也各自单独选派一名执行董事。发展中国家的代表权不足。其他176个国家分为16个选区，每个选区选举一位执董。选区通常由利益相似并来自相同地区的国家组成。

（三）资本是决策的手段和工具

IMF的会员国分两种，凡参加1944年布雷顿森林会议，并于1945年12月31日前在协定上签字正式参加的国家称为创始会员国，共有39个。在此之后参加的国家，称为其他会员国。

成员国在IMF中的表决权取决于缴纳的份额，份额与表决权成正比。计算份额的公式为60%的GDP + 30%的开放度（openness） +15%的经济变动（economic variability） +5%国际储备，其中60%的GDP按市场汇率计算，40%按照购买力平价计算。根据公平原则，每个成员国享有250个基本投票权，以后每10万美元增加1个投票权。一般事项的表决只要一半投票权赞同即可通过，但修改基金会章程和调整成员国份额等重大事项需要85%以上的投票权同意。各国的份额每5年调整一次，需经85%投票权同意才能通过，2008年1月28日第13次份额评估大会未增减成员国份额。截至2010年11月1日，国际货币基金组织共有2214607个投票权。[①] 截至2010年9月，共有2040亿个特别提款权，约合3080亿美元。[②] 发达国家依然居主导地位，美国对IMF具有一票否决的权力（见表2－4）。

表2－4　各国投票权比重

国　家	投票权(个)	比重(%)	特别提款权(百万)
美　国	371743	16.74	35315.6
日　本	133378	6.01	12284.97
德　国	130332	5.87	12059.2
法　国	107635	4.85	10134.2
英　国	107635	4.85	10134.2
中　国	81151	3.65	6989.6
沙特阿拉伯	70105	3.16	6682.5
俄罗斯	59704	2.69	5671.8

资料来源：见国际货币基金网站 http：//www.imf.org/external/np/sec/memdir/eds.htm。

（四）IMF改革没有改变现有的权力格局

在2009年9月美国匹兹堡召开的二十国集团（G20）第三次金融峰会上，与会领导人承诺将新兴市场和发展中国家在IMF的份额提高到5%以上，5%的变化意味着发达国家和发展中国家双方的投票权比例由57∶43调整到52∶48，接近对等。当时，中国的投票权为3.66%，英法各为4.85%。西方媒体分析认为，调整结束后中国很有可能成为投票权转移的最大赢家，超过英国

① 科索沃、毛里塔尼亚、图瓦卢、津巴布韦未参加2008年份额审核大会，这些国家总共有6478个投票权，约占0.29%。见 http：//www.imf.org/external/np/sec/memdir/eds.htm。

② http：//www.imf.org/external/np/exr/facts/sdr.htm.

和法国，成为IMF投票权的第四大国，仅次于美国、日本和德国。但由于未能兑现，中国的IMF份额增加到3.977%，投票权增加到3.807%，依然低于美国的16.77%，日本的6.01%，德国的5.87%，英国的4.85%，法国的4.85%。发达国家依然居主导地位，美国仍具有一票否决的权力。此外，改革增加了发展中国家的出资义务，发展中国家虽然在整体上提高了代表权，但对发展中国家个体而言，作用微乎其微，但是每个发展中国家都需要增加出资义务。

2010年10月23日，二十国集团部长会议商定将基金组织成员国的份额增加一倍（份额是一种金融权益，决定在该机构的投票权），这将使投票权比重转向富有活力的新兴市场和发展中国家。份额调整后，巴西、中国、印度和俄罗斯这几个富有活力的大型新兴市场国家在基金组织的份额上升到前10位。

部长们还商定对由24个成员组成的基金组织执董会进行重组，提高富有活力的新兴市场和发展中国家在这个基金组织日常决策中的代表权。来自欧洲先进国家的执董会成员将减少两人，并且所有执董都将选举产生，而不是部分执董由任命产生。执董会规模维持在24人。

2010年11月5日，IMF执行董事会通过了内部改革方案，决定向新兴经济体国家转移6%的份额。① 这些份额的1/3来自产油国，总共有80%来自发达国家和产油国。同时，IMF份额从2384亿特别提款权增加至4768亿特别提款权（约合7557

① http://www.imf.org/external/pubs/ft/survey/so/2010/NEW110510B.htm.

亿美元),[①] 使得世界上经济规模最大的 10 个国家真正成为持有 IMF 份额最大的国家（见表 2－5）。这 10 个国家包括美国、日本、欧洲四国、金砖四国。改革后，执行董事会增加了两名来自发展中国家和新型经济体的董事成员，欧洲发达国家相应减少两名执行董事，今后执行董事全部由选举产生，每 8 年对执行董事进行改选。经过这次改革，187 个会员国中的 110 个国家的份额增加或者保持不变，其中 102 个国家是发展中国家和新兴经济体。执行董事会还决定，新的份额计算方法在 2014 年 1 月完成。然而，在这次改革中穷国的份额并没有增加。这项改革方案在 2012 年 10 月世界银行与 IMF 年会上正式实施，需要得到 IMF 最高决策机构董事会 85% 的投票权的支持。

表 2－5 改革后 IMF 份额最大的 10 个国家

单位：%

国　家	IMF 份额	国　家	IMF 份额
美　国	16.479	英　国	4.024
日　本	6.138	意大利	3.016
中　国	6.071	印　度	2.629
德　国	5.308	俄罗斯	2.587
法　国	4.024	巴　西	2.218

资料来源：http://www.imf.org/external/np/sec/pr/2010/pdfs/pr10418_table.pdf.

IMF 的改革虽然增加了发展中国家，特别是新兴经济体国家的投票权，反映了当今世界经济发展格局的变革需求，但是改革仍然没有改变发达国家的主导地位，尤其是美国对 IMF 的控制

① 2008 年 IMF 通过此项份额增加和投票权改革方案。

力。同时，改革增加了发展中国家的出资义务，加重了发展中国家的财政负担，提高了发展中国家，特别是穷国进入 IMF 的门槛。而且，通过增资，发达国家影响世界经济的能力得到了显著提高。IMF 在发达国家的主导下，凭借比以往更庞大的资金储备，将对世界经济发挥更大的影响力，发展中国家将不得不正视日益强大的 IMF。

三　重债穷国动议

（一）历史背景

20 世纪七八十年代许多低收入国家债台高筑，由此导致的低速增长、日渐下降的商品价格以及其他经济动荡使得许多国家面临影响可持续发展的债务负担。到 1992 年，33 个重债低收入国家债务累累，债务现值在 10 年间翻了一番以上，是这些国家年出口额的 6 倍之多。从 20 世纪 80 年代末期开始，巴黎俱乐部和其他双边债权国对很多债务重新进行了调整，并给予了减免。但是，到 20 世纪 90 年代中期，随着世界银行、国际货币基金组织和地区开发银行等多边贷款机构被欠债务比重的日益增加，有关方面呼吁出台一项涉及这些债权机构的新的减债动议，以消除有关方面对贫穷国家的债务阻碍减贫工作开展的顾虑。

重债穷国动议的减债对象为低收入国家，它们所背负的大部分债务可追溯到 20 世纪 70 年代和 80 年代。当时许多贫穷国家在商品价格高涨的背景下举债投资国内项目，它们以为高价格和高出口收入的情况会持续下去。但是，70 年代后期和 80 年代初期出现了石油价格冲击和全球经济衰退，导致商品价格陷入长期低迷，使这些国家遭遇偿债困难。

在整个80年代和90年代初期，这些国家还在继续举债用于政策改革，它们曾希望能够通过发展来最终摆脱困境。然而，由于多种原因，包括有关政府的政策决策的原因，加快增长的预期并未实现。到1992年已有33个国家被确定为债务问题最严重的低收入国家，面临着大规模的偿债危机。在1992年之前的10年里，债务与出口比率的净现值（衡量一个国家偿债能力的主要指标）已从266%恶化到620%的地步①。

为响应这一呼吁，国际开发协会和国际货币基金组织于1996年组织发起了重债穷国动议。该动议呼吁所有多边、双边和商业债权方自愿提供减债服务，其宗旨是给那些为解决令出口收入或财政收入不堪重负的外债问题而陷入困境的国家提供债务减免。

通过重新审视重债穷国动议，各国建议降低减债的门槛，扩大减债范围，缩短考验期限，加快减债步伐，扩大债务国参与度，增强透明度和责任性等。1999年7月，在七国集团科隆峰会上，这些建议被采纳。同年8月和9月，世界银行和IMF考虑修改重债穷国动议中的一些规定，增强该机制的效率。1999年秋，IMF和世界银行年会批准了这些修改。修改后的重债穷国动议成为加强的重债穷国减债动议（Enhanced HIPC Initiative）。新的动议加强了减债、减贫和政策制定之间的联系。

重债穷国动议的主要修改可以概括为以下几个方面。

第一，降低减债门槛。债务与出口比重从200%～250%降

① “千年目标”官网，http：//www.un.org/chinese/millenniumgoals/unsystem/goal8wb1.htm。

低到150%；债务与财政收入比重从280%降低到250%。对于开放经济体国家，出口与GDP的比例从40%降低到30%，财政收入与GDP的比例从20%降低到15%；债务总量以该国到达决策点之前时的数量为准，而不是到达决策点时的数量，这能使债务国获得更多的援助。

第二，加快减债速度。在决策点向完成点过渡阶段就开始减债援助；达到完成点之后，提前发放剩余援助；引入浮动完成点概念，以时间点来确定是否达到完成点，而不以时间段来确定。

第三，信贷工具发生变化。1999年11月，用减贫与增长贷款（Poverty Reduction and Growth Facility）替代了"加强的结构调整贷款"（Enhanced Structural Adjustment Facility）。其贷款利率仅为0.5%，还款期限为5~10年。这一调整反映了华盛顿共识主导的结构调整并没产生预想的效果，国际社会彻底抛弃了华盛顿共识。[1] 市场化和私有化的改革路径并没有帮助发展中国家走出贫困，IMF和世行开始重新思考发展问题。

（二）主要内容

重债穷国动议目前的减债标准为债务与出口比净现值为150%或者债务与收入比净现值为250%。如果一个国家满足了收入和负债标准，它就有可能符合重债穷国动议的条件，即人均年收入必须低于从世界银行和国际货币基金组织借取优惠贷款资格的上限要求，公共外债必须超过其出口额的150%（某些情况

---

① Dani Rodrik, "Goodbye Washington Consensus, Hello Washington Confusion? A Review of the World Bank's 'Economic Growth in the 1990s: Learning from a Decade of Reform'", *Journal of Economic Literature*, 2006, 44 (4): 973.

下为财政收入的250%）。对于某些出口额占GDP 40%以上的开放经济国家和财政收入占GDP 20%以上的国家，其外债是财政收入280%的国家也能获得减债资格。

截至2007年，有40个重债穷国可能符合上述条件。此外，另外一项条件是，该国必须在1996年该动议启动以来的某一阶段同国际货币基金组织合作实施过一个项目。

那么，是否给予债务减免就取决于确保减债促进减贫的有关政策是否到位。之后，要计算出要求债权方减免的债务余额（减免公因素），使得该国的负债率回到可持续水平（等于或小于出口额的150%，某些情况下为财政收入的250%）。

重债穷国动议最初确定了38个国家作为符合减债条件的候选国家，其中32个国家在撒哈拉沙漠以南非洲地区。原来的计划要求这些国家具备按照一系列指标衡量的3年良好表现记录，才能获得债务减免。这些指标包括经济稳定计划、公共部门改革（包括亏损国有企业的结构重组或私有化）以及公共支出向减贫、卫生和教育事业倾斜等。

（三）减债程序

“重债穷国动议”的实施分为两个阶段，首先要达到“决策点”，才能进入减债名单；其次，到达“完成点”，获得额外债务减免。最后，评估减债效果，决定是否从重债穷国名单中“毕业”。资格审查的第一阶段称为决策点。此时，要求重债穷国在国际货币基金组织项目下必须具备良好的绩效记录，必须制定减贫战略或临时减贫战略以及经认可的外债清偿计划。在决策点，诸如世界银行、国际货币基金组织、多边开发银行以及巴黎俱乐部双边债权国等许多债权方开始提供债务减免。当然，如果政策绩效不佳，很多机构或国家仍保留撤销债务减免的权力。资格审查的第二阶段为完成点。此时，债权方的减债额就不可以变更了，同时要求重债穷国对一份完成点启动条件短名单表示认可，该短名单是该国从重债穷国动议中“毕业”的依据。这些条件包括在国际货币基金组织项目下继续具备良好的绩效记录及减贫战略的执行期至少达到一年。一些条件可能关乎在卫生与教育等社会领域所取得的进展，另一些条件可能关乎良政治理的改善或反腐败斗争，这两项工作的目的是使捐赠方充分相信减债援助能够得到妥善使用。

重债穷国只有符合以下条件才能到达决策点。

（1）有资格从世界银行的国际开发协会获得免息贷款，从IMF获得贴息中长期贷款（IMF Extended Credit Facility）；

（2）面临无法可持续发展的债务负担，无法通过传统减债机制获得债务减免；

（3）通过世界银行和IMF的项目，保持良好的改革和政策记录；

（4）通过国内多边参与机制制定了减贫战略。

符合以下条件的国家才能到达完成点。

（1）在世界银行和IMF的项目实施过程中保持了良好的跟踪记录；

（2）充分实施了到达决策点时所确定的各项改革；

（3）实施减贫战略至少一年。

在决策点，重债穷国的政府承诺要开展一系列关键性的改革，包括采取有助于实现大幅度减贫的良好的宏观经济政策和措施。这些国家必须编制《减贫战略文件》，在此过程中要与社区组织、非政府组织和捐助机构围绕以减贫为目标的公共政策的未来优先重点开展广泛的磋商。一个稳定的宏观经济环境为开展有利于增长的改革奠定了基础，改革的领域包括建立健全法制、建立可靠和负责任的金融体系、促进一个可自我维持的私营部门的发展。要制订详细的计划来提高公共服务的质量，改善贫穷人口的生活。

重债穷国动议过程结束也称为完成点，减债是不可变更的。要达到这一点，各国必须完成它们在进入重债穷国动议过程时同意进行的改革并取得了令人满意的结果，必须以令人满意的方式实施了减贫战略，开展了关键性的改革，目的是以可持续的方式促进经济增长和进行减贫的经济管理。

重债穷国动议也考虑到各国不能控制的外部因素带来的经济环境的根本性变化。当一个国家达到“完成点”时，可能会破例获得追加的减债，以帮助它缓解外部冲击造成的影响，比如出口产品价格持续低迷。这被称作“追加”条款。

（四）提高“重债穷国动议”的效率

1999 年 9 月，国际货币基金组织和世界银行修改了重债穷国减债动议的适用标准，加大了减债战略的深度、广度和力度，修改后的重债穷国减债动议成为加强的重债穷国减债动议（Enhanced HIPC Initiative）。

1. 缩短记录时限

最初，一个国家按照 IMF 和世界银行的改革要求，要保持 3 年的良好记录才能达到决策点。1999 年，为了让这些国家能够在重债穷国动议的框架内实行改革，缩短了对良好表现记录期限的要求。一旦一个国家符合条件，立刻就可以提供减债。这被称为该国家达到了决策点。

两大国际金融组织的这一政策变化源自重债穷国动议本身的局限性和风险性，同时新千年的到来也为提高重债穷国动议效率和援助额度，放宽资格条件等提供了契机。① 这种变化能最大限度发挥重债穷国动议的效用。世行的内部监察机构业务评估局对重债穷国动议进行检查后发现，该动议使得参与国家的社会项目和减贫业务支出得以增加。业务评估局也呼吁在进行前瞻性的经济分析以预测债务和增长水平时须更加透明和务实。对于该动议能够帮助这些国家实现可持续增长和减贫保持乐观的谨慎。②

2. 建立“多边减债动议”

世行集团业务评估局对重债穷国动议进行检查后特别指出，对减债可以取得的实际成果要掌握好期望值。债务的长期可持续性最终将取决于各国为支持经济持续增长而开展的制度建设的较大成功。

为提高重债穷国动议的有效性，2006 年制定了多边减债动议，向低收入国家提供债务减免。多边减债动议旨在提供追加资源，帮助重债穷国实现千年发展目标，同时保留国际金融机构的融资能力。因此，国际开发协会捐赠方同意补偿协会为多边减债动议提供的所有援助。多边减债动议捐赠方提供的捐赠将用于所有协会成员国，并根据协会所采用的基于绩效的分配机制分配给这些国家。继 2005 年格伦伊格尔斯八国集团峰会之后，世界银

① Katharina Michaelowa, “The Political Economy of the Enhanced HIPC-Initiative”, *Public Choice*, 2003, 114 (3/4): 461.

② Sasja Bökkerink, Ted Van Hees, “Eurodad's Campaign on Multilateral Debt: The 1996 HIPC Debt Initiative and Beyond” (La campagne d'Eurodad sur la dette multilatérale: l'initiative HIPC de 1996 sur la dette et au-delà / Campanha Eurodad sobre a dívida multilateral: a iniciativa de 1996 sobre o débito dos Países Pobres Altamente Endividados e outras questões / La campaña de Eurodad sobre la deuda multilateral: la iniciativa HIPC de 1996 y más allá). *Development in Practice*, 1998, 8 (3): 323.

行于2006年同国际货币基金组织和非洲开发银行联手执行多边减债动议，免除了到达重债穷国动议完成点的所有国家所欠三家机构的合格债务余额。多边减债动议把改进后重债穷国动议的预期减债额提高1倍。

2005年6月，八国集团提议国际货币基金组织、国际开发协会和非洲发展基金100%免除已经达到或即将达到重债穷国减债计划完成点国家对这三家多边机构的债务，以帮助它们将外债减少到可持续发展的水平，尽快实现千年发展目标。这一提议要求多边组织和各国政府加入多边减债机制，协调行动，减轻穷国债务负担。这一提议称为多边减债动议。

只有符合如下条件才能获得减债的资格。

第一，所有达到完成点的重债穷国；

第二，人均收入低于380美元、2004年底前在IMF仍有负债的国家。

必须符合如下减债的条件才能获得债务减免。

第一，宏观经济政策令人满意；

第二，执行减债战略成效较好；

第三，具有良好的公共支出管理。

为体现IMF对所有国家一视同仁的原则，IMF后来规定，只要人均收入低于380美元的国家都有资格从第1期资金（MDRI-Ⅰ Trust）中获得减债；人均收入高于380美元的重债穷国也可以从第2期资金（MDRI-Ⅱ Trust）中获得减债。

截至2010年7月15日，多边减债动议资金成本达34亿美元。此外，虽然利比里亚不属于重债穷国，但到2010年6月30日，IMF为利比里亚减债达1.73亿美元。截至2010年7月1日，非洲有24个重债穷国从多边减债动议中受益（见表2-6）。

表 2－6　多边减债动议受益国家

<table>
<tr><td>重债穷国</td><td>有资格获得第 1 期多边减债资金的国家（人均收入低于 380 美元）</td><td>有资格获得第 2 期多边减债资金的国家（人均收入高于 380 美元）</td></tr>
<tr><td colspan="3">截至 2010 年 7 月 1 日 MDRI 受益国</td></tr>
<tr><td>30 个国家达到完成点</td><td>阿富汗、布基纳法索、布隆迪、刚果（金）、埃塞俄比亚、冈比亚、加纳、利比里亚、马达加斯加、马拉维、马里、莫桑比克、尼日尔、卢旺达、圣多美和普林西比、塞拉利昂、坦桑尼亚、乌干达</td><td>贝宁、玻利维亚、中非、刚果（布）、喀麦隆、圭亚那、海地、洪都拉斯、毛里求斯、尼加拉瓜、塞内加尔、赞比亚</td></tr>
<tr><td>非重债穷国（人均收入低于 380 美元，IMF 欠款）</td><td>柬埔寨、塔吉克斯坦</td><td>—</td></tr>
<tr><td colspan="3">尚未达到完成点的重债穷国</td></tr>
<tr><td>达到决策点的 6 个重债穷国</td><td>乍得、几内亚比绍、多哥</td><td>科特迪瓦、科摩罗、几内亚</td></tr>
<tr><td rowspan="2">基于 2004 年底的标准，另外 4 个国家符合重债穷国标准</td><td>厄立特里亚</td><td>吉尔吉斯斯坦、苏丹</td></tr>
<tr><td colspan="2">缺少索马里人均收入数据</td></tr>
</table>

3. 债权方范围扩大

2006 年 3 月 28 日，国际开发协会董事会批准协会加入多边减债动议，要求只要重债穷国到达重债穷国动议完成点，协会就取消重债穷国截至 2003 年底所欠协会的所有债务余额和已支付债务。世行于 2006 年 7 月 1 日开始提供多边减债动议减债服务。

多边减债动议取消已到达完成点的重债穷国所欠国际开发协会、非洲发展基金和国际货币基金组织的债务，而且这种取消是不可变更和先期的。多边减债动议取消的债务是重债穷国动议承诺减免债务的追加。多边减债动议取消的债务总额超过 500 亿美元，其中，国际开发协会为 370 亿美元，非洲发展基金为 85 亿美元，国际货币基金组织为50亿美元。

4. 重债穷国动议的进展情况

到2007年，全世界29个国家正在接受这两个动议的减债服务。如果所有债权方都加入的话，累计减债总额超过1000亿美元。另有11个国家可能符合减债条件。世界银行通过重债穷国动议和多边减债动议对29个国家的累计减债总额达400亿美元左右（其中，前者为140亿美元，后者为260亿美元）。如果所有可能符合条件的国家都得到债务减免的话，减债总额有可能升至500亿美元以上。在得到债务减免的国家，改革力度加大了，偿债总额减少了2/3，1999年以来的年度扶贫项目支出从40亿美元增加到110亿美元。①

多边债权方承担了45%的减债成本，国际开发协会承担了20%、IMF承担了9%、非洲开发银行承担了7%。双边债务减免占了总援助的一半以上，其中大部分是巴黎俱乐部成员，占36%。非巴黎俱乐部成员占13%，其他商业债权人占6%。巴黎俱乐部成员的减债援助绝大部分流向了到达完成点的国家，但大约一半以上的非巴黎俱乐部成员的减债援助给了决策点之前的国家。②

重债穷国动议取得了显著成效。截至2007年，22个国家已到达完成点，它们是贝宁、玻利维亚、布基纳法索、喀麦隆、埃塞俄比亚、加纳、圭亚那、洪都拉斯、马达加斯加、马拉维、马里、毛里塔尼亚、莫桑比克、尼加拉瓜、尼日尔、卢旺达、塞内

① 世界银行官网：http：//www. worldbank. org. cn/Chinese/content/debt. htm。

② International Development Association and International Monetary Fund, Heavily Indebted Poor Countries (HIPC) Initiative and Multilateral Debt Relief Initiative (MDRI) —Status of Implementation, pp. 12 - 13.

加尔、圣多美和普林西比、塞拉里昂、坦桑尼亚、乌干达和赞比亚，其中非洲国家共有18个。8个国家已到达决策点，它们是布隆迪、乍得、刚果（金）、刚果（布）、冈比亚、几内亚、几内亚比绍以及海地。11个国家可能符合条件，它们是中非共和国、科摩罗、科特迪瓦、厄立特里亚、海地、吉尔吉斯斯坦、利比里亚、尼泊尔、索马里、苏丹和多哥。在这些国家中，许多国家饱受内战、边境武装冲突和良政治理难题的困扰。

2010年9月，国际货币基金组织发布年度进展报告。从2009年9月到2010年9月，1个国家达到决策点，符合减债要求；4个国家达到完成点，开始得到债务减免。至此，40个重债穷国中有36个国家符合决策点要求，其中30个国家到达了完成点。3个国家处在决策点向完成点过渡阶段。符合减债要求的36个国家已得到的援助相当于这些国家GDP的38%。全部援助到位后，这些国家的债务负担将减少80%。[①] 在达到完成点后，大约76%的重债穷国面临低度或者适度债务风险（low or moderate），而非重债穷国动议中的低收入国家是73%。在重债穷国动议中，没有国家陷入债务困境（debt distress），但非重债穷国动议中的国家大约有8%陷入债务困境。[②]

非洲有33个国家符合重债穷国条件。截至2010年7月底，贝宁、布基纳法索、布隆迪、喀麦隆、中非、刚果（金）、刚果（布）、埃塞俄比亚、加纳、冈比亚、利比里亚、马达加斯加、

---

① International Development Association and International Monetary Fund, Heavily Indebted Poor Countries (HIPC) Initiative and Multilateral Debt Relief Initiative (MDRI) —Status of Implementation, p. 5.

② International Development Association and International Monetary Fund, Heavily Indebted Poor Countries (HIPC) Initiative and Multilateral Debt Relief Initiative (MDRI) —Status of Implementation, p. 8.

马拉维、马里、毛里求斯、莫桑比克、尼日尔、卢旺达、圣多美和普林西比、塞内加尔、塞拉利昂、坦桑尼亚、乌干达、赞比亚共24个国家到达完成点。

科摩罗、乍得、几内亚比绍、科特迪瓦、几内亚、多哥6国处于决策点向完成点过渡阶段。厄立特里亚、索马里、苏丹3国尚未到达决策点。

5. 实施效果

重债穷国减债动议的资金援助准确地到达了目标受援国，而且援助资金不断增加，援助效果真实可靠。与2008年相比，到2009年底，重债穷国减债动议的援助金额增加了25亿美元，为764亿美元（当时美元比价）。30个到达完成点的重债穷国得到了2/3的援助（约543亿美元），援助资金的可靠性和援助效率都得到了有效保障。

与此同时，减债计划也面临一些问题和挑战，有些情况值得引起密切关注。大约有10个国家尚未达到完成点，有些尚未达到决策点的国家面临严重的国内困难。参与重债穷国动议的债权方还需要扩大，特别是一些小型多边债权方、非巴黎俱乐部成员和私人债权方参与面还要扩大。为持续实施重债穷国动议，还需要募集更多的资金。更为严重的是，一些针对重债穷国的诉讼给这些国家增加了极大的成本，今后要力争防止这类诉讼的发生。重债穷国动议的减债条件比较苛刻，对受援国的内政干涉较多，受援国的自主权受到侵害，应该重新调整援助国和受援国之间的关系，给发展中国家更大的政策空间。①

---

① Fantu Cheru, "Building and Supporting PRSPs in Africa: What Has Worked Well so Far? What Needs Changing?", *Third World Quarterly*, 2006, 27 (2): 355.

（五）债务可持续性框架

2005 年 4 月，世界银行和国际货币基金组织共同实施了低收入国家债务可持续性框架（Debt Sustainability Framework）。该框架为低收入国家借债和世行、国际货币基金组织以及其他发展合作机构的贷款决策提供政策评估，使低收入国家免于陷入债务危机，贷款机构以优惠条件来降低低收入国家负债过重的风险。

框架要求新增贷款应与一个国家偿债能力挂钩，而偿债能力又取决于债务国的经济增长和抵御外部冲击的能力。在超过一个国家的债务承受能力的情况下，为实现千年发展目标，借贷机构应以赠款而非贷款的形式向低收入国家提供资金援助。

框架文件建议对负债率高的国家给予赠款和（或）条件十分优惠的贷款。向这些国家提供赠款的目的是防止它们陷入债务危机。根据重债穷国动议，如果一个国家的债务与出口比净现值超过 150%，或者在某些情况下债务净现值超过政府财政收入的 250%，就有资格申请减债救助。而债务可持续性框架与国家经济发展的实际情况联系更为紧密。该框架考虑三个因素：①把债务负担门槛与该国政策和体制的质量联系起来。具有较好政策和体制的国家有能力负担更多的债务。②设立一个国家相对于基准指标（200% 的债务出口比净现值）的债务负担门槛，对这个国家中长期（4 ~ 5 年）经济增长前景做出判断。③该框架也考虑到其他经济因素，比如外来冲击。

该框架包括以下主要内容：①未来 20 年债务负担分析和应对外部冲击的能力；②基于债务负担门槛的债务风险评估；③为双方提供借贷建议。具体过程是：首先，建立一系列债务指标，包括还本付息指标、债务存量指标、偿债能力。其次，建立指导性债务负担门槛。门槛的高低源自一国的政策和制度水平，世界银行每年对债务国更新一次国家政策及制度评估指数。最后，在此基础上推算未来债务指标，结合债务门槛值将国家债务风险分为低度风险、中等风险、高度风险和已陷债务困境（见表2－7）。

表2－7　债务可持续性评估指标

单位：%

债务负担门槛					
政策及制度评估指数	债务比重			还本付息比重	
	出口	GDP	财政收入	出口	财政收入
弱(≤3.25)	100	30	200	15	25
中等(3.25～3.75)	150	40	250	20	30
强(≥3.75)	200	50	300	25	35

注：国家政策及制度评估指数（CPIA）由16个指标组成，分成经济管理、结构政策、社会公平政策和公共部门管理4组。每年进行一次评估。

资料来源：见 http：//www.imf.org/external/np/exr/facts/jdsf.htm。

债务可持续性框架还包括一国再借款水平的指导性上限，可以为低收入国家制定谨慎的借款战略提供依据。对未获债务减免的国家，国际货币基金组织使用低收入国家债务可持续性框架来监控各国的各项债务指标，由此评价是否有资格获得债务减免。国际开发协会和非洲发展基金还利用低收入国家债务可持续性框架来分配赠款。以国际开发协会为例，国际开发协会把低收入国家债务可持续性框架风险级别评估作为赠款的单一标准，对应低、中、高三类风险，建立“交通信号灯体系”（Traffic Light System）：红灯国家为高度风险国家，必须全部使用赠款，不得贷款；黄灯国家为中等风险国家，50%为赠款，50%为贷款；绿灯国家为低风险国家，全部使用贷款。据世界银行官员介绍，巴黎俱乐部的双边信贷机构、亚洲开发银行已经同意采用低收入国家债务可持续性框架。① 根据这一评估指标体系，非洲有7个高风险债务国家（见表2－8）。

表2－8　高债务风险国家和债务困难国家

债务困难国家	高风险债务国家	2008年政策制度指数
• 重债穷国	• 重债穷国	
决策点之前	决策点之后	
科摩罗	科特迪瓦	
厄立特里亚	完成点之后的国家	
索马里	阿富汗	2.59
苏丹	布基纳法索	3.73
决策点之后	布隆迪	3.02
刚果(金)	冈比亚	3.23
几内亚	海地	
几内亚比绍	圣多美和普林西比	2.98
利比里亚	• 非重债穷国	
多哥	吉布提	3.12
• 非重债穷国	格林纳达	3.72
缅甸	老挝	3.28
津巴布韦	马尔代夫	3.43
	圣卢西亚	3.88
	圣文森特和格林纳丁斯	3.83
	塔吉克斯坦	3.17
	汤加	3.19
	也门	3.19

资料来源：①国际货币基金组织报告：Preserving Debt Sustainability in Low-income Countries in the Wake of The Global Crisis，第17页，http://www.imf.org/external/np/pp/eng/2010/040110.pdf，2010年4月1日。

②国际货币基金组织报告：Preserving Debt Sustainability in Low-Income Countries in the Wake of the Global Crisis，第23页，http://www.imf.org/external/np/pp/eng/2010/040110.pdf，2010年4月1日。

① 李若谷：《正确认识发展中国家的债务可持续问题》，《世界经济与政治》2007年第4期，第67页。

债务可持续性框架与重债穷国动议不同。重债穷国动议是一个减债计划，而债务可持续性框架是以积极主动的方式帮助低收入国家实施正确的借债战略，确保债务的可持续性。这就意味着对低收入国家的新增贷款要进行债务可持续性分析。重债穷国动议和债务可持续性框架将同时并举。

（六）债务管理

有效的债务管理能降低金融脆弱性，提高宏观经济稳定性，维护政府有效的治理能力。利率、汇率和债务流动等要求对债务进行有效的管理。世界银行经济政策和债务处为低收入国家提供债务管理表现评估、中期债务管理战略、政策改革、培训等服务，帮助低收入国家提高抵御债务风险的能力。

2008 年 11 月，世界银行发起了“债务管理机构”（the Debt Management Facility，DMF），由发达国家捐助，成立信托基金，为国际开发协会中的低收入国家提供债务管理资助，由以下四个部分构成：①债务管理表现评估；②由国际开发协会成员主导，会同 IMF 开展中期债务管理战略；③设计债务管理改革计划；④通过培训、论坛、研究等手段，促进知识共享和传播。

目前，澳大利亚、比利时、加拿大、荷兰、挪威、瑞士已经参加了信托基金。截至 2010 年 10 月，“债务管理机构”发布了布基纳法索、几内亚比绍、马尔代夫、摩尔多瓦、蒙古、圣多美和普林西比、塞内加尔、所罗门群岛、多哥等国的债务管理表现评估报告；[1] 截至 2010 年 9 月，为孟加拉国、博茨瓦纳、喀麦隆、佛得角、加纳、牙买加、肯尼亚、马拉维、摩尔多瓦、莫桑

---

① http://web.worldbank.org/WBSITE/EXTERNAL/TOPICS/EXTDEBTDEPT/0，contentMDK：21707750 ~ menuPK：4876257 ~ pagePK：64166689 ~ piPK：64166646 ~ theSitePK：469043 ~ isCURL：Y，00.html.

比克、尼加拉瓜、尼日利亚、坦桑尼亚、赞比亚等国制定了中期债务管理战略，除喀麦隆和博茨瓦纳之外，所有非洲国家都得到了资助；[①] 截至2010年2月，喀麦隆、刚果（布）、冈比亚、加纳、塞拉利昂5国制订了债务管理改革计划，除加纳外，其他四国都得到了资助。[②]

四　国际金融机制的减贫要素分析

（一）问题领域

国际开发协会认定的贫穷标准是人均国民收入，其借款资格取决于人均国民收入的高低。这一标准是变动的，每一年都不一样，2011年的借款资格是1165美元。IDA既向那些没有资格向国际复兴开发银行贷款的小型岛国提供贷款，同时也向印度、巴基斯坦等国际复兴开发银行资格国发放贷款。目前，79个国家有资格从IDA借款，涵盖了25亿人口，其中一半在发展中国家，大概15亿人日均消费2美元以下。

国际货币基金组织的主要目标不是减贫，但也有援助的功能。国际货币基金组织负责监督世界货币体系，维护各国支付体系的有序运转，主要通过提供短期贷款的方式，帮助成员国解决外汇资金的短期需要，其宗旨在于调整成员国国际收支的暂时失调，使成员国的国际收支状况得以改善，特别是那些存在严重国际收支困难的国家。所有国际货币基金组织成员国，不论是富国

---

① http：//siteresources. worldbank. org/INTDEBTDEPT/Resources/468980 – 1238442914363/MTDSMissions. pdf.

② http：//web. worldbank. org/WBSITE/EXTERNAL/TOPICS/EXTDEBTDEPT/0，contentMDK：22366942 ~ menuPK：6800702 ~ pagePK：64166689 ~ piPK：64166646 ~ theSitePK：469043，00. html.

还是穷国都可以要求其提供服务和资金。其问题领域是受援国的收支困难，而非贫穷。

在重债穷国动议中，其问题领域设定为负债，认定穷国的标准是负债率。重债穷国的标准是：债务与出口比净现值为150%或者债务与收入比净现值为250%。公共外债必须超过其出口额的150%（某些情况下为财政收入的250%）。对于某些出口额占GDP 40%以上的开放经济国家和财政收入占GDP 20%以上的国家，其外债是财政收入的280%的国家也能获得减债资格。

（二）行为体

国际开发协会的行为体有两类：一类是发达国家，提供捐助和认缴股本；另一类是发展中国家和转型国家，符合条件的国家能从协会获得信贷。国际货币基金组织的所有成员国不论贫富，都有权获得国际货币基金组织的资金援助。

国际货币基金组织成员国一般用本国货币申请换购外汇，称为购买，无论是贷款还是利息均以特别提款权计值。贷款业务有以下几种：普通贷款、补偿与应急融资贷款、缓冲库存贷款、中长期贷款、补充贷款、信托基金、临时性信用贷款和结构调整贷款。接受的国际货币基金组织贷款，一般在3~5年内必须还清，不得超过10年，利率略低于市场利率。国际货币基金组织向成员国提供贷款要附加条件。借款国制定的经济调整方案及政策意向要获得国际货币基金组织认可。在贷款期间，国际货币基金组织密切监督借款国的经济发展形势和贷款执行情况，并提供技术援助和咨询服务。

世界银行只向发展中国家和转轨国家提供贷款。世界银行业务基本由四部分组成：①贷款，这又包括投资贷款、调整贷款；

②风险管理，包括信用风险、市场风险、利率风险和业务运作风险等；③借款，即在全球范围内向私人和官方投资者出售证券；④技术援助，可以与贷款业务相关联，也可独立于贷款业务。世界银行贷款条件优惠，不仅利率低，且还款期长，通常为10～15年。国际开发协会的贷款不计利息，期限为35～40年。世界银行所提供的贷款是项目贷款，一般不附加宏观经济政策方面的条件，但要求贷款项目符合改革的方向和市场经济的要求，而且世界银行要跟踪贷款执行情况。

目前国际开发协会符合借款条件的非洲国家总共有38个，主要借款国家为发展中国家，尤其是非洲最不发达国家（见表2－9）。其中贝宁、布基纳法索、布隆迪、中非、乍得、科摩罗、

表2－9　非洲IDA借款资格国（共38个国家）

安哥拉	厄立特里亚	尼日尔
贝宁	冈比亚	尼日利亚
布基纳法索	加纳	卢旺达
布隆迪	几内亚	圣多美和普林西比
喀麦隆	几内亚比绍	塞内加尔
中非	肯尼亚	塞拉利昂
乍得	莱索托	索马里
科摩罗	利比里亚	苏丹
刚果(金)	马达加斯加	坦桑尼亚
刚果(布)	马拉维	多哥
科特迪瓦	马里	乌干达
吉布提	毛里塔尼亚	赞比亚
埃塞俄比亚	莫桑比克	

注：其中，苏丹、索马里、津巴布韦没有在援项目。2011年世行把佛得角、津巴布韦移出了IDA借款资格名单，把吉布提补进名单。

资料来源：http：//data. worldbank. org/about/country-classifications/country-and-lending-groups#IDA。

刚果（金）、厄立特里亚、埃塞俄比亚、冈比亚、加纳、几内亚、几内亚比绍、肯尼亚、利比里亚、马达加斯加、马拉维、马里、毛里塔尼亚、莫桑比克、尼日尔、卢旺达、塞拉利昂、索马里、坦桑尼亚、多哥、乌干达、赞比亚28个国家符合"可持续借款原则和指针"（Status of Countries in Relation to the Sustainable Lending Principles and Guidelines，截至2011年3月），① 借款最多的10个国家中，有7个来自撒哈拉以南非洲（见表2-10）。

表2-10　IDA十大借款国

单位：百万美元

国家	金额	国家	金额
印度	2578	孟加拉国	828
越南	1429	肯尼亚	614
坦桑尼亚	943	乌干达	480
埃塞俄比亚	890	刚果(金)	460
尼日利亚	890	加纳	433

资料来源：http：//web.worldbank.org/WBSITE/EXTERNAL/EXTABOUTUS/IDA/0，contentMDK：21206704～menuPK：83991～pagePK：51236175～piPK：437394～theSitePK：73154，00.html.

国际复兴开发银行的资金来自国际资本市场。它向100多个国家的个人和私营机构发放债券来筹集资金，这种债券的信用级别是最高的（3A级）。因为其偿还担保人为成员国政府。由于国际复兴开发银行的援助对象为中等收入国家，国际金融公司的援助对象为发展中国家的私人部门，因此本书不将二者作为减贫机制。国际开发协会与国际金融公司的优惠贷款大部分来自捐赠

① http：//www.oecd.org/dataoecd/2/57/40817749.pdf.

国的认缴股本，世界银行资金中约有5%是成员国加入时认缴的股金，股金分为两部分，一是实缴股金，二是待缴股金。前者的一部分以美元或黄金支付，世界银行可以自由使用；另一部分以成员国本国货币支付，必须在征得成员国同意之后世界银行才能将其用于贷款。后者只有在世界银行因偿还借贷或贷款债务发生困难而催缴时才以美元、黄金或其需要的货币支付。国际开发协会的资金大部分来自发达国家和新型经济体。在2008年第15次资金回补中，特别提款权为273亿，约合416亿美元，捐助国的捐助占特别提款权的60%，总共有45个国家提供了捐款，其中英国、美国、日本、德国、法国、加拿大、意大利和西班牙名列前茅，中国、塞浦路斯、埃及、爱沙尼亚、拉脱维亚、立陶宛成为新的捐赠国（见表2－11）。捐款用于2008年6月30日～2011年6月30日期间的项目支出。2007年中国向IDA捐款3000万美元，占总捐款额的0.10%。截至2008年6月30日，IDA获得认缴股本和捐款总额达到1770.3835亿美元。2010年3～12月，代表们召开了4次会议，就2012～2014年期间的IDA 16增资规模进行谈判。这些会议使捐款国有机会在援助领域及捐资条件问题上，对IDA 16的资金分配进行指导。IDA增资会议的代表们已就IDA 16的支持领域达成一致，主要包括气候变化、性别歧视、脆弱国家和援助的有效性。此外，世界银行还通过资本市场进行融资。世界银行是国际资本市场的主要借款人。实际上，对于向世界银行出售发行债券的所有国家来说，世界银行就是最大的外来借款者。世界银行也通过直接向各国政府代理机构和中央政府出售公债、票据来借款，这些公债的销售收入转而又以发展中国家负担得起的利率借贷出去，以资助这些国家的工程项目和政策改革计划。因此，世界银行的资金来源更加多样化。

表 2 - 11　IDA 第 15 次资金回补十大捐助国（2008 年）

单位：%

国　家	份额	国　家	份额
英　国	14.05	加拿大	4.00
美　国	12.19	意大利	3.80
日　本	10.00	西班牙	3.14
德　国	7.05	荷　兰	2.99
法　国	6.50	瑞　典	2.95

资料来源：根据世界银行数据整理，http：//siteresources.worldbank.org/IDA/Resources/Table1IDA15.pdf。

国际货币基金组织普通资源库的资金，主要由各成员国认缴的份额构成。在特殊情况或高度限制的情况下，国际货币基金组织也会向官方机构借款，但它的运作资金主要还是认缴份额。国际货币基金组织资金主要来源于缴纳股金，份额中 75% 为本国货币，25% 为可兑换货币或特别提款权。特别提款权是国际货币基金组织所特有的。1975 年以前，份额中 25% 是以黄金缴纳的。自 1976 年牙买加会议以后，国际货币基金组织废除了黄金条款，改为以特别提款权或自由兑换货币缴纳。份额的单位也由原来的美元改为特别提款权。

在重债穷国动议中，33 个非洲穷国是援助的对象。截至 2010 年 7 月底，贝宁、布基纳法索、布隆迪、喀麦隆、中非、刚果（金）、刚果（布）、埃塞俄比亚、加纳、冈比亚、利比里亚、马达加斯加、马拉维、马里、毛里求斯、莫桑比克、尼日尔、卢旺达、圣多美和普林西比、塞内加尔、塞拉利昂、坦桑尼亚、乌干达、赞比亚共 24 个国家到达完成点。科摩罗、乍得、几内亚比绍、科特迪瓦、几内亚、多哥 6 国处于决策点向完成点过渡阶段。

厄立特里亚、索马里、苏丹3国尚未到达决策点。发达国家为援助国，其中多边债权方承担了45%，IDA承担20%、IMF承担9%、非洲开发银行承担7%。双边债务减免占了总援助的一半以上，其中大部分是巴黎俱乐部成员，占36%。非巴黎俱乐部成员占13%，其他商业债权人占6%。巴黎俱乐部成员的减债援助绝大部分流向了到达完成点的国家，但一半以上的非巴黎俱乐部成员的减债援助给了决策点之前的国家。①

世界银行和国际货币基金组织是国际减贫的主要行为体，在国际减贫中承担了主要责任。这两大国际金融组织成立了“多边减债基金”，第1期基金的援助对象为人均收入低于380美元的低收入国家，第2期基金的援助对象为人均收入高于380美元的国家。基金为发展中国家尤其是最不发达国际的减贫提供了大量资金支持。

（三）本体：治理贫穷

1. 综合发展框架（CDF）

为发展中国家编制综合发展框架是世界银行治理贫穷问题的方式之一。世界银行在汲取经验教训的基础上继续努力加强其援助工作。在认识到各国自身在以往所有成功的援助工作中发挥着推动作用的同时，世行努力帮助各国政府牵头制定和实施旨在构建其美好未来的发展战略。“综合发展框架”强调以下原则：发展战略应具有全面性，而且应根据长期愿景制定。“综合发展框架”强调长期结构性和社会性问题；每个国家都应在公民参与的基础上制定并主导实施其自身的发展议程。“综合发展框架”

① International Development Association and International Monetary Fund, Heavily Indebted Poor Countries (HIPC) Initiative and Multilateral Debt Relief Initiative (MDRI) —Status of Implementation, pp. 12 – 13.

认为，如果各国主导实行改革，其政府和公民就会更积极地贯彻改革；政府、捐赠方、公民社会、民营部门以及其他利益相关方应在资金接受国领导下开展伙伴合作来实施发展战略。建立在透明、互信和协商基础上的伙伴合作能提高援助的效率和有效性，帮助各国提高制定并实施各类规划的能力；应根据可考量的成果来评价发展绩效。“综合发展框架”强调指出，评价工作应注重对公众及其需求的影响。这就是世行“综合发展框架”提出的理念。1999 年以来，该框架已成为世行向发展中国家提供援助的指导性文件。

2. 国别减贫战略（PRSP）

《减贫战略文件》以综合发展框架为指导原则，把“综合发展框架”转化为各国减贫政策体系，是世行“综合发展框架”中确定的新型发展模式所取得的最为实在的成果之一。国别减贫战略由各国政府自行制定，世界银行提供技术支持。在《减贫战略文件》编制过程中，低收入国家制定其自身的减贫规划。2002 年以来，世界银行以《减贫战略文件》为依据编制了《国别援助战略》以及对低收入国家的援助计划。《减贫战略文件》的编制要遵循以下五项原则。

第一，文件在编制后应由国家主导实施，公民社会和民营部门应广泛地参与其中。

第二，文件应以实现成果为导向，注重可以惠及贫穷人口的成果。

第三，文件应指出，对贫穷问题要采取综合方式，因为贫穷不仅仅意味着缺乏收入，还意味着贫穷人口机会和保障的缺乏以及在关乎其生计的决策过程中话语权的缺乏。

第四，文件应为伙伴合作型，即应能鼓励双边、多边和非政府组织协调参与国别减贫项目的实施。

第五，文件应以长期减贫前景为根据。《减贫战略文件》可进一步促进决策公开。各国政府已努力使传统边缘化群体、民营部门和公民社会参与制定战略。因此，通过这一过程制定的减贫战略往往能获得更广泛的社区和利益相关方的支持，而且能够由政府主导实施。

这一原则反映了世界银行放弃了新自由主义的市场至上方案，强调国家在减贫中的作用，由过去一味坚持最小政府原则，转到有效国家原则，突出了国家与市场的互补功能，把善治作为政府能力的基准，而公民社会的参与能有效保障善治。“治理措施成为减贫战略文件的强制性部分”。① 这也反映了世界银行抛弃了华盛顿共识中结构调整的减贫进路。“《减贫战略文件》可以理解为世界银行对穷国的一种社会控制”。② 世界银行要求减贫文件的制定过程必须有民间社会的广泛参与，减贫要基于民众的需求，受到广泛的社会监督。

1999 年末以来，30 个低收入国家已编制了完整的减贫战略文件，47 个国家编制了临时战略，11 个国家递交了年度实施进度报告。各国纷纷借助减贫战略的实施来改善其投资环境，制定措施以促进民营部门发展，制订计划来加强治理，减少腐败。在战略实施过程中，许多国家都注重解决农业和农村问题，强调基本服务投资特别是卫生与教育投资的必要性。

① Gordon Crawford, Abdul-Galhru Abdulai, “The World Bank and Ghana's Poverty Reduction Strategies: Strengthening the State or Consolidating Neoliberalism?”, *Labour, Capital & Society*, 2009, 42 (1/2): 86.

② Alastair Fraser, “Poverty Reduction Strategy Papers: Now Who Calls the Shots?”, *Review of African Political Economy*, 2005, 32 (104/105): 317.

世界银行提供培训、技术与资金援助，通过加强治理以及法律与司法制度，帮助各国在贫穷分析、公共支出管理以及服务评价等领域加大参与力度，支持国别减贫战略的制定与实施。具体地讲，世行提供减贫支持信贷和年度规划型结构调整贷款，支持国别减贫战略的实施。此类信贷与贷款设有成果指标和政策措施等绩效基准规定。

3. 资金援助

国际开发协会是最大的优惠贷款和赠款的机构。1961 年向智利、洪都拉斯、印度、苏丹发放第一笔贷款。几乎所有贷款都免息，只有贷款额 0.75% 的手续费。1982 年 1 月，开始对未支付的承诺额按 0.5% 收取承诺费，以平衡行政开支。贷款期限长达 20 年、35 年或 40 年，另外还有 10 年的宽限期，实际最长借款期限长达 50 年。20 年以上的贷款，前 10 年不用还本，从第 11 年起归还贷款。

到 2010 年 6 月 30 日为止，IDA 共向 108 个国家发放贷款和赠款高达 2220 亿美元，前 3 年每年大约 130 亿美元，约 50% 流向非洲国家。截至 2010 财年，国际开发协会有 170 个会员国。

在 2010 财年（截至 6 月 30 日），IDA 承诺发放贷款 145 亿美元，其中 18% 为赠款。IDA 主要资助受援国小学教育、卫生设施建设、清洁水源、环保、气候变化、基础设施建设等项目，以提高人们生活水平。IDA 资金主要投向基础设施（37%）、公共管理与法律（18%）、社会组织（29%）、农业（8%）、工业（2%）和金融（5%）等行业。

世界银行重债穷国减债动议的资金援助高达 1000 多亿美元。2007 年，全世界 29 个国家累计减债总额超过 1000 亿美元。世界银行通过重债穷国减债动议和多边减债动议对29个国家累计减债总额达到400亿美元左右。另对11个可能符合减债条件的国家的减债总额在500亿美元以上。同时，世界银行提供的年度扶贫项目贷款资金也在不断上升。到2009年底，重债穷国动议的援助金额为764亿美元（当时美元比价），比2008年增加25亿美元。2/3的援助（约543亿美元）流向了30个到达完成点的重债穷国，6个处于过渡阶段的国家获得了53亿美元，4个决策点之前的重债穷国获得了169亿美元，其中苏丹、索马里获得了绝大多数援助。

国际金融机制作为减贫的主导者的角色正在日益淡化，布雷顿森林体系在当今世界面临许多挑战，惩罚性的援助威胁已经无法发挥减贫的功能，世界银行和IMF正在转变为各国政府的发展伙伴，以金融手段为发展中国家提供政策和咨询服务，其角色正在转型，内部治理改革也就显得十分必要。“世界正需要一个新的布雷顿森林体系，在这个体系内，多边机制的目标、结构和治理能重新集中得到协商”。①

第三节　国际双边援助机制

经济合作与发展组织，简称经合组织（OECD），是当今世界最大的双边援助结构，它是由34个市场经济国家组成的政府间国际经济组织。成员国有加拿大、法国、德国、意大利、日本、英国、美国等，总部设在巴黎，旨在共同应对全球化带来的

---

① Raghuram G. Rajan, “The Future of the IMF and the World Bank”, *The American Economic Review*, 2008, 98 (2): 114.

经济、社会和政府治理等方面的挑战，并把握全球化带来的机遇。1960 年 12 月 14 日，加拿大、美国及欧洲经济合作组织的成员国等共 20 个国家签署《经济合作与发展组织公约》，决定成立经济合作与发展组织。在获得规定数目的成员国议会批准后，《经济合作与发展组织公约》于 1961 年 9 月 30 日在巴黎生效，经济合作与发展组织正式成立。经合组织的前身是欧洲经济合作组织（OEEC）。该组织在美国和加拿大的支持下于 1947 年成立，目的是协调“二战”后重建欧洲的马歇尔计划。

一　机制特征

（一）援助国独立决策

经合组织是援助国的组织，非成员的受援国不参与决策。理事会是经合组织的决策机构，由每个成员国及欧洲委员会各派一名代表组成。理事会定期召开成员国驻经合组织大使级会议，并通过综合一致意见的方式进行决策。理事会每年举行一次部长级会议。经合组织日常工作由秘书处负责，共有 12 个业务司局。秘书处设 1 名秘书长，4 名副秘书长协助工作。秘书长兼任理事会主席。经合组织共有约 200 个委员会、工作组和专家小组，每年有 4000 多名各成员国高级官员参加委员会会议。除援助国代表外，受援国代表也经常参加各委员会会议。

（二）协商一致进行决策

经合组织内部组织决策采用一致性原则，所有重要决议都需要得到成员国的一致同意。所有国家的发言权同等重要。这与世界银行和国际货币基金组织的投票权分配原则区别很大。

（三）成员国捐款是主要经费来源

经合组织预算来自各成员国的捐款，捐款份额根据各成员国经济规模确定。2010 年经合组织预算 3.28 亿欧元，其中美国捐款最多，占 23.9%，其次是日本占 13.1%。这些捐款主要用于经合组织的日常运转。各国的对外发展援助资金由本国自行决定，经合组织只是一个发展援助的技术中心。经合组织成员国中的小国更倾向于通过多边途径开展官方发展援助，而大国则更多采取双边援助的形式发放资金。①

（四）经合组织是发展援助的技术中心

经合组织并不直接掌握援助资金，也不直接实施援助项目。经合组织在政策研究和分析的基础上，提供一个思考和讨论问题的场所，以帮助各国政府制定政策，这些政策可能促成成员国政府间的正式协议，也可能在国内或其他国际场合实施。经合组织并不发放资金。经合组织的工作始于数据收集和分析，进而发展为对政策的集体讨论，然后是决策和实施。

（五）援助需要达到国际指标

国际援助占国民收入（GNI）的比重确定为 0.7%，这一标准得到了国际社会的一致认可。20 世纪 70 年代，在各种国际开发援助会议上，0.7% 的援助比重首次得到了国际社会的认同。2005 年 15 个欧盟国家同意到 2015 年达到这一指标。于是 0.7% 成了当年欧盟增加官方发展援助的指导标准和政治承诺，当年八国首脑（G8）格伦伊格尔斯峰会和联合国峰会也以此为标准。联合国千年发展目标规定，0.15% 要用于援助最不发达国家。

援助比例指标最早可以追溯到 1958 年。当年世界教会委员会建议，所有对发展中国家的官方和私人援助应该达到 1%，这一标

① Hendrik P. Van Dalen, Mieke Reuser, "What Drives Donor Funding in Population Assistance Programs? Evidence from OECD Countries", *Studies in Family Planning*, 2006, 37 (3): 141.

准得到了经合组织发展援助委员会（DAC）的认可，但是这一标准存在明显的缺陷，因为私人援助是无法预计的，这一指标在实际情况中难以计算。1972 年诺贝尔经济奖得主简·丁伯根（Jan Tinbergen）建议官方发展援助（ODA）应占 GDP 的 0.75%。1969 年佩尔森委员会（the Pearson Commission）在《发展伙伴报告》中建议将国内生产总值（GDP）的 0.7% 作为官方援助比例，提出到 1975 年最迟到 1980 年达到这一指标。1970 年 10 月 24 日联合国决议采纳了这一指标。经合组织的发展援助委员会把这个指标写进了 1969 年官方发展援助的定义中。发展援助委员会成员也接受了 0.7% 的指标，至少把它当作长期的目标。但瑞士没有接受这个指标，美国也声称不接受任何特定的目标和时间表。1993 年联合国以国民总收入（GNI）取代了国内生产总值（GDP），于是援助指标相应变为援助净值对 GNI 的比值了。目前，大部分发达国家都没有达到援助义务的指标（见图2-3、图 2-4）。

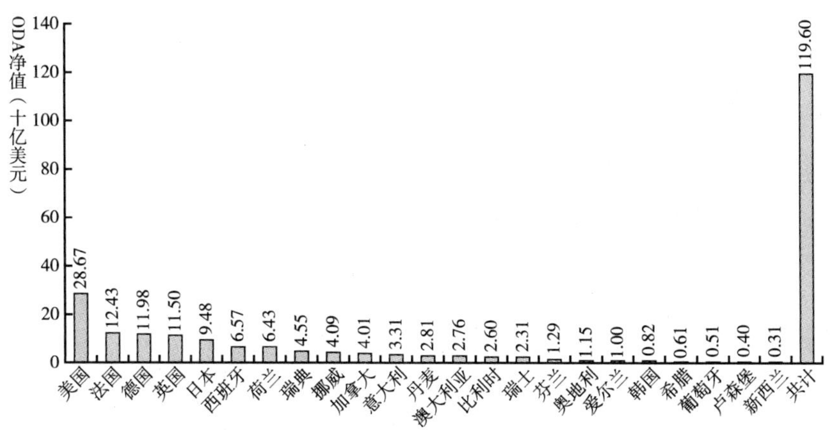

图 2-3　2009 年 OECD 成员国援助数额

资料来源：根据经合组织数据整理：http：//www.oecd.org/dataoecd/17/9/44981892.pdf。

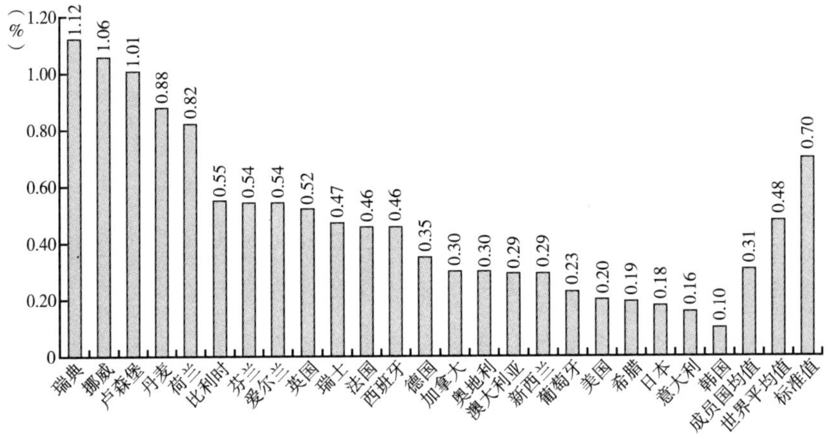

图 2-4　2009 年 ODA 占 GNI 的比重

资料来源：根据经合组织数据整理：http：//www. oecd. org/dataoecd/17/9/44981892. pdf。

（六）报告程序保证了援助的真实性

经合组织对成员国捐赠有严格的报告程序，这一程序实际上是对捐赠真实性的认证程序。经合组织制定了国际开发协会统计报告指针和债权人报告指针（DAC Statistical Reporting Directives and CRS Reporting Directives），对报告的覆盖范围、格式等做了详细的规定。2008 年 6 月，统计工作小组（Working Party on Statistics）采用了新的援助分类方法。新的分类区分了双边和多边官方发展援助，对资金发放渠道也进行报告，把资金流动分为官方发展援助（ODA）、其他官方资金流动（OOF）和私人资金流动（发展援助协会的私人、非政府组织和其他私人资金）。同时把金融类型分为赠与、贴息、股本认购、借款、出口信贷、股权投资、直接投资、债券、其他证券和权证（grants，interest subsidies，capital subscriptions，loans，export credits，equity investment，direct investment，bonds，other securities and claims），把减债作为单独的金融类型，包括赠与和借款。这一分类方法在2011年实行。报告指针要求，承诺和支付（commitments and disbursements）的信息都应报告在一张表格中。

（七）审核程序保证了援助的有效性和可预测性

为确保有效性和可预测性，经合组织通过政府间的双边审查和多边监督，通过平行施压促使成员国遵守规则或进行改革。

同行审核是经合组织独特的核心程序，创立之初就开始实施，它监控了成员国在发展合作中的实际表现，每个成员国每4年都要接受一次严格的审核，每年有5~6个国家接受同行审核。2010年，英国、日本、比利时、德国、葡萄牙、新西兰接受了同行审核；2011年，丹麦、美国、荷兰、雅典、西班牙接受审核。同行审核的参与者除了成员国外，还有民间组织、商业组织和劳工组织等。同行审查能提高成员国制定政策的能力，推行好的做法，促使成员国遵守已有的标准和原则。同行审查有赖于成员国的互信和专家的专业技能。同行审查能解决纠纷，促进平等公开对话，澄清立场。同行压力是同行审查的作用机理，成员国受到来自公众和社会舆论的压力，最终接受其他国家的建议和意见。

二　机制要素分析

本书从机制的问题领域、行为体、治理三个环节分析经合组织的援助机制。

（一）问题领域

经合组织认定贫穷的标准是低收入标准。根据2008年审核名单和2009年增补名单，经合组织的低收入标准是人均国民总收入（GNI）低于935美元（2007年比价）。只有符合这一要求，才能被经合组织的发展援助覆盖。

同时经合组织遴选援助对象具有很强的政治倾向。获得援助的国家不但要穷，而且还必须在人权、民主、良政等方面符合西方国家要求。近年来，经合组织开始把援助与环保、气候变化等非传统安全问题联系起来，要求受援国达到西方国家的要求。事实上，经合组织成员国是从本国利益的角度来认识贫困的。在乌拉圭回合谈判期间，经合组织成员国对撒哈拉以南非洲国家的关税优惠额度大约为40亿美元，但经合组织成员国推行的关税自由措施给这些国家造成的损失远远大于这个数字。① 可见，经合组织成员国的减贫援助措施的基本出发点是本国利益，而非减贫。

（二）行为体

经合组织的行为体分为两类：援助国和受援国。由于经合组织援助范围较广，其成员国可能同时既是援助国又是受援国。截至2010年5月，经合组织共有34个成员国。成员国援助行为的动因来自多个方面，但归根到底是国家利益与权力。纯粹出于人道主义的援助几乎没有。②

表2－12为十大向非洲捐款的OECD成员国，表2－13为对非十大多边援助机构。

OECD根据官方发展援助名单确定援助对象。官方发展援助名单每3年审核一次，2008年9月，由于科索沃和马其顿独立，2009年9月对名单进行了增补，下次审核时间在2014年。同时，一些国际组织也具有接受官方发展援助的资格，经合组织每

① Alexander J. Yeats, "What Are OECD Trade Preferences Worth to Sub-Saharan Africa?", *African Studies Review*, 1995, 38 (1): 96.

② Bruce Bueno De Mesquita, Alastair Smith, "A Political Economy of Aid", *International Organization*, 2009, 63 (2): 309.

表 2-12　十大向非洲捐款的 OECD 成员国

单位：百万美元，%

位次	国家	2006 年	2007 年	2008 年	三年平均	比重
1	美国	5805	5031	7202	6013	22
2	法国	5159	3558	3370	4029	15
3	英国	5462	2457	2594	3504	13
4	德国	3463	2415	2703	2860	10
5	日本	2596	1766	1571	1978	7
6	荷兰	1342	1677	1516	1512	5
7	加拿大	1067	1195	1346	1203	4
8	瑞典	886	1001	1026	971	4
9	挪威	777	913	1028	906	3
10	丹麦	762	896	917	858	3
	其他国家	4171	3616	3935	3907	14
	OECD 所有国家	31490	24525	27209	27742	100

资料来源：①Development Aid at a Glance，Statistics By Region，②Africa，2010.

表 2-13　对非十大多边援助机构

单位：百万美元，%

机构	2006 年	2007 年	2008 年	3 年平均	占机构比重
欧盟机构	4172	5184	6012	5123	37
国际开发协会	3245	4147	4053	3815	27
非洲发展基金	1541	1209	1625	1458	10
全球基金	789	1020	1372	1060	8
联合国儿基会	301	450	474	408	3
国际货币基金组织	126	90	540	252	2
联合国开发计划署	234	228	292	251	2
全球环境基金	169	311	228	236	2
疫苗与免疫全球联盟		303	395	233	2
世界粮食计划署	222	136	187	182	1
所有多边机构	11493	14005	16192	13897	100

资料来源：Development Aid at a Glance 2010：Statistics by Region，http：//www.oecd.org/document/11/0，3343，en_ 2649_ 34447_ 2002187_ 1_ 1_ 1_ 1，00.html.

年对这些组织进行一次审核。2010 年 6 月经合组织公布了新的名单。

根据 2008 年审核名单和 2009 年增补名单，受援国分为四类：①最不发达国家，共有 39 个国家，其中非洲国家 33 个（见表 2－14、表 2－15）。②其他低收入国家，人均国民收入（GNI）低于 935 美元（2007 年比价），共有 12 个国家。非洲科特迪瓦、加纳、肯尼亚、尼日利亚、津巴布韦属于低收入国家。[①] ③中低收入国家，人均国民收入为 936～3705 美元，共有 38 个国家和地区；④中高收入国家，人均国民收入为 3706～11455 美元，共有 33 个国家和地区。[②]

表 2－14 2008 年 OECD 非洲十大受援国

单位：百万美元，%

位次	国家	金额	比重
1	埃塞俄比亚	3327	8
2	苏丹	2384	5
3	坦桑尼亚	2331	5
4	莫桑比克	1994	5
5	乌干达	1657	4
6	刚果(金)	1610	4
7	肯尼亚	1360	3
8	埃及	1348	3
9	加纳	1293	3
10	尼日利亚	1290	3
	其他国家	25411	57

资料来源：见 OECD 官网数据，http：//www. oecd. org/document/11/0，3343，en_ 2649_ 34447_ 2002187_ 1_ 1_ 1_ 1，00. html。

① 科特迪瓦属于最不发达国家，但 OECD 将其视为其他低收入国家。

② http：//www. oecd. org/document/0/0，3343，en_ 2649_ 34447_ 42398912_ 1_ 1_ 1_ 1，00. html.

表 2－15　2008 年非洲最不发达国家接收 ODA 情况

单位：百万美元，%

国家	金额	百分比(2000～2008 年)
安哥拉	352	1.5
贝宁	600	1.2
布基纳法索	936	2.2
布隆迪	479	1
中非	242	0.4
乍得	391	0.9
科摩罗	35	0.1
刚果(金)	1543	5.7
吉布提	113	0.3
赤道几内亚	35	0.1
厄立特里亚	135	0.8
埃塞俄比亚	3196	5.8
冈比亚	90	0.2
几内亚	300	0.8
几内亚比绍	123	0.3
莱索托	136	0.3
利比里亚	1189	1
马达加斯加	794	2.3
马拉维	882	1.9
马里	907	2.1
毛里塔尼亚	291	0.9
莫桑比克	1907	5
尼日尔	569	1.5
卢旺达	893	1.7
圣多美和普林西比	44	0.1
塞内加尔	998	2.3
塞拉利昂	358	1.2
索马里	727	0.9
苏丹	2289	3.7

续表

国家	金额	百分比（2000～2008年）
多哥	310	0.3
乌干达	1575	4
坦桑尼亚	2233	5.7
赞比亚	1035	3.3

注：以2007年美元汇率计算，见 Development Aid at a Glance 2010: Statistics by Region, http://www.oecd.org/document/11/0, 3343, en_ 2649_ 34447_ 2002187_ 1_ 1_ 1_ 1, 00.html。

（三）治理

资金援助是经合组织最主要的减贫援助手段。2010年OECD官方发展援助有望达到1260亿美元，但与承诺的援助比例相距甚远，2009年援助金额为1232.5亿美元，占GNI的0.31%。[①]经合组织成员国的捐赠受限于本国经济状况和主观偏好，取决于关心的对象和项目偏好，与捐助方的道德信仰一致。后者甚至更明显。[②] 非洲在2008年总共获得440.05亿美元援助，人均45美元，仅次于大洋洲的177美元，高于欧洲的42美元。[③] 非洲并非处于捐助方的偏好顶端。还有研究发现，OECD成员国对发展中国家的援助额度与两国之间的贸易存在函数联系，OECD成员国从受援国进口越多，其对该国的援助越少，反之亦然。[④] 援助

① 见OECD援助历史数据，http://webnet.oecd.org/dcdgraphs/ODAhistory/。

② Hendrik P. Van Dalen, Mieke Reuser, "What Drives Donor Funding in Population Assistance Programs? Evidence from OECD Countries", *Studies in Family Planning*, 2006, 37 (3): 142.

③ 见OECD官网数据，http://www.oecd.org/dataoecd/40/27/42139250.pdf。

④ Erik Lundsgaarde, Christian Breunig, Aseem Prakash, "Trade Versus Aid: Donor Generosity in an Era of Globalization", *Policy Sciences*, 2007, 40 (2): 157.

也受到外交政策的影响，在不同的外交政策组合方式中，援助所占的比重也不一样，援助具有很强的可替代性，发达国家的官方发展援助是其寻求国家权力的手段和途径，其授受不确定。①

增强援助的有效性成为经合组织面临的紧迫课题。2005 年 3 月，100 多个援助国和受援国参加了在巴黎举行的关于有效援助的高层论坛。最后由 61 个多边和双边援助者、56 个受援国和 14 个公民社会组织共同签署了《巴黎有效援助宣言》（以下简称《巴黎宣言》）。

《巴黎宣言》对提高援助效率的 5 个方面又提出了更加具体的 12 个指标，并针对这 12 个指标分别设立了到 2010 年所要达成的目标，后来还补充了数量指标。这样，《巴黎宣言》就从总体上对国际援助体系提出了新的要求，并指明了国际援助体系短期内的发展方向。

《巴黎宣言》的目标是通过提高发展援助的效率和提高效果，使大型发展援助符合受援国的具体需要，改进所有权结构，实现同盟和协调，这个过程中强调结果导向性管理与双方的诚信合作。其中，援助同盟（Aid Alignment）关注对合作国重点发展项目的援助支持，确保受援国具有相应的战略规划和财政能力来执行这些项目。援助同盟尽可能地使援助支持更及时、迅速，并减少限制性援助（限制性援助是指该援助资金仅能用于购买援助国的产品或服务，有利于援助国的经济发展）；援助协调（Aid Harmonization）要求援助机构相互之间协调行动，避免

① Glenn Palmer, Scott B. Wohlander, T. Clifton Morgan, "Give or Take: Foreign Aid and Foreign Policy Substitutability", *Journal of Peace Research*, 2002, 39 (1): 5.

重复。

《巴黎宣言》的主要设计所有权、援助机构协调和联合以及多边责任领域，对于援助国和受援国都是重要问题，因此各国都不断强调执行《巴黎宣言》的重要性。2006 年 3 月在巴马科召开的讨论会就探讨了《巴黎宣言》的影响和执行，重点讨论了多边机构的协调和合作。援助协调的另一个里程碑是于 2008 年举行的第三届高层论坛。经济合作发展组织的发展援助委员会有效援助工作组将负责《巴黎宣言》及其 2010 年预定目标的执行①。

小　　结

国际减贫机制主要分为两类：多边减贫机制和双边减贫机制。联合国机制和世界银行、国际货币基金组织属于国际多边援助机制；经合组织属于双边援助机制。地区性机制和国家之间的机制不属于本书讨论的范围。

联合国系统内主要减贫机制有联合国大会制定的“千年发展目标”、联合国秘书处的《2001～2010 十年期支援最不发达国家行动纲领》、联合国开发计划署的行动方案和组织机构。世界银行和国际货币基金组织提出了“重债穷国动议”减贫方案，世界银行集团成员之一的国际开发协会是国际金融机制中专业的减贫机构。世界银行为低收入国家制定《综合发展框架》，协助低收入国家编制《减贫战略文件》。

① 黄梅波、王璐、李菲瑜：《当前国际援助体系的特点及发展趋势》，《国际经济合作》2007 年第 4 期，第 49～50 页。

经合组织是当前最大的发展援助和减贫双边国际机制，经合组织本身并不直接实施援助项目，主要是为援助提供数据收集和分析等技术支持，同时也是项目审核监督的中心。经合组织通过援助报告机制进行同行审查，提高援助的有效性和可预测性。

第三章　重叠的国际减贫机制

根据本书对国际机制重叠类型的分析，考察减贫国际机制的重叠可以从问题领域重叠、行为体重叠、治理重叠三个方面入手。问题领域的重叠凸显了这些国际机制对贫穷的认定标准相互冲突，反映了这些国际机制对贫穷的认识比较模糊。行为体的重叠体现了国际机制参与者对身份和角色定位不清，降低了国际机制的治理能力，分散了减贫资源的配置，不利于形成减贫的合力。治理手段主要有知识援助和资金帮助，这在一定程度上能达到相互配合、相互促进的减贫效果。然而，由于对致贫原因认识上存在的分歧、政治价值观偏好等，这些国际机制在提供减贫解决方案时相互矛盾。而且由于减贫资源的稀缺，手段多样也意味着资金分散，无法集中有效资源解决突出的贫穷问题。

第一节　问题领域的重叠：何为贫穷

国际机制认定贫穷的标准主要有收入标准、日均消费额、人均 GDP、负债率等经济性指标，但随着对贫穷认识的加深，学术界对贫穷的认识日益多维，普遍认为贫穷不仅仅是经济上的贫穷，贫穷是多元多维的。

“人类贫穷”是联合国开发计划署在《1997 年人类发展报告》中提出的一个新概念。《报告》对“人类贫穷”的解释是，贫穷不仅仅是缺乏收入的问题，它是一种对人类发展的权利、长寿、知识、尊严和体面生活等多方面的剥夺。可见，“人类贫穷”比“收入贫穷”具有更宽泛的内涵，它是从人的全面发展、生活质量和基本权利等方面来考察、分析和测量贫穷问题。“收入贫穷”偏重钱和物，是人们对贫穷的传统理解，属狭义贫穷概念；而“人类贫穷”则体现了一种以人为中心、重视人的体面生活和基本权利的新的扶贫理念，属广义贫穷概念。衡量某个发展中国家、某一地区的人类贫穷程度，是用人类贫穷指数 HPI 来评价，指数越大，贫穷程度越深。以人为本的贫穷定义反映了穷人的减贫需求与发展中国家的减贫需求是不一致的。这种差别主要是由长期目标与短期目标、竞争稀缺的援助资源、发展中国家政府中的穷人代表性不足等导致的。[①] 因此，测定贫穷应该以穷人为中心。

传统贫穷或生活质量的测量方法通常是基于家庭净货币收入或者家庭消费，并确定一条基准线。[②] 如果一个人的收入低于贫穷线，传统的方法将定义这个人为贫穷。贫穷线可以是主观的、客观的或者混合的。一个国家贫穷线的确定方法通常有食物、消

① Uma Lele, Christopher Gerrard, “Global Public Goods, Global Programs, and Global Policies: Some Initial Findings from a World Bank Evaluation”, *American Journal of Agricultural Economics*, 2003, 85 (3): 691.

② 最早的贫困线起源于 19 世纪 80 年代英国伦敦，Charles Booth 最早使用这个术语，他把伦敦人分为 in poverty 和 in comfort。伦敦学校委员会根据贫困线给穷人减免学费。Alan Gillie, “The Origin of the Poverty Line”, *The Economic History Review*, 1996, 49 (4): 715.

费或平均数的百分比，或总收入分配的中位数。除了收入以外，对贫穷进行货币测量的其他方法包括消费支出和储蓄。也就是说，传统的测量方法根据人们的总收入或总消费考虑个人或国家的生活质量。

20世纪60年代，欧洲出现了发展社会指标的运动，从衡量收入的平均值转为衡量经济活动的结果。阿特金森等人把欧洲国家最常用的社会指标按照金融、教育、就业、卫生、社会参与和住房等维度进行分类。欧盟委员会的工作加强了向社会指标发展的趋势，在全球范围内，一些国际组织为社会指标的发展做出了贡献。在发展中国家关于方法和结果的辩论中，阿玛蒂亚·森的能力方法论占据了主导地位。阿玛蒂亚·森提出，人类的福祉应该通过直接观察人的能力，即人们能做什么和做成什么进行衡量，这些构成发展的结果。这种人们的内在价值被定义为自由，因此，他们不能被外部的力量强加。能力方法是一种多维度的测量贫穷和社会福利的方法，该方法不仅描述了经济和社会部门引起的贫穷和生活的社会变化，而且全面描绘了人们对自由价值享有和缺乏的状况。虽然阿玛蒂亚·森的能力方法关注发展的结果，但是人们也非常关心识别方法的效率问题。阿玛蒂亚·森已确定5个有关自由衡量的工具，都与经济发展成就紧密相关：政治自由、经济设施、社会机会、透明性和安全性。能力方法在关注人类发展结果方面极具吸引力，并且是开放和灵活的，包括社会福利方面的测量维度、如何选择、每个维度的相对权重、识别贫穷的最终截断点。①

① 中国国际扶贫中心：《贫困和福利的多维测量》，《国际减贫动态》2010年第5期，http：//www.iprcc.org.cn/front/article/article.action？id=788。

1990年联合国开发计划署发表了第一部《人类发展报告》，把发展定义为扩展人类选择权的过程，强调人类享有健康的自由、受教育的自由、能过上体面生活的自由。但是它也阐明人类发展和人类福祉远远超出了这些维度，涵盖更为广阔的能力范畴，包括政治自由、人权。最初仅使用了一些基本数据，如国民收入、预期寿命、识字率等。这些数据不能完全反映人类的生存发展状况，缺乏对人类自由的定量测度。正如亚当·斯密所说的“与人相处而不感到羞愧的能力”。[①] 所以，2010年《人类发展报告》转变了立场，主张从人的角度测度发展，提出：“人是国家的真正财富。”[②] 2010年《人类发展报告》由联合国秘书长潘基文、UNDP署长海伦·克拉克和诺贝尔奖获得者阿马蒂亚·森共同发布。阿马蒂亚·森曾协助系列《人类发展报告》的创始人、已故经济学家马赫布卜·乌·哈克为1990年首部《人类发展报告》设计了HDI。

2010年联合国开发计划署提出了“多维贫穷指数”（Multidimensional Poverty Index，MPI）。多维度的方法从传统的单维度方法中脱离出来，这种方法反对一维测量。使用单一指标的困难包括人们对收入在多大程度上转变成效用的争论：收入转变成效用时人和环境的异质性、公共部门的作用和贡献、政治的局限性和市场不完善等问题。多维贫穷指数是一种衡量贫穷的新方式，由联合国授权和支持的“牛津贫穷与人类发展项目”小组于2010年发布在联合国开发计划署发布的《人类发展报告》中，多维贫穷指数取代了从1997年开始使用的人类贫

---

① 联合国开发计划署：《人类发展报告》，2010，第2页。

② 联合国开发计划署：《人类发展报告》，2010，第1页。

穷指数，即以日均花费1美元作为划分贫穷人口界限的旧标准。多维贫穷指数涵盖了单位家庭的关键因素，通过教育、健康、财产、服务、是否享有良好的烹饪材料、学校教育、电力、营养和卫生系统等主要变量来测算贫穷水平。多维贫穷指数比简单的收入数据更全面地展现出贫穷现实，能反映从家庭、地区到国家等多层次的贫穷事实，表明贫穷是多方面的，也是多维度的，完善了以货币收入为主要指标的统计体系，更具有科学性和系统性。当然，这一指标体系同样存在不足。首先，在统计中很难获得连续的数据，对存量数据（如儿童死亡率等）很难进行统计。其次，数据密度分布不均，有关健康的数据覆盖范围太小。最后，多维贫穷指数无法反映贫穷人群内部贫穷分布的状况。

世界银行在《1990年世界发展报告》中对“贫穷”的定义是：“缺少达到最低生活水准的能力。”其“最低生活水准”的内容既包括收入或消费，又包括医疗卫生、预期寿命、识字能力等。10年之后，世界银行在《2000～2001年世界发展报告》中，明确提出了广义的贫穷概念，并将其定义为：“贫穷是指福利的被剥夺状态。”那么，福利被剥夺的含义又是什么呢？报告解释道，贫穷不仅指物质的匮乏，而且还包括低水平的教育和健康；除此之外，贫穷还包括风险和面临风险时的脆弱性，以及不能表达自身的需求和缺乏参与机会。显而易见，世界银行报告所说的福利是一种广义福利的概念，它不仅包括物质福利，而且还包括文化福利和政治福利；贫穷实际上是指广义福利被剥夺的状态。这种广义贫穷的概念，可以使人们更加深入全面地了解贫穷产生的原因，从而制定更加系统全面的反贫穷战略和政策，采取对抗贫穷的更加广泛的行动。

即便这样，对于贫穷的定义还是充满争议的，定义贫穷不应该脱离历史，要从历史的变化来观察贫穷。贫穷应该是相对性的指标，而非绝对性指标，只有通过比较才能识别贫穷。贫穷是一种社会排斥，从社会角度定义贫穷更能识别和认识贫穷。用收入来识别贫穷过于简单化，给贫穷干预阶段带来了许多盲点。① 穷人内部的贫穷差异也不容忽视，不应简单化地忽视穷人的差别。② 不同人群也有不同的贫穷指标，许多机构制定的贫穷指标不符合族群特征，把一些外部的指标强加到不同人群身上，忽视了贫穷的分布特征。定义贫穷应该是个连续的活动，贫穷是一系列关于家庭财产的决定。③ 这样的贫穷定义更符合实际情况，更具现实性。当然，不同视角会得出不同的结论，对贫穷的定义将成为学术界的永恒话题。

一　联合国机制对贫穷的界定

千年发展目标突出了贫穷的经济性指标，但同时指出了贫穷是多维多元的现象，认为贫穷是人的贫穷，而非国家的贫穷。2000 年 9 月，在第 55 届联合国千年首脑会议上，世界各国领导人就消除贫穷、饥饿、疾病、文盲、环境恶化和对妇女的歧视问题，制定了一套有期限但也能够测量的千年发展目标。千年发展目标的第 1 个目标就是根除极度贫穷和饥饿：在 2015 年底前，

① Ashwani Saith, "Poverty Lines versus the Poor: Method versus Meaning", *Economic and Political Weekly*, 2005, 40 (43): 4601.

② David Brady, "Rethinking the Sociological Measurement of Poverty", *Social Forces*, 2003, 81 (3): 742.

③ Deb Johnson, "Insights on Poverty", *Development in Practice*, 2002, 12 (2): 129.

使世界上每日收入低于1美元的人口比例和挨饿人口比例降低一半。① 这一指标是经济性指标。同时，第2~6个目标则指向了教育、性别平等、婴儿死亡率、孕产妇健康、艾滋病等重大疾病防治等指标，这些指标既是发展指标，也是贫穷指标。

联合国经济和社会委员会则用人均GNI界定最不发达国家，而不像联合国大会那样只认定人的贫穷，而不界定国家的贫穷。2003年联合国经济和社会委员会制定了3条标准用以认定最不发达国家。

（1）低收入标准：3年内每年人均国内生产总值（GDP）不高于750美元，超过900美元就不属于最不发达国家。

（2）人的发展标准：由营养、健康、教育、成人识字率等指标决定的人力资本指数（Human Assets Index）。2006年确定的最不发达国家人力资本指数门槛是58，超过64就不属于最不发达国家。

（3）经济脆弱性标准：由农业生产、货物及服务出口、制造业与现代服务业发展、商品出口集中度、经济规模和受灾人口等指标决定的经济脆弱指数。2006年审查确定的最不发达国家经济脆弱指数为42，低于38的国家就不属于最不发达国家。

联合国开发计划署对贫穷的认定标准不统一，比较混乱。它把发展援助的对象确定为最不发达国家和低收入国家。联合国开发计划署对低收入国家的认定采用了世界银行的标准，即人均GDP低于1000美元的国家属于低收入国家，但最不发达国家的认定标准却与世界银行不一致，世界银行没有从数量上确定最不

---

① 根据联合国粮农组织的标准，每天摄入的热量不足1800卡路里为饥饿人口。2010年已经达到10.2亿人，较上年增加了11%。非洲撒哈拉以南地区的饥饿人口比例最高，约为32%。

发达国家的标准。

然而，联合国开发计划署每年发表的《人类发展报告》对贫穷的测度采用了多维指标，尤其是2010年的《人类发展报告》提出了“人的贫穷”的核心概念，编制了多维贫穷指数（见图3－1）。多维贫穷指数更全面地展现出贫穷的现实，更具有科学性和系统性。①

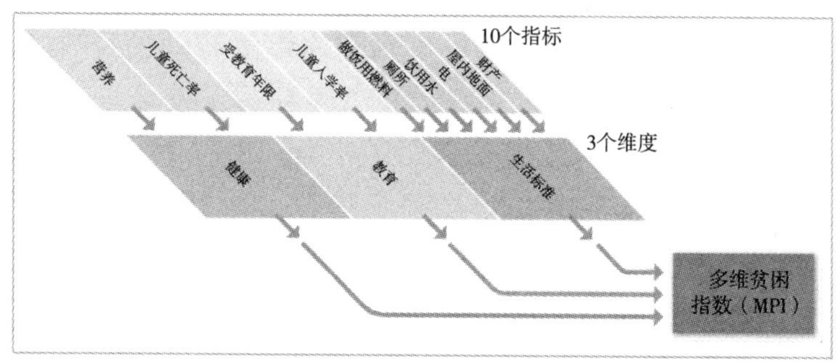

图3－1　多维贫穷指数（MPI）体系

资料来源：联合国开发计划署：《人类发展报告》，2010，第91页。

多维贫穷反映每个家庭被剥夺的程度，指数有10个指标，总分是10，分值越高，贫穷程度越严重。10个指标总共分为3个维度，每个维度权重相同，最高分值是10/3。健康维度和教育维度各有2个指标，每个指标分值为5/3（1.67），生活维度有6个指标，每个指标分值为5/9（0.56）。贫穷与非贫穷的分界值是3。如果数值大于3，则说明该家庭属于多维贫穷；在2～3之间，则表明比较脆弱，具有转变为多维贫穷的风险。多维贫穷指数通过两个指标来计算：多维贫穷人口比重和贫穷强度。

① Jean-Yves Duclos, David E. Sahn, Stephen D. Younger, “Robust Multidimensional Poverty Comparisons”, *The Economic Journal*, 2006, 116 (514): 943.

前者指多维贫穷人口占总人口的比重，后者指贫穷人口平均剥夺数与加权成分指标个数的比例。多维贫穷指数就是两者的乘积，即多维贫穷指数代表陷入多维贫穷的人口比重，根据所遭受剥夺的强度进行计算。

世界银行基于上述广义贫穷的概念，在《2000～2001 年世界发展报告》中，针对贫穷群体福利被剥夺状况，提出了 21 世纪参与性综合减贫战略框架。

（1）扩大经济机会：通过市场和非市场行动的结合，使穷人积聚资产并且提高其资产的回报，增加穷人的经济机会和收入。

（2）促进参与赋权：使国家制度对穷人更负责、对其需要做出及时反应，提高穷人在政治进程、地方决策和社区管理中的参与度，取消来自性别、民族、种族和社会地位差距方面的社会障碍。

（3）加强安全保障：建立社会保障机制，减少疾病危害、经济灾难、自然灾害和暴力等对穷人造成的伤害，帮助穷人化解风险。

此前，1997 年联合国开发计划署在《人类发展报告》中采用“人类贫穷”标准来认定贫穷，指出贫穷不仅仅是缺乏收入的问题，它是一种对人类发展的权利、长寿、知识、尊严和体面生活标准等多方面的剥夺。联合国开发计划署还编制了人类贫穷指数（HPI）来衡量国家、某一地区的人类贫穷程度。HPI 由以下三组指标综合计算而成。

一是对长寿的剥夺（P1）——以不能活到 40 岁的人口占总人口的百分比来表示；

二是对知识的剥夺（P2）——以成人文盲率来表示；

三是对体面生活的剥夺（P3）——用两个指标（无法持续获

得改善的水源的人口和相对年龄体重不足的儿童）的非加权平均数来表示。

贫穷指数 HPI 计算公式如下：HPI = ［1/3 （P13 + P23 + P33）］1/3。

联合国对贫穷认识的转变源于对非洲本土知识的认知。本土知识具有地域性特征，它是特定地理区域内的居民处理人与自然关系、创造生存手段、获取生存条件的知识。本土知识根植于原住民社区的社会实践、制度、关系、习惯和器物之中，是传统文化的重要组成部分。本土知识具有经验性、民间性、乡土性的特点，因而易于流失。本土知识是生产、生活中不断经过试错而逐渐积累起来的，主要在乡村社会中通过口口相传、亲身模仿而代代相传，其存在形式很少转化为系统性的文字文本形态，因而也往往难以划分其技术性与非技术性、理性与非理性的界限。本土知识与农业生产、人类健康、生物多样性保护、自然资源管理，以及教育和知识创新密切相关。本土知识是原住民社区决策判断的基础，是贫困人群和非主流文化社区的重要权利、生存手段和可再生财富。① 如联合国发展指标体系中的识读能力、教育年限、寿命、婴儿死亡率、食品热量、福利、良治、参与等都是西方话语体系和现代西方文明的概念，与本土知识严重割裂。为此，联合国在引入可持续发展概念时十分注意吸收本土知识的养分，把本土知识纳入可持续发展的评价体系中，如少数民族发展、本土语言文字保护、民族医药知识的传承、自然和人文环境的保护等。联合国环境与发展大会的《环境与发展宣言》《21 世

① 刘鸿武、张永宏、王涛：《基于本土知识的非洲发展战略选择——非洲本土知识研究论纲》（上），《西亚非洲》2008 年第 1 期，第 29 页。

纪议程》《气候变化公约》《生物多样性公约》等都把环境问题作为核心议题。联合国开发计划署（UNDP）认为，要把本土、传统、地方性知识整合到决策系统中来，把专家知识与传统经验结合起来，为可持续发展服务。

虽然认识上的转变开拓了减贫思路，但是在实际操作中，多维贫穷的概念还难以落实，许多官方和非官方的减贫战略依然将收入作为贫穷认定的标准。多维贫穷依然缺乏有效的操作方法和手段。把多维贫穷观测指标体系转化为可操作的作业程序是这一理论的当务之急。①

二　国际金融机制对贫穷的界定

以世界银行和国际货币基金组织为代表的国际金融机制从理论上肯定了贫穷不仅是收入和消费的贫乏，而且是一种被剥夺的状态，对贫穷的监测采用了量化的经济性指标。

（1）在世界银行每年发布的《全球监测报告》中，把生活水平低于每天 1.25 美元的人群视为贫穷人口。从这一监测方法可以看出，世界银行把日均消费额作为测度贫穷的标准。

（2）国际开发协会的借款资格反映了获得援助的门槛，援助的资格取决于人均国民收入的高低。人均国民收入就是甄别穷国的标准。2011 年的借款资格是 1165 美元/人。

（3）世界银行和国际货币基金组织在“重债穷国动议”中把负债率作为界定穷国的标准，即债务与出口比净现值达到 150% 或者债务与收入比净现值达到 250% 。对于某些出口额占

① Caroline Dewilde, “The Multidimensional Measurement of Poverty in Belgium and Britain: A Categorical Approach”, *Social Indicators Research*, 2004, 68 (3): 331.

GDP 40%以上的开放经济国家和财政收入占GDP 20%以上的国家，其外债要达到财政收入的280%，才具有债务减免的资格。

三　双边援助机制的穷国标准

经合组织是最大的双边援助机制，它借鉴了联合国经社理事会的“最不发达国家”标准，同时也采用了人均国民收入（GNI）的经济性指标，它把最不发达国家和其他人均国民收入低于935美元（2007年比价）的低收入国家作为发展援助的对象。

这些国际机制都有自己的穷国标准，这些标准的评价指标各不相同，评价的着眼点也不同。有的从人的贫穷角度来衡量国家的贫穷，有的直接界定穷国的身份。虽然如此，这些国际机制还是有一些共同点的。联合国经社理事会确认的最不发达国家得到了经合组织的认同，多维化的贫穷概念得到所有国际减贫机制的认可，人均国民收入的标准得到了经合组织和联合国开发计划署的采纳，世界银行和联合国大会都把日均收入（消费）作为测量贫穷的标尺。最重要的是，这些国际减贫机制都把实现千年发展目标作为政策导向。

有鉴于此，国际减贫机制应统一采纳最不发达国家的标准，实现对贫穷认定标准的统一。

第二节　行为体：身份与角色

在减贫国际机制中，行为体可以分为两类：援助国和受援国。援助国就是指对穷国实施发展支持和帮助的主权国家，这些国家因为参与了国际多边援助机制，对国际社会做出了援助承诺，承担一定的援助义务。受援国是指接受发展援助的国家。在减贫国际机制中，只有符合特定的条件才具备接受援助的资格。不同的国际机制对援助对象的资格条件有不同的规定和限制，对援助领域也做出了不同的规定。

一　援助国

援助国实施对外援助，其动机可以从政治、经济、安全三个角度考虑。摩根索（H. Morgenthau）认为，对外援助的理念分为人道援助、维持援助、军事援助、收买援助、威望援助与经济发展援助6种。在他看来，除人道援助外，其他几种援助都带有政治目的，即便是人道援助也会受到政治外交的影响。[①] 通过对外援助换取地缘安全利益，以援助来支付安全成本，也是援助国的意图。西方国家通常采用人权、民主、良政等标准遴选援助对象，以援助换取政治价值，从而深刻影响受援国的对外政策。以援助换取经贸利益几乎是各国通行的做法，也具有公认的正当性，尤其是西方市场经济国家，通常把对外援助作为经贸外交的辅助手段。通过对外援助，援助国与受援国维持良好的经贸关系，敦促受援国开放本国市场，降低关税，定向进口援助国的指定物资和装备，改善当地投资环境，维护与官方之间的友好关系，刺激出口和对外投资，稳定和扩大产品市场和原材料供应等，尤其是一些关键资源（如石油、天然气、稀有金属等）对援助国经济至关重要。

无论是双边援助，还是多边援助，援助国或捐款国都必须维护本国利益，尽量扩大本国国际影响力，提高参与国际机制的能

---

① Hans J. Morgenthau, "Preface to a Political Theory of Foreign Aid", in John F. Kennedy, Robert A. Goldwin, *Why Foreign Aid?*, Chicago: Rand McNally, 1963: 71 - 72.

力和水平，增强对外权力。

（一）联合国机制

在联合国机制下，联合国大会及其所属机构和基金，如联合国开发计划署、联合国贸易和发展会议、联合国资本发展基金、联合国粮食计划署、联合国人类住区规划署、联合国社会发展研究所、联合国大学、联合国儿童基金会、联合国人口基金、联合国艾滋病联合规划署都具有发展援助的功能，这些机构的参与者都是联合国成员国，其中联合国粮食计划署共包括 36 个国家。目前联合国成员国共有 193 个国家，这些国家都可以成为援助国。

联合国经社理事会下属的非洲经济委员会（非洲经委会）是联合国总部行政领导下的五个区域委员会之一。

联合国秘书处下属的“最不发达国家、内陆发展中国家和小岛屿发展中国家高级代表办事处”（OHRLLS）和 2003 年 5 月 1 日正式设立的非洲问题特别顾问办公室，都是减贫国际机制的组成部分。

联合国内部跨部门机构——联合国发展集团也具有发展援助功能。它是根据联合国原秘书长安南的改革设想，由从事发展援助及相关活动的联合国方案、基金和机构组成。

在联合国机构中，联合国开发计划署是一个从事发展援助和减贫的专门组织，资金源自成员国的自愿捐款。开发署的经费主要来自各国的自愿捐款（称为核心资源），其资金拥有量占联合国发展援助系统总资源的一半以上。此外，开发计划署还接收多边捐款、双边捐款、项目所在国捐款和向其他联合国机构的捐款，如联合国资本发展基金（UNCDF）、联合国妇女发展基金（UNIFEM）和联合国志愿人员（UNV）。2008 年自愿捐赠的核心资金达到11亿美元。联合国资本发展基金主要来源于成员国的自愿捐款，以及受援国政府、国际组织和私营部门的合作资金，所从事项目的规模都很小，一般都与联合国开发计划署的项目合作进行，每年大约2000万美元。联合国粮食计划署接受的捐助都是自愿的。各国政府的捐助是资金的主要来源。目前共有60多个政府承诺为粮食计划署的人道主义和发展项目提供资金。联合国人口基金会的资金来源于各国政府和私人的捐款。联合国儿童基金会的资金完全来自政府、个人和企业以及其他基金会的自愿无偿捐赠，每年资金来源中有1/3来自私营企业。

联合国各系统的工作是通过联合国国别小组来实施的。联合国国别小组由联合国所有驻所在国机构的代表组成，一般设有协调代表办公室，联合国系统的协调代表一般由联合国开发计划署代表担任，负责协调落实联合国的各个项目。各个专题组（工作队）都由一些联合国机构作为核心成员并发挥作用，与拥有共同利益的政府、双边捐助方和民间社会以合作伙伴的形式开展合作。虽然联合国驻当地的每个组织的使命各不相同，拥有各自的项目和计划，但联合国国别小组（UNCT）通过国别发展援助框架，确保各组织实施的项目能够相互补充，协调进行，为受援国提供最佳服务与支持。目前联合国在非洲24个国家设立了协调代表办公室。

联合国国别发展援助框架（UNDAF）是联合国系统对成员国的发展进行共同援助的指导方案，是由联合国国别小组制定的发展援助战略规划。国别小组根据联合国发展集团的指导手册和技术规范，在对受援国进行调查研究的基础上，制定出规范的国别发展援助框架。

国别发展援助框架制定的全过程要充分吸收所在国的各级政

府组织、民间组织、社团组织、NGO 及有关发展合作伙伴的积极参与，要突出以下指导思想：①全程坚持国家主导原则；②与受援国发展战略的优先目标保持一致；③联合国系统内各机构的充分参与；④根据受援国实际情况，全面整合 5 条基本原则，即基于保障人权的发展方式、性别平等、环境可持续性、基于结果的管理、能力提升；⑤共同承担发展责任。

为提高援助效率，国别小组在与受援国接触中要从始至终坚持国家主导、合作伙伴关系、凸显比较优势、效果最大化和明晰责任。这就要求国别小组在制定和实施发展援助框架时要尊重受援国自主权，与各利益攸关方广泛合作，平等参与发展援助，共同承担责任，发挥自身专业知识和援助资源优势，追求援助效果的最大化。

制定国别援助框架首先要制定路线图，确定各方磋商机制，制定项目周期，与受援国发展规划周期保持高度一致；其次，要对受援国进行充分的调查研究，确定援助目标和资金投入；再次，制定战略规划，制定援助目标矩阵；最后，进行全程监控和评估。制定监控和评估计划，每年对项目进行一次审查，援助周期结束后提交发展援助报告总结，最后进行项目评估。

虽然从机制设计上来看，联合国机制内部的行为体能够统一协调开展对非援助，但事实上，联合国机制内部各机构具有相当大的独立性和自主性，不像民族国家政府一样具有中央集权的能力。各机构在援助方式方法上不存在必然的关联，无法形成统一的行动能力。各机构的成员国之间话语权分布相差甚远，各机构的主导国家也不同，援助的能力和效果无法保障。

（二）国际金融机制

在国际金融机制下，对穷国进行发展援助的主要是世界银行集团下属的国际开发协会。[①] 国际复兴开发银行虽然也具有援助的功能，但其援助对象为中等收入国家，因此，本书不将其视为减贫组织。国际货币基金组织也会向穷国提供信贷支持，但其援助的目标主要是稳定发展中国家汇率，帮助发展中国家应对国际支付危机，提供短期融资服务等，其援助的性质不属于发展援助。国际复兴开发银行拥有 188 个成员，几乎包括了全世界所有国家；国际开发协会拥有 172 个成员，国际金融公司拥有 184 个成员，多边投资担保机构拥有 180 个成员，国际投资争端解决中心拥有 150 个成员。国际复兴开发银行的资金通过发行股份募集，截至 2010 年 9 月 30 日，国际复兴开发银行总共发行了 1574.526 亿美元（1944 年美元比价）股份。国际开发协会的资金来源是各成员国认缴的股金、补充资金、世界银行从盈余中拨给该协会的款项、协会业务经营的净收入。捐款国政府和受援国代表每 3 年召开一次会议，审议 IDA 政策和工作重点，决定今后 3 个财政年度贷款项目所需资金规模。截至 2008 年 6 月 30 日，IDA 总共获得认缴股本和捐款的总额达到 177038.35 百万美元。

世界银行和国际货币基金组织还针对多边减债动议成立两期“多边减债基金”，第 1 期多边减债基金向人均收入低于 380 美元的低收入国家提供减债帮助，第 2 期基金向人均收入高于 380 美元的国家提供减债帮助。目前，澳大利亚、比利时、加拿大、荷兰、挪威、瑞士已经参加了信托基金。

世界银行和国际货币基金组织是当今世界最大的两个金融组

① 国际复兴开发银行的援助对象为中等收入国家，国际金融公司的援助对象为发展中国家的私人部门，二者都不属于减贫机制。

织，两者在内部治理结构上具有很多共性。两者同为国际金融组织，旨在扩大成员国之间的经济联系；都是联合国的专门机构，但它们不受联合国宪章约束，都有自己的章程和独立的资金来源。两个机构共享许多资源，国际货币基金组织与世界银行的工作人员都持有联合国护照，机构总部都设在华盛顿，隔街相望，共用一个图书馆和其他设施。机构和人员之间交流频繁，定期交换经济信息，共享数据资源，共同发布分析报告，联合举办专题讨论会，联合发表年度世界经济报告，具有相同的运行和决策机制，组织架构和表决程序一致。

国际货币基金组织和世界银行的最高权力机构都是理事会，由各会员国选派理事和副理事各 1 人组成，任期均为 5 年。副理事在理事缺席的情况下才有投票权。国际货币基金组织的理事通常由各国财政部长或中央银行行长担任。两大机构的主要职能都包括批准接纳新会员国、停止会员国资格以及讨论决定有关重大问题等。国际货币基金组织与世界银行的理事会一般每年举行一次会议。

国际货币基金组织和世界银行的执行机构均为执行董事会，负责日常事务。世界银行的执行董事会由 21 名执行董事组成，而国际货币基金组织执行董事会的成员是 24 人。国际货币基金组织总裁任执行董事会主席，世界银行行长也兼任执行董事会主席。两个执行董事会都由持有股份最多的美、英、德、法、日 5 国占据了 5 个席位，中国和沙特阿拉伯由于拥有一定的投票权也各自选派 1 名执行董事。剩余名额由其他会员国按国家集团或地区分组推选。

国际货币基金组织的总裁和世界银行的行长都由各自的执行董事会推选产生，任期也是 5 年，可连任。国际货币基金组织历任总裁按惯例均由欧洲人担任；世界银行行长由拥有股份最多的美国公民担任。① 世界银行行长一般没有投票权，只有在执行董事会表决中双方的票数相等时才能投关键性的一票。

国际货币基金组织和世界银行的投票权大小都与会员国认购的股本成正比，每一会员国有250票基本投票权。国际货币基金组织按各国所缴纳的份额每10万特别提款权增加1票；世界银行会员国每认购10万美元的股本即增加1票。与基本投票权相加就是该会员国的投票总数。

当下，国际金融机制也受到了国际环境变化所带来的挑战。世界银行和国际货币基金组织拥有的权力非常有限，这些权力在成立之初就受到了创始国的严格限定，而且受到了国际关系变迁的影响。两极格局终结后，国际非政府组织的兴起也削弱了世界银行和国际货币基金组织的话语权。更为关键的是，问题领域的复杂性对世界银行和国际货币基金组织来说是严峻的挑战。为此，国际金融机制必须重申章程，圈定自己的权力范围；重新解释与联合国的关系，与联合国决议发生冲突时必须说明理由；广泛收集信息，信息来源不限于成员国，还应从NGO获得信息；公开承诺保护国际金融机制的私人参与者；与相关专业机构和地区机制合作，如人员交流、专业培训、对话等；建立更开放自由的公共参与机制，如参与决策论坛、建立独立不受成员国左右的专家团队、公开行政管理程序、透明的决策参与等；建立工作人员行为规范等。② 国际金融机制必须对变化做出积极反应才能适

① 2009年G20匹兹堡峰会就取消这两个机构的领导人国籍来源限制达成了意向性共识。

② Daniel D. Bradlow, Claudio Grossman, "Limited Mandates and Intertwined Problems: A New Challenge for the World Bank and the IMF", *Human Rights Quarterly*, 1995, 17 (3): 439-440.

应形势的需要。

（三）双边援助机构：经合组织

经济合作与发展组织是由33个市场经济国家组成的政府间国际经济组织。经合组织在政策研究和分析的基础上，提供一个思考和讨论问题的场所，以帮助各国政府制定政策。经合组织并不发放资金，也不直接实施援助项目，经合组织的工作始于数据收集和分析，进而发展为对政策的集体讨论，然后进行决策和实施。

经合组织成员国有加拿大、法国、德国、意大利、日本、英国、美国等34个市场经济国家。经合组织对成员国的援助标准确定为官方发展援助（ODA）占国民收入（GNI）的比重为0.7%，这一标准得到了国际社会的一致认可。20世纪70年代，在各种国际开发援助会议上，0.7%的援助比重首次得到了国际社会的认同。2005年15个欧盟国家同意到2015年达到这一标准。于是0.7%成了当年欧盟增加官方发展援助的指导标准和政治承诺，2005年八国首脑（G8）格伦伊格尔斯峰会和联合国峰会也以此为标准。

（四）地区组织

非洲联盟也推出了减贫发展机制。2002年7月，德班非盟高峰会通过了非洲发展新伙伴计划战略文件（NEPAD Strategic Framework）和初步行动计划（NEPAD Initial Action Plan），这些行动计划是促进非洲复兴的综合可持续一体化发展行动方案。由于“非洲发展新伙伴计划”是非盟内部的一个机构，因此非洲联盟成员国就是该机制的行为体。截至2010年7月，非盟有53个成员国。非盟并没有设立专门的减贫基金，也没有规定成员国的出资义务，非盟的“非洲发展新伙伴计划”借助世界银行、国际货币基金组织、非洲开发银行和联合国机构的减贫平台和机制，实施“综合发展框架”和减贫战略等相关计划。

欧盟成员国一直大力支持非洲减贫，2007 年 12 月 7 ~ 9 日，来自欧洲和非洲 80 个国家的领导人参加了在葡萄牙里斯本举行的第二届欧盟 - 非洲首脑会议。会议通过了《非洲 - 欧盟战略伙伴关系——非欧联合战略》，以及实施这一战略的行动计划。该计划制定了欧非在实现千年发展目标方面进行合作的行动方案。然而，这一行动方案并不是针对减贫问题的专门计划，而是附带性的减贫国际合作机制，没有专门的资金支持，很多计划无法实施。2010 年 11 月，为期两天的第三届非洲 - 欧盟首脑会议在利比亚首都的黎波里闭幕。会议通过了 2011 ~ 2013 年行动计划，并发表了《的黎波里宣言》。与会者围绕“投资、经济增长和创造就业”的主题以及和平与安全等问题进行了深入探讨和交流，以实现非洲的和平、安全与稳定，增加和扩大欧洲对非洲大陆的基础设施投资，促进非洲经济增长，增加就业机会，改善民生，减少或阻止非洲向欧洲的非法移民，进而维护欧洲的和平与稳定。这一计划同样不是专门的减贫计划，而且双方在欧洲制定的先决条件上分歧很大，非洲国家也不能接受欧盟制定的民主、良政和人权等标准。

欧盟与非洲国家虽然具有联合发展机制，但由于该机制主要不是针对减贫问题，因此，本书未把该机制作为主要研究对象。此外，欧盟成员对非洲减贫的援助大部分采用双边援助的形式，这一援助形式基本都纳入了经合组织机制框架中，因此，对经合组织的分析探讨能覆盖这一问题。

八国集团、巴黎俱乐部、二十国集团等非正式国际机制都没有独立的减贫发展功能，但这些机制通过联合国机制，特别是国际金融机制对减贫国际机制发挥重要作用。对这些非正式机制的研究内容将融入对联合国机制和国际金融机制的探讨中。

（五）国际跨组织机制

千年发展目标非洲指导小组（the MDG Africa Steering Group）由国际货币基金组织、世界银行、伊斯兰发展银行、非洲发展银行、非盟委员会、欧盟委员会和联合国发展集团的领导人组成，联合国秘书长任主席。2007 年 9 月 14 日，联合国秘书长潘基文召集千年发展目标非洲指导小组成员，在纽约召开了首次会议。与会各方发表了联合声明，宣布该小组正式开始运作，并表示将加强各相关发展机构的协调与努力，帮助非洲国家实现千年发展目标。与会各方决定确立有效机制，履行在医疗保健、教育、农业、粮食保障和基础设施等领域对非洲的援助承诺。与会各方将努力保证各自对非洲的发展援助如期兑现，以便非洲国家政府能够对实现千年发展目标的投资需求做出有效的规划。与会各方还承诺将帮助非洲各国政府确定和实施能够实现千年发展目标的适宜策略。

千年发展目标非洲指导小组是一个协调性机制安排，以便督促各方实现非洲千年发展目标，本身的功能仅限于协调督促，并无实质性的行动能力和资金安排。

二　受援国

国际机制对受援国资格做出了规定，只有符合条件的国家才有资格接受发展援助。这些资格条件既是事实性标准，也反映了援助国的外交政策倾向，尤其是一些西方国家对受援国提出了许多政治性条件的限制，必须在人权、良政、民主等方面符合西方国家的价值理念和标准才具有受援资格。受援者应该成为援助的主角。援助者与受援者之间的关系可以从“自主性”（ownership）程度来考量。“受援者在设计和实施本国发展计划时是推动者（driver）”。[①] 当然，对受援条件做出规定能把穷国甄别出来，以便更集中有效地采取减贫措施。

（一）联合国机制的受援国资格：低收入国家和最不发达国家

联合国大会及其下属的各基金和方案、联合国经社理事会、联合国秘书处在各自的减贫机制中对贫穷都做出了明确的规定。

联合国大会在第55届联合国千年首脑会议上发表了《千年宣言》，商定了一套有时限但也能够测量的目标和指标，统称为千年发展目标。千年发展目标可以概括为8大目标，其中第一目标就是“根除极度贫穷和饥饿：在2015年底前，使世界上每日收入低于1美元的人口比例和挨饿人口比例降低一半”。千年发展目标从个体主义出发，把贫穷看作人的贫穷，而不是国家的贫穷，它没有划定贫穷国家的标准，但是划定了人的贫穷标准，即把每日收入低于1美元作为极度贫穷标准。虽然没有明确的国家贫穷标准，但是对国家的减贫目标做出了明确的数量和时间规定，即到2015年底前，使世界上每日收入低于1美元的人口比例和挨饿人口比例降低一半。

联合国大会还把这一标准进行了细分。

指标1：每日购买力平价低于1美元的人口比例。每日收入低于1美元的人口比例指按1993年国际价格每日不足1.08美元为生的人口百分比。每日1美元的贫穷线与每人的消费或收入作比较，包括自给性生产和实物收入的消费。按此贫穷线确定的各

---

① Gerry Helleiner, “Emerging Relationships between Poor Countries and External Sources of Finance: The Case of Tanzania”, *International Journal*, 2002, 57 (2): 227.

国或地区间购买力，常被称为“绝对贫穷线”或极端贫穷量度。

指标2：贫穷差距比（发生率×贫穷程度）。贫穷差距比指将人口与贫穷线隔开的平均距离（给定非贫穷为零距离），以贫穷线的百分比表示。

指标3：最贫穷的1/5人口在国民消费中所占份额。最贫穷的1/5人口在国民消费中所占份额指人口中最贫穷的1/5应计的收入。

指标4：体重不足儿童（5岁以下）的普遍性。儿童（中度或重度）体重不足发生率指年龄体重轻于0～59个月国际参照人口中位数两个负标准变差的5岁以下儿童百分比。国家保健统计中心（保健统计中心）将国际基准人口定为美国的基准，后被世界卫生组织（卫生组织）用于国际一级（常被称为保健统计中心/卫生组织基准人口）。

指标5：低于食物能量消耗最低水平的人口比例。低于食物能量消耗最低水平的人口比例指食物摄入量低于食物能量需求最低水平的人口百分比。这也被称为营养不良发生率，即营养不良人口的百分比。

联合国大会下属的联合国开发计划署是联合国最大的发展援助机构，根据联合国开发计划署执行局第95/23号决定，核心资源分配目标中60%给予最不发达国家，88%给予低收入国家。联合国开发计划署采用了世界银行对低收入国家的标准，即人均GDP低于1000美元的属于低收入国家。根据IDA最新数据，符合受援资格的非洲国家共有38个（见附录非洲国际减贫机制的受援国）。最不发达国家的标准由联合国经社理事会制定，联合国秘书处设置了“最不发达国家、内陆发展中国家和小岛屿发展中国家高级代表办事处（OHRLLS）”，负责最不发达国家减贫问题。联合国开发计划署把最不发达国家和低收入国家作为援助对象。

根据联合国数据，2010 年最不发达国家总共有 39 个，其中 33 个在非洲。

（二）多边国际援助机制——国际金融机制：低收入国家和重债穷国

世界银行和国际货币基金组织是当今世界两大金融机制。国际货币基金组织通过运作一系列融资贷款来帮助处于支付平衡困难的成员国通过适当地改变政策来解决其问题。国际货币基金组织主要是为稳定各国宏观经济政策而提供资金信贷的国际金融机制，它一般不提供直接的发展援助，但它可以通过“重债穷国动议”等减贫机制为穷国提供减免债务的帮助，因此也具备发展援助的功能。

世界银行集团下属 5 个机构：国际复兴开发银行、国际开发协会、国际金融公司、多边投资担保机构和解决投资争端国际中心。其中国际开发协会是世界上规模最大的向最贫穷国家提供无息贷款及赠款援助的资金来源，是官方发展援助的主要机构。国际复兴开发银行主要向中等收入国家提供信贷。国际金融公司是一个商业信贷机构，配合世界银行的业务活动，向成员国特别是其中的发展中国家的重点私人企业提供无须政府担保的贷款或投资，不具备官方发展援助的功能。多边投资担保机构的任务是通过向投资商和贷款商提供政治风险担保来推销外国直接投资，并通过提供技术和资源来帮助新兴国家吸引和保留投资。解决投资争端国际中心为外国投资者与东道国政府之间的投资争端提供了国际解决途径，后两个机构都不具备官方发展援助的作用。

世界银行和国际货币基金组织实施了“重债穷国动议”，为深陷债务泥淖的穷国提供减债帮助。这两个组织把“重债穷国”作为官方发展援助的对象。

多边减债动议进一步扩大了减债范围，向低收入国家提供债务减免。人均收入低于380美元、2004年底前在IMF仍有负债的国家也具备减债资格。为符合IMF对所有国家一视同仁的原则，IMF后来规定，只要人均收入低于380美元的国家都有资格从第一期信托资金（MDRI-Ⅰ Trust）获得减债；人均收入高于380美元的重债穷国也可以从第二期信托资金（MDRI-Ⅱ Trust）中获得减债。

截至2010年7月1日，非洲有24个重债穷国从多边减债动议中受益。其中布基纳法索、布隆迪、刚果（金）、埃塞俄比亚、冈比亚、加纳、利比里亚、马达加斯加、马拉维、马里、莫桑比克、尼日尔、卢旺达、圣多美和普林西比、塞拉利昂、坦桑尼亚、乌干达17个人均收入低于380美元的国家从第一期多边减债资金（MDRI-Ⅰ Trust）获得减债帮助；贝宁、中非、刚果（布）、喀麦隆、毛里求斯、塞内加尔、赞比亚7个人均收入高于380美元的国家从第二期多边减债资金（MDRI-Ⅱ Trust）获得减债帮助。

科摩罗、乍得、几内亚比绍、科特迪瓦、几内亚、多哥6国处于决策点向完成点过渡阶段。厄立特里亚、索马里、苏丹3国尚未到达决策点。这9个国家尚无减债资格。

国际开发协会的借款资格取决于人均国民收入的高低，这一标准是变动的，每年都不一样，2011年的借款资格是1165美元。IDA既向那些没有资格向国际复兴开发银行贷款的小型岛国提供贷款，同时也向印度、巴基斯坦等国际复兴开发银行资格国发放贷款。目前，79个国家有资格从IDA借款，涵盖了25亿人口，其中一半在发展中国家，大概 15 亿人日均消费 2 美元以下。非洲共有 38 个国家具备借款资格。

（三）双边援助机构——经合组织：最不发达国家和低收入国家

经合组织把减贫发展援助对象确定为最不发达国家和低收入国家。根据 2008 年审核名单和 2009 年增补名单，受援国分为四类：最不发达国家、其他低收入国家、中低收入国家、中高收入国家。最不发达国家中有 33 个非洲国家；其他低收入国家中有 5 个非洲国家（科特迪瓦、加纳、肯尼亚、尼日利亚、津巴布韦）。经合组织每年对这些国家进行一次审核。2010 年 6 月经合组织公布了新的名单。

根据经合组织的标准，非洲有 33 个最不发达国家和 5 个其他低收入国家具备受援资格，总共 38 个受援国。虽然如此，经合组织成员国在选择援助对象时也有明显的利益倾向，美国将其 1/3 的援助资金投向了埃及和以色列；法国投向了它的前殖民地；日本的资金流向则和联合国的投票方式有关。此外，对受援国规定了许多限制性条件，导致援助失败，表现在提供援助时附带有利于援助国而不利于受援国的条件。[①] 例如，世界银行及国际货币基金组织在借贷条件上强迫加纳开放国内稻米市场，加上世贸组织施行不公平的贸易规则，以致大量美国廉价米进入加纳。尽管加纳农民生产的糙米营养价值较高，但加纳人宁愿选择受美国政府补贴生产的廉价米。非洲棉农几乎被享受美国补贴的棉花击垮。非洲共有 33 个国家 2000 万棉农靠种植棉花为生。自

---

① 李安山：《全球化视野中的非洲：发展、援助与合作——兼谈中非合作中的几个问题》，《西亚非洲》2007 年第 7 期，第 11 页。

2003年以来，西非的棉花价格逐年下跌。在美国，每英亩（6072市亩）棉花地享受政府补贴230美元；2004～2005年，美国政府共补贴棉农42亿美元。同年，布基纳法索的棉花虽获丰收，却遭受8100万美元的损失。

由此可见，国际减贫机制在受援国标准上无法达成一致。虽然国际减贫机制普遍采用了最不发达国家的分类标准，但同时也使用其他标准。联合国关于最不发达国家的标准也没有被其他国际机制普遍采用，有些国际机制还采用了低收入国家和脆弱国家等分类标准。世界银行有低收入国家的标准，脆弱国家得到了世界银行和经合组织发展援助委员会的认可。这些分类都与最不发达国家产生了重叠。“这种重叠导致国际社会无法采取协调行动解决贫困问题”。①

第三节　治理：减贫的途径

减贫国际机制的本体是国际治理，其治理的方式是减贫。这些国际机制减贫行动大致可以分为制定发展方案、提供发展援助、减免债务三个主要途径。

一　制定发展方案

（一）联合国机制

联合国大会制定的千年发展目标，实际上可以视为一种减贫的行动方案；联合国下属的联合国大学开设了发展问题研究专

① http：//www.un.org/wcm/webdav/site/ldc/shared/AfricanLDCsynthesisReportEn.pdf，p.18.

题，对收入分配、产业结构、经济转型、减贫、私有化等问题进行研究，提出政策建议。联合国大学还设立了世界发展经济学研究院（World Institute for Development Economics Research），从事应用研究和人才培训，开展政策分析，研究发展问题和减贫问题。联合国社会发展研究院（UN Research Institute for Social Development）对民间社会在农村发展和减贫中的作用开展了研究，提出社会政策建议。联合国贸易与发展会议下属的“非洲、最不发达国家和特别项目处”（Division for Africa, Least Developed Countries and Special Programmes）与80多个国家合作，开展专题研究和调查，为非洲国家提供发展政策建议；联合国经社理事会下属的非洲经济委员会（非洲经委会）是联合国总部行政领导下的五个区域委员会之一。作为联合国负责非洲经济社会事务的一个区域性职能部门，非洲经委会的任务是帮助联合国的53个非洲成员国实现经济和社会发展，推动区域一体化，通过国际合作促进非洲的发展。在联合国经社理事会隶属的社会政策与发展处（Division for Social Policy & Development）中，有一个“发展的社会视角”（Social Perspective on Development Branch）分支机构。该机构的主要任务是从社会的角度来推动公平可持续的发展，协助各国政府履行《哥本哈根社会发展宣言》和联合国大会第24次特别会议的承诺。联合国秘书处于2003年5月1日正式设立了非洲问题特别顾问办公室，通过宣传和分析研究工作，加强国际上对非洲发展与安全的支持，帮助秘书长增进联合国系统支助非洲工作的合作与协调，促进全球一级对非洲问题的政府间审议，特别是审议与非洲发展新伙伴关系有关的问题。联合国机制内所有的方案最终都要整合进入联合国国别发展援助框架（UNDAF）。它是联合国系统对成员国发展进行共同援助的指导方案。

近年来，包容性减贫方案越来越受欢迎。包容性的减贫方案更有效，民间组织、利益团体、民意集团等社会组织更广泛地参与到减贫方案的制订中，有利于获得真实的民间支持，减贫方案也更有针对性。“包容性要通过一系列去政治化的技术、司法体系、共识、伙伴、社会投入与整合来实现”。[①]

（二）国际金融机制

世界银行和国际货币基金组织为各国制定的减贫战略文件（PRSP）也是减贫的发展方案。世界银行帮助各国政府牵头制定和实施旨在构建其美好未来的发展战略，这一战略称为“综合发展框架”（CDF）。世界银行的减贫战略实际上是加强治理的思路。世界银行的减贫战略文件也意味着国际“治理术”（governmentality）[②] 成为一种可能的思路。众所周知，“治理术”能在国家和地方政府层面运用自如，但是否可以在国际关系领域发挥作用不得而知。然而，“强有力的国际组织需要地方政府对自己的减贫战略负责”。[③] 国际金融机制通过受援国政府内部的治理改革来实现减贫目标。因此，援助只有在宏观经济政策和社

① David Craig, Doug Porter, “The Third Way and the Third World: Poverty Reduction and Social Inclusion Strategies in the Rise of ‘Inclusive’ Liberalism”, *Review of International Political Economy*, 2005, 12 (2): 229.

② 治理术是法国哲学家福柯提出的概念，它指支配他人与支配自我的技术。有四种主要类型的技术：生产、符号、权力、自我。这些技术的功能是使个人获得意义或让他人得以借此影响自己的身体、灵魂、思考、行为与存在方式，从而达到快乐、洁净、智慧、完美或不朽。这四种技术之间往往联系运作，不易区分，但同时都需要技巧（skills）与态度的配合。

③ Jonathan Joseph, “Poverty Reduction and the New Global Governmentality”, *Alternatives: Global, Local, Political*, 2010, 35 (1): 30.

会体制健全的国家才能促进经济增长。白宫在其网站上说，“经济增长援助只有与发展中国家健全的政策相结合才能奏效。”[①]然而，世界银行和 IMF 推行的经济结构调整并没有为撒哈拉以南国家带来社会结构性转型，因为这样的结构调整忽略了穷国 70% ~80% 的人。撒哈拉以南国家的改革必须超越世界银行和 IMF 的思路，[②] 国际金融机制也必须转变思路。当然，也有人认为世界银行的结构调整计划与减贫效果之间的负相关性并不明确，结构调整计划妨碍穷人发展的事实性依据不足，世界银行也坚信，贫困恶化并不是结构调整的错。[③]

世界银行的减贫方案也经历了观念转型。在 20 世纪 90 年代前，世界银行要求受援国接受结构调整的建议，对国内经济进行市场化改革。但随着亚洲金融危机的爆发，结构调整被认为是导致东南亚国家濒临破产的罪魁祸首，世界银行开始将社会协调可持续发展作为经济改革的新思路。世行 1998 年的报告主张援助国与受援国政府建立伙伴关系，摒弃了结构调整和“冷战”时代援助国对受援国附加种种援助条款的做法，逐渐转向尊重本土知识、尊重当地人的选择，从社会综合发展的角度重新定义经济发展。参与、赋权、与穷人一起工作等理念也被吸收到发展方案中。世行推行的国内改革在西方与非洲国家之间导致了新的问

① William Easterly, “Can Foreign Aid Buy Growth?”, *The Journal of Economic Perspectives*, 2003, 17 (3): 25.

② Ikubolajeh Bernard Logan, Kidane Mengisteab, “IMF-World Bank Adjustment and Structural Transformation in Sub-Saharan Africa”, *Economic Geography*, 1993, 69 (1): 21.

③ Jonathan E. Sanford, “The World Bank and Poverty: The Plight of the World's Impoverished is Still a Major Concern of the International Agency”, *American Journal of Economics and Sociology*, 1988, 47 (3): 268 -269.

题。世行把更多的注意力集中到人员培训上，尤其是反腐败措施上。这些都假借了现代化的口号。而且大量的资金付给了西方的咨询专家，西方人主宰非洲发展的情景好像在重演殖民地历史。20 世纪 80 年代，大约有 10 万名海外专家在撒哈拉以南非洲国家提供咨询等技术工作。这些专业知识都不便宜，每名西方专家大约花销 3 万美元，相当于当地同行的 100 倍，引起了当地人的普遍不满。此外，世行推行的改革与当地的文化发生冲突。[①] 20 世纪 90 年代后，国际金融机制附加条件的限制性（conditionality）转变为治理（governance），民主、参与、赋权等新的思路占据了减贫的日程表。加纳在强化政府治理的条件下，成功实现了脱贫，人们对国别减贫战略文件也产生了新的积极看法。[②] 世行减贫理念的变迁也反映出当前国际机制对贫困认识的混乱和差异。

（三）地区组织

非洲联盟提出的“非洲发展新伙伴计划”可以被视为一个发展方案。“非洲发展新伙伴计划”是 2001 年 7 月在赞比亚首都卢萨卡召开的第 37 届非洲统一组织首脑会议上一致通过的。它是非洲自主制定的第一个全面规划非洲政治、经济和社会发展目标的蓝图，旨在解决非洲大陆面临的贫穷加剧、经济落后和被边缘化等问题。2008 年 4 月 15 日，该组织并入非洲联盟，成为非盟的一个重要组成部分。

---

① Graham Harrison, “Administering Market Friendly Growth? Liberal Populism and the World Bank's Involvement in Administrative Reform in Sub-Saharan Africa”, *Review of International Political Economy*, 2001, 8 (3): 533.

② Lindsay Whitfield, “Trustees of Development from Conditionality to Governance: Poverty Reduction Strategy Papers in Ghana”, *The Journal of Modern African Studies*, 2005, 43 (4): 660.

（四）国际跨组织机构

国际跨组织机构也为非洲发展问题提出政策建议和行动方案。由国际货币基金组织、世界银行、伊斯兰发展银行、非洲开发银行、非盟委员会、欧盟委员会和联合国发展集团的领导人组成的“千年发展目标非洲指导小组”（the MDG Africa Steering Group）就是这样的国际机制。联合国秘书长任该机构主席。该机构成立的目的是：强化国际机制的实施，促进非洲在卫生、教育、农业、食品安全、基础设施、统计机构等方面的建设和发展；提高援助的可预见性；促进各国国家层面的合作与协调。

此外，在双边援助中，援助国对受援国提出一些附加条件，其中有些条件包含一些发展的思路和对策，具有类似于发展方案的作用。

二　提供发展援助

大部分国际减贫机制都把问题领域定位在发展援助上，发展援助的手段主要有赠款、优惠贷款、物质援助等。各个国际机制对发展援助的指标有不同的规定。联合国开发计划署规定核心资源分配目标中60%给予最不发达国家，88%的资金用于援助低收入国家。经合组织规定发达国家应将0.7%的GNI用于官方发展援助。联合国千年发展目标规定0.15%的GNI用于援助最不发达国家。

（一）联合国机制的援助体系

在联合国机制中，联合国大会下的开发计划署为发展中国家提供技术上的建议，培训人才并提供设备，特别是为最不发达国家提供帮助。开发计划署在166个国家开展工作，为应对发展挑战提供知识、经验和资源援助，致力于改善人们的生活，实现千年发展目标，主要在民主治理、减贫、危机预防和恢复、环境与能源保护、艾滋病防治5个领域为各国提供解决方案，帮助发展中国家有效利用援助，鼓励保护人权和妇女发展。联合国大会下还有联合国人口基金、联合国资本发展基金、联合国人类居住规划署、联合国贸发会议等组织。

联合国秘书处下属的“最不发达国家、内陆发展中国家和小岛屿发展中国家高级代表办事处”（OHRLLS）于2002年4月1日在纽约联合国总部正式成立。OHRLLS的前身是设在日内瓦的最不发达国家、内陆国家和岛屿发展中国家特别协调员办事处。该组织提出了援助最不发达国家的行动计划。

联合国内部跨部门机构——联合国发展集团也具有发展援助功能。它是根据联合国原秘书长安南的改革设想，由从事发展援助及相关活动的联合国方案、基金和机构组成。联合国发展集团是一个松散的机构，旨在建立一个机制，更大程度地协调联合国发展业务。联合国发展集团在联合国开发计划署设有一个办公室。开发署署长为联合国发展集团主席，下设一个执行委员会，成员为联合国开发计划署、联合国儿童基金、联合国人口基金、世界粮食计划署和世界卫生组织的领导。

在联合国机制下，联合国国别小组承担了援助实施者的角色。国别小组由联合国所有驻所在国机构的代表组成，负责协调联合国系统在当地的工作。联合国国别小组通过《国别发展援助框架》，确保各组织实施的项目能够相互补充，协调进行，以便为受援国提供最佳服务与支持。目前联合国在非洲24个国家设立了协调代表办公室。

（二）国际金融机制的援助体系

在国际金融机制下，对穷国进行发展援助的还有国际开发协会（IDA）。世界银行下属的国际开发协会是世界上规模最大的向最贫穷国家提供无息贷款及赠款援助的机构。在2010～2013年每年大约提供130亿美元的发展援助，其中大约50%流向非洲穷国。国际复兴开发银行（IBRD）也具有发展援助功能，但其援助对象主要为中等收入国家和有信用低收入国家。人均GDP在1000～10000美元的国家属于中等收入国家，人均GDP低于1000美元的属于低收入国家，低收入国家一般无法从IBRD获得借款。国际货币基金组织也会对穷国提供信贷支持，但其援助的目标主要是稳定发展中国家汇率，帮助发展中国家应对国际支付危机，提供短期融资服务等，其援助的性质不属于发展援助。

（三）双边援助国际机制

经济合作与发展组织（OECD）是最大的双边援助国际机制。2010年OECD官方发展援助达到1260亿美元，2009年援助金额为1232.5亿美元，占GNI的0.31%。不仅如此，OECD成员国在援助上也是“两面派”。OECD成员国的农业补贴政策侵蚀了其对穷国的援助，虽然OECD成员国对发展中国家放宽了农产品准入条件，但穷国的农产品很难具有竞争力。这样的贸易补贴政策实际上抵消了援助效果。“发达国家不能一手援助，另一手却实行贸易补贴。”①

（四）其他地区机制

欧盟对非洲最不发达国家也有相应的援助机制安排。2007年12月通过了《非洲－欧盟战略伙伴关系——非欧联合战略》，以及实施这一战略的行动计划。此行动计划确立了关于双方建立长期战略伙伴关系的4个目标和8个合作领域。8个合作领域之

① Dewbre, Wyatt Thompson, Joshua Dewbre, “Consistency or Conflict in OECD Agricultural Trade and Aid Policies”, *American Journal of Agricultural Economics*, 2007, 89 (5): 1161.

一就是“千年发展目标”合作伙伴，主要是帮助非洲贫穷国家保障食品安全、健康和教育等。

此外，还有一些非正式的具备援助功能的国际机制和国际组织，如巴黎俱乐部、八国集团、二十国集团等，都具有不同程度的发展援助能力，但是这些国际组织的成员很多都是经合组织成员国，其发展援助都整合到经合组织机制中。其中一些非经合组织成员国则通过世界银行和国际货币基金组织开展援助。另外，许多发展援助都通过双边援助的形式开展，这些援助不在国际机制安排下进行。

三　减免债务

世界银行和国际货币基金组织针对重债穷国开展了减债援助。1996 年，世界银行与国际货币基金组织发起了一个史无前例的计划，旨在减轻令世界部分最贫穷国家不堪重负的债务。这一行动的起因是这些国家承受的过重的债务拖累了经济增长，阻碍了减贫工作。这个计划被称为“重债穷国动议”。1999 年 9 月，国际货币基金组织和世界银行修改了重债穷国动议的适用标准，提升了减债战略的深度、广度和力度，修改后的重债穷国动议成为加强的重债穷国减债动议（Enhanced HIPC Initiative）。为提高重债穷国动议的有效性，2006 年制定了多边减债动议，向低收入国家提供债务减免。此后重债穷国动议进一步发展为债务管理。2005 年 4 月，世界银行和国际货币基金组织共同实施了低收入国家债务可持续性框架。该框架为低收入国家借债和世行、国际货币基金组织以及其他发展合作机构的贷款决策提供政策评估，使低收入国家免于陷入债务危机。2008 年 11 月，世界银行发起成立了“债务管理机构”（the Debt Management Facility，DMF），由发达国家捐助，成立信托基金，为国际开发协会中的低收入国家提供债务管理资助。

小　结

多个国际减贫机制在问题领域、行为体、治理三个领域重叠。在问题领域，联合国机制内部对贫穷的认定发生重叠。联合国大会提出的千年发展目标从个体角度将每日收入低于 1 美元视为贫穷；联合国经济和社会委员会则从国家的整体层面以人均 GNI、人的发展标准、经济脆弱性标准等认定贫穷；联合国开发计划署用 10 个指标认定“多维贫穷”。国际金融机制对贫穷的认识也较为混乱，既有客观数量的标准，如生活水平低于每天 1.25 美元、人均国民收入低于 1165 美元、债务与出口比净现值达到 150% 或者债务与收入比净现值达到 250% 等，也有主观价值判断的贫穷，如世界银行在《2000～2001 年世界发展报告》中提出，“贫穷是指福利的被剥夺状态”。双边减贫机制 OECD 采用人均 GNI 低于 935 美元的客观数量标准来界定贫穷。

从行为体看，联合国体系内各个组织机构的成员国都不同，存在大量身份和角色重叠，而且联合国体系内存在多个减贫机构，功能和结构重叠比较突出。联合国大会、秘书处及其所属的“最不发达国家、内陆发展中国家和小岛屿发展中国家高级代表办事处”（OHRLLS）和“非洲问题特别顾问办公室”、开发计划署、国别小组、联合国发展集团等机构在角色定位和功能上存在主体重叠；联合国、世界银行、经合组织之间在援助主体上也存在重合现象；联合国机制、国际金融机制、经合组织机制等对援助客体有不同的规定，这些机制之间在援助客体的选择上也存在重叠。从国际机制治理的本体内容来看，这些机制在发展方案、发展援助工具、减债服务等方面互有抵触，降低了援助的有效性。

此外，由于非洲特殊的政治、经济、社会环境，非洲民众更倾向于依靠家族来减贫，政府机构只是他们获得公共服务的辅助机构，个人的社会关系圈更有效。这样的交易成本更低；“搭便车”的问题也不重要，因为家族长老通过提供公共产品而获得权力和地位；道德风险更低，更容易脱离正式组织的操控。① 因此国际援助机制必须考虑到非洲减贫的特殊环境。

① Goran Hyden, “Governance and Poverty Reduction in Africa”, *Proceedings of the National Academy of Sciences of the United States of America*, 2007, 104 (43): 16754.

第四章　重叠的效能与治理

第一节　重叠减贫机制影响援助有效性

一　援助有效性

有效援助的提出始于2002年在蒙特雷举行的联合国发展融资峰会。在这次峰会上，双边援助机构和多边援助机构同意增强援助的有效性，增加援助数量。2003年，这一理念在罗马举行的援助协调高层论坛上被进一步强化。2005年3月，100多个援助国和受援国参加了在巴黎举行的关于有效援助的高层论坛。最后由61个多边和双边援助者、56个受援国和14个公民社会组织共同签署了《巴黎有效援助宣言》以下简称《巴黎宣言》。

《巴黎宣言》对提高援助效率的5个方面又更加具体地提出了12个指标。5项原则是主有性（Ownership）、援助联盟（Alignment）、协调援助避免重复（Harmonisation）、结果导向、共同责任；12项指标分别是可操作的发展战略、可靠的国家体系、确保优先目标、增强利用援助的能力、运用公共财政管理系统和采购系统、避免重复援助项目、援助的可预测性、无条件双边援助的比重、项目援助的比重、共同分析援助效果、基于结果的评估框架、相互审查，并对这12个指标分别设立了到2010年所要达成的目标，后来还补充了数量指标。《巴黎宣言》的目标是提高发展援助的效率，提高效果，确保受援国具有相应的战略规划和财政能力来执行这些项目，减少限制性援助，使援助机构相互之间协调行动，避免重复。①

为了保障援助的有效性，经合组织援助委员会特别强调援助国之间的协调。2008年9月在第三届援助有效性高层论坛上通过了《阿克拉行动议程》。议程要求援助国提供3～5年的援助计划，增强援助的可预测性；受援国应成为援助发放的第一选择，而非援助国；援助的条件应基于发展中国家的发展目标，而非援助国设定的先决条件；援助国应减少资金使用限制，允许发展中国家从任何地方以最低的价格采购物资和服务。《阿克拉行动议程》突出了受援助的自主性和独立性，反对附加先决条件的不合理援助条款，尊重了发展中国家的自主发展权利，有利于提高援助的有效性。

在重叠减贫机制下，援助的有效性难以保证。2009年援助者的援助额明升实降。经合组织的开发援助委员会（DAC）2009年的政府开发援助（ODA）总净值，继2008年增长11.7%以来，实质上略微上升了0.7个百分点。但在美元购买力平价下，实际上由2008年的1223亿美元降为2009年的1196亿美元。2009年的数字是成员国国民总收入的0.31%。世界银行通过产妇死亡率、5岁以下儿童死亡率、ODA比重、人均ODA、ODA总

① 黄梅波、王璐、李菲瑜：《当前国际援助体系的特点及发展趋势》，《国际经济合作》2007年第4期，第49页。

额5项指标观测了援助的有效性。数据表明，2005～2008年，这5项数据基本上徘徊不前，有的甚至恶化（见表4－1）。

表4－1 援助的有效性

年份＼项目	产妇死亡率（%）	5岁以下儿童死亡率（%）	ODA比重（%）	人均ODA（美元）	ODA数额（亿美元）
2005	0.71	143.0	5.7	43.1	327.97
2006	—	139.6	5.4	52.4	408.7
2007	—	136.1	4.4	44.7	357.5
2008	0.65	143.0	4.3	48.9	400.9

资料来源：根据国际开发协会数据整理，美元比价为现值。见 http://data.worldbank.org/indicator/。

只有少数国家的援助金额逐年增长。以沙特阿拉伯为例，非DAC援助者的援助额在2008年实质上增长了63%，达95亿美元。中国的开发援助在未来3年将有可能增加1倍以上。私人援助额也在很大程度上快速增长。通过重债穷国动议和多边减债动议继续减免贫穷国家的债务负担。对后来确定的35个重债穷国将减少80%的债务负担，但与完全减债尚有差距。①

援助资金缺口很大，援助的可预测性低。八国集团在格伦伊格尔斯会议上承诺的到2010年对非洲提供原来两倍的援助没有在对该地区的核心发展援助中反映出来。从2000年开始，对非洲的援助年增长5%，但是其中大部分采用的是减轻债务或提供紧急事件援助和人道主义援助的方式，而不是新的经费。

① 国际复兴开发银行/世界银行：《2010年全球监测报告》，第5～6页。

即便八国集团达到了捐赠 0.7% GNP 的目标，一年捐助额大约为 1420 亿美元，但给低于 1 美元生活费人群每天 1 美元一年就需要 4430 亿美元。每年的减债金额大约为 10 亿美元，其中的差距不言而喻。①

援助预测性低导致受援国政府财政行为发生变化。政府为了维持正常运转，在低预测性条件下更倾向于维持日常开支，而不敢把资金用于投资，政府更倾向于消费而非投资。② 这样一来，经济增长更不可预测，援助的有效性也无法保证。有研究表明，ODA、GNI、GDP、财政收入、社会公共支出、经济开放度等指标之间存在以下变动关系：人均 GDP 每增加 1000 美元，ODA 占 GNI 的比重将下降 0.0038 个百分点；GDP 占全球份额每上升 1 个百分点，ODA 占 GNI 的比重将上升 0.096 个百分点；财政收入占 GDP 比重每上升 1 个百分点，ODA 占 GNI 的比重将下降 0.013 个百分点；公共社会支出占 GDP 比重每上升 1 个百分点，ODA 占 GNI 的比重将上升 0.011 个百分点；经济开放度每增加 1 个百分点，ODA 占 GNI 的比重将上升 0.0045 个百分点。这表明，援助的有效性受到援助国援助数量的制约，而援助数额又受各国对国际机制的承诺影响，重叠的国际机制必然影响到各国的承诺数额。③

提高援助的有效性应该增强援助的可预测性，让援助工作的

---

① Timothy Besley, Robin Burgess, "Halving Global Poverty", *The Journal of Economic Perspectives*, 2003, 17 (3): 19.

② Oya Celasun, Jan Walliser, José Tavareset al., "Predictability of Aid: Do Fickle Donors Undermine Aid Effectiveness?" (with Discussion), *Economic Policy*, 2008, 23 (55): 545.

③ 何帆、唐岳华：《冷战后官方发展援助的决定因素》，《国际政治科学》2007 年第 4 期，第 83 页。

分工合理化，加强各方在援助需求和保证援助按需分配方面的相互信任，帮助受到极少援助的国家解决被援助问题。①

二　“千年发展目标”进展缓慢

重叠结构降低了国际机制的效能，影响了国际机制的援助有效性，使得机制目标无法实现。“世界银行的贷款与年俱增，但征服贫困还是个梦想。”② 联合国和世界银行的相关报告显示，如果按照目前的进度持续下去的话，到2015年非洲将无法实现千年发展目标（见图4－1）。

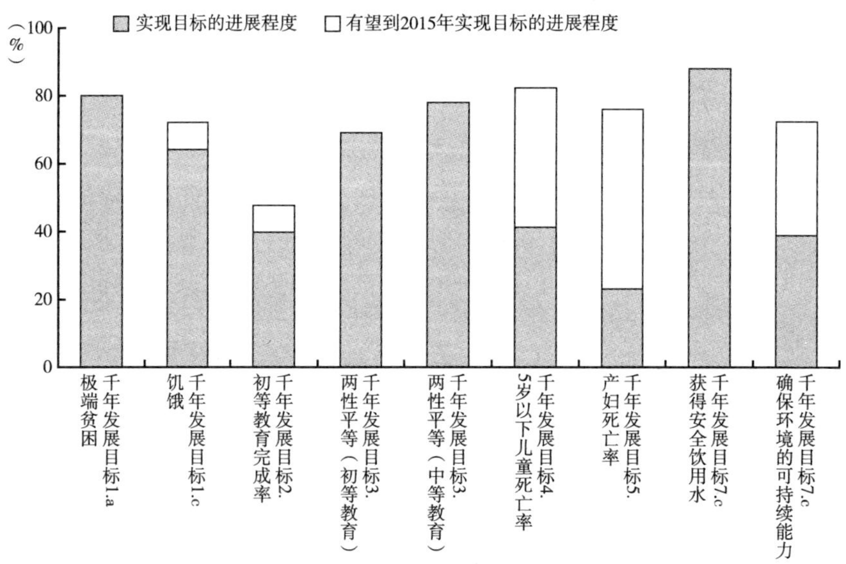

图4－1　2010年与2015年千年发展目标进度

资料来源：国际复兴开发银行/世界银行：《2010年全球监测报告报告》，第3页。

① 国际复兴开发银行/世界银行：《2010年全球监测报告》，第8～9页。

② Arun Ghosh, “The World Bank and the Attack on World Poverty”, *Economic and Political Weekly*, 1987, 22 (44): 1846.

目标 1 “将极端贫穷与饥饿人口比例减半”的进程呈现间断性。预计贫穷率会在金融危机之后下降，但下降速度会放慢。2015 年全球极端贫穷率预计会达到 15%，比 1990 年的 42% 大幅下降。东亚减少极端贫穷的工作取得了较大进展，那里的贫穷率从 1990 年的 55% 降到了 2005 年的 17%。

由于金融危机的影响，世界银行预计，陷入极度贫穷的人数将会增加 6400 万人。到 2015 年，脱贫人口会减少 5300 万人。预计到 2015 年，撒哈拉以南非洲的贫穷率会达到 38%，而在不爆发金融危机的情况下将是 36%，应脱贫人口将减少 2000 万人。因此非洲无法实现千年发展目标 1。[①]

三　重叠结构危害减贫机制

当前，非洲减贫涉及多边和双边国际机制，涵盖政治、援助、金融、社会等领域，形成了错综复杂的重叠结构。现有的国际减贫机制在贫穷标准、援助对象、减贫目标、援助工具、援助手段和形式、决策机制、评估和审核程序等方面各不相同，严重分散了援助资源，无法集中资源解决最不发达国家的贫穷问题，也降低了减贫的效能，稀释了减贫的效率，最终将导致减贫机制解体。根据对 2010 年千年目标进展报告的评估，非洲仅有一项“女童平等教育”目标可能在 2015 年实现，其他目标按照现有进度都不可能或者根本没有可能实现。

对于援助国而言，资源分散、效率低下也加大了各国的援助压力，引起了发达国家的不满和失望，一些发达国家如美国已经明确表示不接受任何援助义务的时间表。有些国家的援助金额还

① 国际复兴开发银行/世界银行：《2010 年全球监测报告》，第 2 页。

不断下降。2009 年加拿大的援助额下降了近 10%，德国下降了 12%，意大利下降了 31%，日本下降了 11%（按 2008 年价格和汇率计算）。然而，要实现减贫的目标，发达国家还需要继续加大援助力度，国际减贫机制还将面临更严峻的筹款挑战。2010 年官方发展援助总额的缺口达 180 亿美元（按 2004 年价格和汇率计算）。按照 2009 年价格计算，缺口达 200 亿美元（见表 4－2）。①

表 4－2　对撒哈拉以南非洲国家和最不发达国家援助的差额

单位：十亿美元，%

项目		2004 年美元比价计算	2009 年美元比价计算	占 GNI 比重
ODA 总额	2010 年承诺额	125.8	145.7	—
	2009 年执行额	103.3	119.6	—
	2009 年差距	22.5	26.1	—
	2010 年缺口	17.7	19.7	—
	联合国总目标	—	272.2	0.7
	2009 年执行额	—	119.6	0.31
	2009 年差距	—	152.7	0.39
对非洲的 ODA	2010 年承诺额	53.1	61.5	—
	2009 年执行额	37.9	43.9	—
	2009 年差距	15.2	17.6	—
	2010 年缺口	14.1	16.3	—
对最不发达国家的 ODA	目标	—	59.9 ~ 78.5	0.15 ~ 0.20
	2008 年执行额	—	36.0	0.09
	2008 年差距	—	22.9 ~ 42.5	0.06 ~ 0.11

资料来源：《千年发展目标差距问题工作组 2010 年报告》，http://www.un.org/zh/mdg/gap2010/1_1.html。

① 《千年发展目标差距问题工作组 2010 年报告》，http://www.un.org/zh/mdg/gap2010/1_1.html。

对于受援国而言，不同的国际机制对贫穷制定了不同的标准，受援的资格具有很大的不确定性，获得援助的可预测性很低，影响了本国制定减贫战略。此外，援助的条件也政出多门，联合国机构侧重于事实标准，但受大国政治影响；世界银行从经济方面制定援助条件，但其被欧美大国把控；经合组织国家的援助条件基本都是被双边外交关系左右，政治和意识形态的因素影响很大。这些国际减贫机制的援助条件也经常相互冲突，使得受援国无所适从。20 世纪 90 年代，世界银行基于“华盛顿共识”要求受援国对宏观经济进行结构调整，要求受援国进行市场化改革，减少国家干预，引进自由市场经济竞争，实行私有化，开放市场，实行自由贸易等，但改革效果十分不理想。如今，世界银行协助低收入国家编制《综合发展框架》和《国别减贫战略》，并以此为依据制定《国别援助战略》；而联合国机制的所有减贫方案和战略最终整合成了“联合国国别发展援助框架”(UNDAF)，这两类减贫援助方案也存在冲突和矛盾。

如此一来，援助也给非洲带来了一些弊端，非洲一些国家陷入了援助的恶性循环中。援助资金助长贪腐，贪腐阻碍民主，妨碍投资，导致经济发展滞后，大量人口陷入贫困。贫困导致民族和宗教冲突，政治稳定性降低。援助还给受援国经济带来负面刺激。援助本来可能促进储蓄与投资，但援助资金到来后很快被用于消费，而不是储蓄，这样银行无法提供资金用于借贷。而且，外援还对私人投资产生“挤出效应”，外国优质私人资本随着援助的增加而减少，投资者由于无法获得诸如援助所具有的政府担保而失去对穷国的投资动力。援助也带来了受援国的外援依赖症，造成社会创新能力下降，经济活力下降，无法吸引外资。援助资金流入市场还会造成市场供求关系失衡，引起通货膨胀。虽然国内经济膨胀，但本国货币对美元升值。由于大量美元援助涌入，本国货币必然升值，导致出口产业萎缩，失去国际竞争力，无法依靠对外贸易来减贫。援助资金进入受援国后，受援国可能无法吸收这些资金，无法转化为投资，而沉淀在银行，这样受援国还得为此支付大量的利息。为了处理这些援助资金，有的国家还发行国债，用于支付援助资金所发生的利息成本。2005 年，乌干达央行发行了一笔 7 亿美元的债券，用于支付援助资金每年所发生的 1.1 亿美元的利息。

援助带来的依赖症给非洲带来了更大的问题。对非洲的官方发展援助平均占每个国家财政支出的 10% 和 GDP 的 13% 。援助助长了非洲公务员的慵懒和懈怠之风，导致政府治理能力下降。援助使得非洲国家无法建立一套科学有效的财政管理体制，政府税收管理混乱，课税范围有限，税收收入低。援助还导致政府规模膨胀，受援国不断扩大接受利用援助服务的政府部门规模，也导致政府支出上升。

援助使得非洲国家逐渐失去了管理内部事务的主动权。为了获得援助，受援国不得不听命于援助方，“非洲的话语权却被摇滚明星和西方政治家把持”。[①] 援助方经常就一些援助项目展开竞争，尤其是在多边援助体系与双边援助体系之间。有些援助项目吸引了多个援助主体，但这些援助主体的援助条件不尽相同，为了得到这些援助项目，援助方便在援助条件上展开竞价，受援国也会利用这种买方市场的优势地位与援助方博弈，导致受援国本应配套的改革失去了外部动力，援助效能也大打折扣。

---

① 〔赞比亚〕丹比萨·莫约（Dambisa Moyo）：《援助的死亡》，王涛、杨惠等译，世界知识出版社，2010，第 46 页。

第二节　探析重叠产生冲突的原因

国际机制的重叠导致行为体对问题领域的认定标准不统一，决策程序和投票规则多样，机制参与者身份重合，角色功能不明晰，手段和途径多重，政策工具相互矛盾，机制的目标不一致，最终限制和降低了国际机制的效能。

一　功能与价值的冲突

国际机制的设立都是为了解决特定的国际问题，具有预定的目标和功能。从国际机制的性质和功能来看，虽然这些机制都具有减贫的功能和作用，但其性质大不相同。联合国的宗旨是维持国际和平及安全，发展国家间以尊重人民平等权利及自决原则为根据的友好关系，促成国际合作，以解决国家间具有经济、社会、文化及人类福利性质的国际问题。世界银行是向全世界发展中国家提供金融和技术援助的重要机构，其使命是实现持久减贫，通过提供资源、共享知识、建立能力以及培育公共和私营部门合作，帮助人们实现自助。经合组织旨在共同应对全球化带来的经济、社会和政府治理等方面的挑战，并把握全球化带来的机遇。

同时，国际机制也反映了一定的政治信仰和价值观，有时价值观和机制功能存在内在张力，互不兼容。以联合国和世界银行为例，联合国和世界银行这两大国际机制之间经常存在类似的冲突。[①] 联合国是致力于和平与发展的国际组织，其主要任务是维

① 张胜军：《联合国与世界银行：走出历史和结构的困境?》，《国际政治研究》2000 年第 3 期，第 83 页。

护世界和平与安全。世界银行则通过贷款帮助发展中国家消除贫穷。两者都具有发展经济的功能。联合国在经济社会发展领域对主权国家只有建议权，世界经济事务的决策权掌握在西方国家主导的世行、国际货币基金组织等组织手中。1947 年联合国与世界银行达成协议，世界银行成为联合国的一个特别机构。该协议实际上说明联合国与世界银行是一种合作关系，而非从属关系，世界银行是独立的国际组织。

联合国与世行也具有深层的合作关系。一是世行行长与其他专门机构、方案和基金的负责人都是以联合国秘书长为主席的行政协调委员会的成员，行政协调委员会负责协调联合国系统的发展援助活动，协调各专门机构、方案和基金之间的关系。二是世行在纽约联合国总部设有办事处，由专门人员出席与世行业务相关的联合国会议。世行在日内瓦也设有办事处，以加强与联合国、总部设在日内瓦的联合国机构及其他总部设在欧洲的联合国组织的联络。三是联合国经社理事会自 20 世纪末开始，每年春季与世行和国际货币基金组织召开一次高级别特别会议，就发展领域的工作进行协调。① 世界银行与联合国的专门机构如联合国粮农组织、联合国教科文组织、世界卫生组织、联合国工业发展组织和联合国开发计划署等进行了广泛的合作。世界银行虽然是联合国的特别机构，但是联合国在合作中并不占据支配地位，世界银行依据自身的规则、程序、方法发放项目贷款，奉行非政治的、技术性的立场。

世界银行和联合国建立特别合作关系有深层的原因。世界银

① 唐淙：《浅析联合国与世界银行的关系》，《经济师》2010 年第 5 期，第 63 页。

行认为联合国的政治性会影响其正常的、技术性的业务操作，担心与联合国建立关系会导致联合国对它实行政治上的控制，进而损害它在华尔街等国际资金市场上的3A级信用，所以世界银行坚持获得和保有一定特权，以使它与联合国保持适当的距离。世界银行在整个国际体系的压力下，一直努力维护自身的独立自主地位。然而，从逻辑上而言，既然世界银行是联合国的特别机构，在维护联合国宪章和世界人民的整体利益上就不应该推卸其理应承担的责任。世界银行与联合国的特殊关系，为双方的矛盾埋下了隐患。

世界银行与联合国最著名的一次交锋是1965年关于联合国大会对葡萄牙和南非的制裁。联大曾因葡萄牙和南非共和国两国执行的殖民政策和种族隔离政策而宣布对它们实行经济制裁。联大倡议联合国特别机构取消这些国家的成员国资格，并且拒绝向这些国家提供贷款。然而，世界银行拒绝了联大的这一倡议，理由是它作为一个非政治的、功能性国际组织无权向成员国实行与其目的不符的经济制裁。同年6月联大特别委员会通过一项决议，强烈要求联合国的所有特别机构，尤其是世界银行和国际货币基金组织，停止并拒绝向葡萄牙提供任何财政、经济和技术方面的援助，除非葡萄牙政府宣布中止其严重违反联合国宪章的殖民政策。世界银行行长将联合国的决议提交给执行董事会，但他们表示，世界银行的协定要求世界银行及其官员不能干预其任何成员国的内政，并且在做出贷款决定时，不受成员国政治特征和政治态度的影响，只有经济方面的考虑才是世界银行贷款的决定根据。因此，他建议继续以与其他国家同样的态度对待和处理这两个国家的贷款申请。1966年世界银行批准了葡萄牙和南非的贷款申请。

此后双方围绕世界银行协定第四条第十节的规定展开辩论，即禁止世界银行或其官员干涉成员国的内部政治事务，并且保证世界银行的贷款决定不考虑成员国政治体制的性质和成员国的政治态度。世界银行根据其协定，坚持从“经济角度”考虑贷款决定。

发达国家和发展中国家在对待联合国与世行的关系上也立场不一。尽管联合国与世行都由大国主导，但是联合国实行的基本是一国一票的多数表决制，更具民主性，更能代表发展中国家的利益。世行实行加权表决制，缺乏民主性，主要体现发达国家的利益。发展中国家认为投票权分配不合理，发展中国家无法广泛参与，而且贷款条件苛刻，往往附加苛刻的经济、政治改革条件。

世界银行的技术功能论立场与联合国的普世性理想有时存在对立和冲突。世界银行坚持其业务开展不受国际政治路线或意识形态的影响是合理的，但是，联合国职能的有效发挥，有赖于联合国体系下各个机构的密切协作。在世界和平和安全受到威胁时，世界银行应当与联合国的决议保持一致，否则世界银行将失去合法性和合理性基础。

国际货币基金组织以附加条件的形式反映其价值主张，但其功能与价值存在不可调和的矛盾。IMF 附加条件的主要目的有 5 个方面：受援国的承诺工具、诱导性工具①、标签工具②、使用援助资金的限制性工具、预防道德风险。③ 然而，事实上，在重

① 受援国在援助的诱导下实施一些原先不愿意采取的政策，其作用类似于贿赂受援国。

② 受援国得到了 IMF 的肯定，是正面的负责任的政府，相当于给受援国贴标签。

③ Axel Dreher, “IMF Conditionality: Theory and Evidence”, *Public Choice*, 2009, 141 (1/2): 236 - 241.

叠机制环境中，这些条件根本无法实现这些意图，附加条件的援助无法获得成功，因此 IMF 必须对其贷款系统进行改革。[①] 这样，IMF 的价值与功能之间存在难以弥合的鸿沟。

OECD 成员国认为，减贫必须建立在改善治理的基础上。为了突出这一价值主张，OECD 成员国舍本逐末，把减贫当作推进民主自由的手段。虽然传统的国际减贫政策都认为，改善治理是非洲主要的减贫机制，但这种假设主要建立在信仰上而非科学上。传统的减贫政策模型没有考虑到非洲独特的经济社会和政治环境，[②] 这导致这些减贫政策最终失效。事实上，改善治理需要几代人来完成，不可能在短时期内生效，而 OECD 甚至把改善治理当作目标，而非减贫本身。[③] 参与式的减贫一直是国际援助体系推崇的减贫思路，也是近年来官方发展援助的重要考核指标，然而，参与式减贫自身却面临许多限制。非政府组织和民间社会很难具备参与的基本能力，无法与政府进行充分合作。政府很多时候是将非官方机构作为分配资金的渠道。参与也会导致非官方机构过度卷入减贫活动，从而偏离自身的使命和任务。[④] OECD 推行的社会包容性减贫方案强调了机遇、赋权和安全等价值，把

---

① Axel Dreher, "IMF Conditionality: Theory and Evidence", *Public Choice*, 2009, 141 (1/2): 258.

② Goran Hyden, "Governance and Poverty Reduction in Africa", *Proceedings of the National Academy of Sciences of the United States of America*, 2007, 104 (43): 16751.

③ Goran Hyden. "Governance and Poverty Reduction in Africa", *Proceedings of the National Academy of Sciences of the United States of America*, 2007, 104 (43): 16752.

④ Samuel Paul, " Poverty Alleviation and Participation: The Case for Government-Grassroots Agency Collaboration", *Economic and Political Weekly*, 1989, 24 (2): 105.

市场自由主义与新自由主义价值嫁接在一起，但也未给穷人带来实质上的利益，因为 OECD 成员国的外援与国家利益捆绑在一起，而不是与理想信念结盟。[①]

即便是在国际金融机制内，世界银行和 IMF 对贫困的理解和解决方案也有差异和冲突。世界银行把贫困看成政治经济过程的结果，认为贫困是社会发展的综合结果，减贫应广泛吸取各社会阶层的知识和智慧。而 IMF 认为贫困主要是宏观经济运行的结果，是单纯的经济问题，认为参与式的减贫很难取得成功。[②]因此，两大组织在人员构成方面也有差别，世界银行职员越来越多来自发展中国家，而 IMF 的职员则来自发达国家。

二　援助标准相互冲突

减贫机制的援助标准可以分为身份标准、援助门槛、援助额度三类。身份标准规定了援助的主体资格条件，援助门槛规定了获得援助的数量条件，援助额度对获得援助的金额做出了数量限制。各个国际减贫机制都对贫穷进行了数量上的认定，基本上是从人均 GNI、人均日消费额、负债额等方面标示贫穷程度。不同的国际机制有不同的贫穷认定指标体系，即便同一个国际机制内部也有不同的指标体系，如联合国机制内部的“千年发展目标”把日均收入和饥饿作为贫穷的标识，但在“最不发达国家”中把人均 GDP 作为贫穷的认定指标。除了客观数量上的区别外，

---

① Doug Porter, David Craig, “The Third Way and the Third World: Poverty Reduction and Social Inclusion in the Rise of ‘Inclusive’ Liberalism”, *Review of International Political Economy*, 2004, 11 (2): 387.

② Pamela Blackmon, “Rethinking Poverty through the Eyes of the International Monetary Fund and the World Bank”, *International Studies Review*, 2008, 10 (2): 197.

政治和意识形态成分对认定受援国资格的影响更大。联合国机制对受援国资格的认定受权力格局的影响。国际金融机制对受援国的认定较为中性，但同样受到大国政治立场的影响。有人认为，世行和国际货币基金组织推崇的自主性（ownership）和发展伙伴式的参与性不过是干预国内政治的借口而已，使其看起来好像不是在干涉非洲国家的内政，其真实的目的还是债权人的权力和利益。事实上，国内改革的自主性限度取决于债权人的意愿，而非非洲国家的目标。[①] 经合组织等双边援助则完全取决于双边关系，政治是决定援助的首要因素。

不同的减贫机制对穷国的身份规定各不相同，大致可以从国民收入、日均生活费、综合标准（如人类发展指数等）、负债等方面来确定穷国的身份。联合国千年首脑会议倡导的“千年发展目标”把极端贫穷标准确定为每日生活费1美元，而联合国开发计划署则把1.25美元作为贫穷线。联合国秘书处的最不发达国家标准是2003年联合国经济和社会委员会制定的3条标准，其中之一的低收入标准把750美元作为最不发达国家的区分线，3年内每年人均国内生产总值不高于750美元，超过900美元就不属于最不发达国家。[②] 2010年联合国开发计划署的《人类发展报告》把“人类发展指数值”在0.785以上的称为“极高人类发展水平”，0.670以上的称为“高人类发展水平”，0.488以上的称为“中等人类发展水平”，0.470以下的称为“低人类发展

① Graham Harrison, “Administering Market Friendly Growth? Liberal Populism and the World Bank's Involvement in Administrative Reform in Sub-Saharan Africa”, *Review of International Political Economy*, 2001, 8 (3): 542.

② 在2006年审查中，世界银行确定的低收入国家门槛是755美元（2000年是755美元，2001年是745美元，2002年是735美元）。

水平”。[①] 国际复兴开发银行把人均GDP低于1000美元作为低收入国家的界定标准。经合组织把最不发达国家和其他低收入国家（人均国民收入低于935美元）称为穷国。世界银行和国际货币基金组织把收入和负债水平作为“重债穷国”的标准。“重债穷国”人均年收入必须低于从世界银行和国际货币基金组织借取优惠贷款资格的上限要求，公共外债必须超过其出口额的150%（某些情况下为财政收入的250%）。对于某些出口额占GDP 40%以上的开放经济国家和财政收入占GDP 20%以上的国家，其外债达到财政收入的280%的国家也能获得减债资格。为提高“重债穷国动议”的效率，2006年制定了多边减债动议，向低收入国家提供债务减免。该动议规定，所有达到完成点的重债穷国、人均收入低于380美元、2004年底前在IMF仍有负债的国家可以获得减债资格，世界银行于2006年同国际货币基金组织和非洲开发银行联手执行多边减债动议，全部免除了到达重债穷国动议完成点的所有国家所欠三家机构的合格债务余额。

这样一来，不同的身份标准很容易导致冲突。联合国开发计划署每年在《人类发展报告》中编制的人类发展指数（HDI）与联合国秘书处下属的“最不发达国家、内陆发展中国家和小岛屿发展中国家高级代表办事处”关于最不发达国家的标准相互冲突。那些在人类发展的非收入维度上以公平著称的尼泊尔、阿曼和突尼斯排名居前。最引人注目的是，排在人类发展指数前10位的国家并不是典型意义上的居于发展前列的国家。埃塞俄比亚排在第11位，其他的3个撒哈拉以南非

① 《2010年人类发展报告——国家的真正财富·人类发展进程》，第143页。

洲国家（博茨瓦纳、贝宁、布基纳法索）也位于前 25 位。但根据最不发达国家的标准，埃塞俄比亚、贝宁、布基纳法索都属于最不发达国家。

不同国际减贫机制的援助门槛也不一样，国际开发协会的借款资格取决于人均国民收入的高低，但这一标准不是一成不变的，而是每年都会调整，如 2011 年的借款资格是人均 1165 美元。国际开发协会也向那些没有资格向国际复兴开发银行的小型岛国提供贷款，同时还向印度、巴基斯坦等国际复兴开发银行资格国发放贷款，这类国家被称为“混合型”国家。国际复兴开发银行只向中等收入国家和有信用低收入国家提供贷款。人均 GDP 在 1000 ~ 10000 美元的国家属于中等收入国家，人均 GDP 低于 1000 美元的属于低收入国家，低收入国家一般无法从国际开发协会获得贷款，除非其具有良好的信用能力。然而，低收入国家可以从国际开发协会获得免息贷款或赠款，但印度尼西亚、印度、巴基斯坦这 3 个低收入国家同时具有国际复兴开发银行和国际开发协会的借款资格。经合组织每 3 年审核一次受援国名单，但是每年都要审核国际组织的发展援助资格。

国际减贫机制对援助额度都没有上限规定，但对援助优惠幅度有不同的规定。国际开发协会提供的是信贷而非借款，贷款对象为无法从传统渠道获得资金的不发达国家。贷款期限可以长达 50 年，全部是免息贷款，除了已支付资金 0.75% 的手续费和未支付资金 0.5% 的承诺费外，没有其他任何资金成本。贷款的项目周期平均为 10 年，项目立项准备大约需要两年，项目实施前两年必须拨付 20% 的信贷额。经合组织规定官方发展援助的援助资金至少要达到 25% 的赠与比例。

三 行为体身份重叠

从联合国、国际金融机制和经合组织来看，其成员虽有重叠，但是不尽相同。在援助体系中，不同的援助体系有许多相同的援助国和受援国，而且还出现了既是援助国又是受援国的身份重叠。不同的行为体必然具有相异的对外战略利益，其价值目标和手段也不同。对于援助方而言，联合国的成员国追求和平与发展；世界银行和国际货币基金组织的成员国寻求发展援助和金融政策协调；经合组织的援助国通过对外援助实现本国利益。对于受援国而言，受援国通过接受援助提高本国发展水平，但其接受援助的资格却要经过援助方的判断。有的国家在不同的机制中，受援和援助的地位不断变化。此外，各个国际机制内部成员之间也具有不同的利益目标。联合国 5 大常任理事国与其他成员国就具有不同的利益和责任。国际金融机制是按照资本来投票的，以出资份额确定权益。经合组织成员国对援助义务也持不同观点，美国一直都拒绝任何特定的援助目标和时间表。因此，无论在国际机制之间，还是在国际机制内部成员国之间，出现矛盾和分歧都是可能的。

身份重叠造成各援助国和援助组织相互争夺援助项目，各个援助组织代表了不同的利益诉求，具有不同的援助目标，这些援助方为争夺一些稀缺项目如环保、卫生、妇女发展等而相互竞争。尤其是一些“面子工程”、形象工程深受援助方追捧。比如 1996 年在肯尼亚就同时执行来自不同国家的 2000 个援助项目。在饱受战争之苦的莫桑比克，同时执行的与健康有关的项目多达 405 个。[①]

---

① 孙同全、潘忠：《国际发展援助中各关系方的行为研究》，《国际经济合作》2010 年第 10 期，第 72 页。

这些项目见效快，效果好，社会评价高，对强化受援国精英阶层对援助方的认同感非常有效。这种援助竞争浪费了援助资源，降低了援助效率，影响了受援国的治理能力和政府廉洁性。从国内治理制度角度看，大量的外援进入受援国后对制度的影响之一是宏观经济失衡，这种失衡类似于荷兰病，即热钱的涌入会带来竞争力减弱，出口、经济增长乏力和就业机会减少。援助不仅侵害了受援国政府制定预算的能力，使长期规划复杂化，还导致政府支出过度并且不可持续。同时，高援助与低税收之间存在双变量关系，特别是在非洲国家。在短期内援助能够替代税收，但从长期来看，对非洲的援助并没有使非洲的税收负担降低，对援助有依赖的政府的税收管理和制度能力还会被削弱。此外，援助还可能增加制度运行的成本。项目过多导致受援国疲于应付项目各环节的准备工作，行政成本增加。[①] 例如莫桑比克在 2001～2003 年间接受了 1921 个项目，而坦桑尼亚在同一时期有 1528 个项目。在加纳，高级官员每年要花费 44 个星期来协调或参与援助国派来的指导代表团的工作。[②] 而且援助本身可能会延缓制度变革，甚至导致制度恶化。

国际减贫机制力推发展伙伴的减贫理念也造成了行为体身份的重叠，导致行为体角色模糊，无法实现发展伙伴的价值目标。推行发展伙伴关系的本意是聚合更多的社会组织和群体尤其是公民社会广泛参与减贫，监督政府行为，促进民主，改善国内治理，但事实并非如此。世界银行极力向受援国推广发展伙伴的概念。

① 汪淳玉、王伊欢：《国际发展援助效果研究综述》，《中国农业大学学报》（社会科学版）2010 年第 3 期，第 105 页。

② Deborah A. Bräutigam, Stephen Knack, "Foreign Aid, Institutions, and Governance in Sub-Saharan Africa", *Economic Development and Cultural Change*, 2004, 52 (2): 261.

在20世纪80年代，这个观念还未在发展中国家扎根，但随着时间推移，非政府组织的作用越来越大。进入新千年后，国家行为体与非政府组织之间不断互动，成为真正的发展伙伴。当然，非政府组织的专业能力、桥梁作用决定了其作为发展伙伴的能力上。NGO的作用并不体现在其民主价值上，而是体现在其专业技术能力上。NGO与国家行为体的这种关系成为发展伙伴关系规范的一个“无意识的副产品”。① 公民社会的参与并非为了民主和治理，而是提供专业技术支持和社会沟通服务，只有具备了这样的功能才能成为发展伙伴。然而，OECD和联合国等减贫机制却坚持将发展伙伴视为受援国民主政治进程的监督者。很显然，民主和治理不在合作伙伴的议事日程上，一些本不应该出现在减贫行动中的行为体盲目参与减贫过程，导致身份重叠和混乱，干扰了减贫进程。世界银行从20世纪70年代开始在非洲推行“社会调整计划”，鼓励民间社会参与减贫进程，但事实上收效甚微。非政府组织在能力、资源、成员方面差异大，捐赠者与受援者身份多重，利益冲突难以避免。因此，减贫最有效的依赖对象还是穷人自身。②

四　机制治理手段不同

从机制治理手段来看，联合国机制和世界银行一般都采用项目援助的方式，受援国必须要经过严格的项目论证才能获得援助，手续烦琐，要求严格，审核时间较长，援助的自主性

① Deborah A. Bräutigam, Monique Segarra, “Difficult Partnerships: The World Bank, States, and NGOs”, *Latin American Politics and Society*, 2007, 49 (4): 175.

② Peter Gibbon, “The World Bank and African Poverty, 1973 - 91”, *The Journal of Modern African Studies*, 1992, 30 (2): 220.

（ownership）低，受援国无法在方案制定和实施阶段充分参与，最后导致援助目标无法实现；① 经合组织的援助国对资金援助的要求相对宽松，只要双方达成协议，就可以启动援助程序，而不需要经过严格的项目审核，援助的自主性高，受援国对资金的使用具有较大的自主权。此外，在援助手段上，联合国机制和世界金融机制侧重于知识和方案援助。如世界银行的“国别减贫战略”和“综合发展框架”、联合国的“千年发展目标”和“联合国发展援助框架”等。在此基础上进行项目资金援助。经合组织的援助国侧重于资金援助。这些治理贫穷的手段有时相互冲突和矛盾，尤其是在援助方案上，不同的减贫机制提出了不同的解决方案，使得受援国无所适从，容易造成受援国政策扭曲。世界银行等多边援助机构强调国内治理的责任性、透明度、包容性等价值理念，而双边援助却可能将这些原则作为交易筹码，导致受援国国内政策扭曲，减贫能力下降。事实上，在撒哈拉以南非洲，财政收入的大部分来自国际社会的那些国家政府对其民众较不负责任，在维持公共合法性方面的压力较小。它们也不太可能发展有效的制度与机构，国内治理能力并没有得到有效提高。例如 1980 年以来，非洲领导人平均在位时间是 12 年，是西方民选总统在位时间的 3 倍。撒哈拉以南地区 32 个非洲国家 1982～1997 年的数据显示，在较高比例的援助与治理恶化之间存在统计上的正相关。② 即便如此，在国家利益的前提下 OECD 成员国

---

① Muhammad Mustafizur Rahaman，“The Limits of Foreign Aid in Strengthening Bangladesh's Parliament：Analysis of the U. N.'s Strengthening Parliamentary Democracy Project”，*Asian Survey*，2010，50（3）：495.

② Deborah A. Bräutigam，Stephen Knack，“Foreign Aid，Institutions，and Governance in Sub-Saharan Africa”，*Economic Development and Cultural Change*，2004，52（2）：255.

对受援国也迁就忍让。近年来，美国也对其国际发展署（Agency for International Development，AID）进行改革，提出“再发明”（reinvent）援助，对受援国的改革应该进行“说服”（persuasion），而不是“强迫”（coercion）。[①] 这样一来，即便是发达国家主导的国际金融机制与OECD双边援助机制之间也存在差异，两大机制对援助所附加的条件有不同的立场。

虽然这些国际减贫机制在治理贫穷的手段上侧重点不同，但基本上都是资金援助与知识方案援助相结合。这种治理形式反映了双方的意志和利益，有利于援助行动的顺利进行。第一，这种组合式的治理手段能把援助国的政治意图和战略利益体现在援助方案中，以双边协议的形式使双方的诉求合法化，如果受援国违反援助方案将可能导致援助中止，影响双边正常的外交关系。在国际援助中，真正无条件的援助几乎不存在，虽然西方国家大力倡导基于伙伴关系的发展援助，但是受援国受发达国家政治影响是不争的事实，这也是无法根除的弊端。援助不仅是经济性的活动，更是政治性的技术。受援国当地情况的复杂性导致社会协商必须多层多元，社会的组织性差。在援助链条中，援助者比受援者权力更大，处于主导地位，受援者的参与不充分。第三世界社会的多头性使得受援者无法形成有组织的群体，错误地把援助当作经济活动，而非政治活动，这样都导致援助无法成功。因此，受援国需要的是能起到沟通作用的“界面专家”（Interface Experts），这样才能吸引社会各种力

① Matthew R. Auer, “Agency Reform as Decision Process: The Reengineering of the Agency for International Development”, *Policy Sciences*, 1998, 31 (2): 100.

量参与到减贫中来。[①] 国际减贫机制应该在援助方案方面最大限度地达成共识，避免多种方案相互冲突和抵触。第二，客观而言，资金与方案结合在很大程度上能确保援助的成效。相比较而言，发达国家在发展经济、促进社会进步等方面积累了大量先进的经验，拥有可信赖的知识技术能力，这是发展中国家需要借鉴的。发达国家通过制定援助方案，把这些发展的经验和技术传授给发展中国家，能保证援助的效果。第三，援助方案有利于顺利推进援助任务。援助方案也是一项工作计划，对援助进程做出了规划。援助方案包含的原则、规则、程序、规范等对开展援助具有重要的指导作用。综上所述，国际减贫机制应该继续采用资金+知识的援助形式，但要在援助方案上达成共识。手段上达成一致，但在策略上存在差异，如减贫中如何处理公平与效率的问题一直让几大国际减贫机制难以选择。以效率换公平一直是减贫政策争论的中心话题。以市场化思维主导的国际金融机制认为，牺牲效率来换取穷人的公平通常是被人接受的，但是这样将付出更大的政策成本，减贫的效果往往在经济上和政治上都不可持续。[②] 联合国机制普遍认同以效率换取公平的减贫进路。

第三节　重构国际减贫机制的重叠结构

重叠的国际减贫机制给援助双方带来极大的不便，阻碍了援

---

① Tom De Herdt, Johan Bastiaensen, "Aid as an Encounter at the Interface: The Complexity of the Global Fight against Poverty", Third World Quarterly, 2004, 25 (5): 883.

② Pranab Bardhan, "Efficiency, Equity and Poverty Alleviation: Policy Issues in Less Developed Countries", *The Economic Journal*, 1996, 106 (438): 1344.

助行动，分散了援助资源，降低了援助的有效性，使得国际社会无法及时解决贫穷问题。

一　厘定贫穷标准

当前，国际减贫机制对贫穷的认知不统一，存在较大的分歧，导致认定贫穷的标准不一致。这就使得国际机制的问题领域不清晰，问题意识也淡化，减贫机制的特定性功能不显著，贫穷问题得不到及时解决。

世界银行不仅是金融机制，更是知识银行。作为具有专业知识的金融机制，它把贫穷定义为“贫穷是指福利的被剥夺状态”。其对贫穷的认识得到了国际社会的广泛认同。它提出的“多维贫穷”概念也反映了贫穷的客观现状和基本特征。世界银行的观点一直都是联合国、经合组织和非盟等国际机制的理论依据和政策主张，这为统一国际减贫机制的贫穷认定标准提供了理论基础。

虽然国际减贫机制在理论上都认可世界银行对贫穷的界定，但是各个国际减贫机制对贫穷认定的指标却各不相同。联合国大会的“千年发展目标”把日均消费水平和饥饿作为贫穷认定的数量指标；联合国大会下的开发计划署一方面将世界银行的“低收入”作为贫穷的认定指标，同时又编制了“多维贫穷指数”；经社理事会以“人均 GDP”为标准确定“最不发达国家”；世界银行对贫穷的认定标准也不一致，把“日均消费”作为贫穷人口的认定标准，把“人均 GDP”作为援助的门槛，把负债率作为减债的资格；经合组织借鉴了联合国经社理事会的“最不发达国家”标准，同时也采用了人均国民收入（GNI）的经济性指标，它把最不发达国家和其他人均国民收入（GNI）低于 935 美元（2007 年比价）的低收入国家作为发展援助的对象。

此外，国际减贫机制观察贫穷的视角也不尽相同。有的从个体本位出发，从人的贫穷来认定贫穷；有的从国家本位出发，从国家层面来认定贫穷。个体本位的视角能直观反映贫穷对人类的影响，分析单元更加微观，学术良知更加亲和。从国家本位的层面来分析贫穷，理论更加系统宏观，对策更加权威有效。两个分析层面和单元各有所长，作为国际关系的传统研究范式，国家本位更具有学术权威性。因此，以国家为分析单元，把国家确定为援助的对象更符合学术标准和现实需求。

从上可知，国际减贫机制都采取了量化指标来认定贫穷，相对于理论上的认识而言，量化指标客观准确地描述了贫穷的基本内容，有利于提出针对性强的减贫措施，能有效地统一国际减贫机制对贫穷的认定标准。同时，国际减贫机制把国家作为援助对象，更符合国际关系的发展现状。国际关系是一门以国家为分析单元的学科，民族国家是当今国际体系的基本结构单元，个人还不能成为国际关系观照的对象。因此，国际减贫机制应以数量为指标，以民族国家为单元，确定援助的对象。

鉴于此，国际减贫机制在援助非洲国家时，应采取联合国经社理事会制定的最不发达国家标准，把最不发达国家作为发展援助的对象。把最不发达国家作为援助对象也是联合国开发计划署和经合组织的主张和做法，也符合减贫的初衷。确定统一的援助对象能够统一几大国际减贫机制对于贫穷的认识，把贫穷提高到国家层面，从整体和宏观的视角采取措施，帮助最不发达国家减贫。在此基础上，把低收入、低消费、负债率、饥饿等作为观察贫穷的辅助性指标。当前，国际减贫机制应该把最不发达国家作为发展援助的主要对象。

二 协调援助工具

国际减贫机制对非洲援助的工具主要分为两类：资金和方案。在联合国机制中，联合国大会及其所属机构，如联合国开发计划署、联合国贸易和发展会议、联合国资本发展基金、联合国粮食计划署、联合国人类住区规划署、联合国儿童基金会、联合国人口基金、联合国艾滋病联合规划署等机构都给发展中国家提供资金援助。世界银行为受援国提供优惠的贷款和赠款。截至2010年6月30日，国际开发协会共向108个国家发放贷款和赠款高达2220亿美元，约50%流向非洲国家。作为国际上最大的双边援助机制，经合组织成员国每年都向发展中国家提供大量优惠贷款和无偿赠款。2012年OECD官方发展援助达到1260亿美元。

资金援助是发展援助最主要的援助工具，贷款和赠款是最主要的形式和手段。资金援助能直接有效地帮助发展中国家解决财力弱的问题。最不发达国家的基础设施不完善，疾病多发，自然灾害频发，民众基本生活得不到保证，民生问题突出。与此同时，大部分非洲最不发达国家自然资源丰富，劳动力成本低，劳动密集型和资源密集型产业发展空间巨大，但非洲国家缺乏资本和技术，依靠自身力量无法发展这些产业。资金援助能有效解决这些问题。但不同的国际机制对贷款附加了不同的条件，这些条件集中在经济增长上，其真实的减贫效果不得而知。援助不应只着眼于经济增长，而应看减贫的真实效果。学界普遍认为，完善的政策和体制环境是援助促进经济增长的前提条件。然而，“援助买增长”在事实上和理论上都是不可靠的。援助的目标应该更切合实际，不应寄希望于通过援助来实现社会整体性转型。

“不应期待援助能把经济起飞转变为经济可持续性增长。”① 腐败、不公、公共支出与减贫效果密切相关。援助国可以通过设立援助条件来促使受援国消除腐败和不公，但穷国的政策环境难以在短时间改变，实际效果不佳，因此应该改变援助的附加条件（conditionality），以选择性（selectivity）取代附加条件。相比较而言，实施有利于穷人的公共支出政策更容易达到减贫效果。因此，有利于穷人的公共支出（pro-poor expenditure index）应该成为援助附加条件的经验法则（rule of thumb）。② 因此，从公共财政政策方面进行改革更容易发挥援助资金的作用，也能理顺不同减贫机制附加的贷款条件。此外，学界普遍认为，完善的政策和体制环境是援助促进经济增长的前提条件。

发展方案是援助最不发达国家的另一个途径。虽然发展方案等知识援助不属于官方发展援助范畴，但与官方发展援助关系紧密。国际减贫机制的援助基本上都采取项目制，受援国需要按照援助方的要求制定项目计划，只有符合援助方要求的国家才能获得资金支持。然而，不同的国际减贫机制对项目计划有不同的要求，如联合国机制在遴选项目时更注重事实标准，世界银行更注重受援国的宏观经济管理能力，经合组织基本上都是从双边关系的角度决定是否援助。而且这些要求在技术细节上大相径庭，需要经过严格的专业知识训练才能制订出符合援助方要求的项目计划。这些要求往往让受援国无所适从。

---

① William Easterly, “Can Foreign Aid Buy Growth?”, *The Journal of Economic Perspectives*, 2003, 17 (3): 40.

② Paul Mosley, John Hudson, Arjan Verschoor, “Aid, Poverty Reduction and the ‘New Conditionality’”, *The Economic Journal*, 2004, 114 (496): 237.

联合国大会发布的“千年发展目标”制定了8个发展目标，同时提出了实现这些目标要采取的措施。这些措施涵盖了政治、经济、文化、社会等多个方面，反映了当前国际社会的主流价值观，体现了民主、自由、责任、透明等现代政治基本原则。为实现“千年发展目标”，联合国为各国提供发展援助框架。国别小组根据联合国发展集团的指导手册和技术规范，在对受援国进行调查研究的基础上，制定出规范的国别发展援助框架。相较于国际金融机制，联合国更强调从社会整体上来制定减贫战略，而不是单从经济政策上考虑减贫。长期以来学术界都认为，援助必须与良好的宏观经济政策结合起来，但事实上，非洲减贫必须考虑到特定的社会经济政策和政治条件。国际机制迷恋通过经济的办法来实现减贫，因为“经济学家一直主导国际发展议事日程”。[①] 联合国贸易与发展会议下属的“非洲、最不发达国家和特别项目处”和联合国经社理事会下属的非洲经济委员会也可以对非洲国家减贫提供政策建议。联合国秘书处制定的《2001～2010十年期支援最不发达国家行动纲领》，提出鼓励以人为本的政策框架以及国家和国际两级的善政，建设生产能力，使全球化有利于最不发达国家，加强贸易在发展中的作用，减少脆弱性并保护环境，以及调动财政资源等。

国际开发协会和国际货币基金组织于1996年组织发起的重债穷国动议主张扩大债务国参与权，增强透明度和责任性等，并且要求低收入重债国家制定《减贫战略文件》，建立健全法制，建立可靠和负责任的金融体系，促进一个可自我维持的私营部门的发展。要制订详细的计划来改进公共服务，改善贫穷人口的生

① Goran Hyden, “Governance and Poverty Reduction in Africa”, *Proceedings of the National Academy of Sciences of the United States of America*, 2007, 104 (43): 16751.

活品质。此后两大金融机构还推出了多边减债动议和债务可持续框架，分别对减债资格做出了量化规定。2008 年 11 月，世界银行发起了“债务管理机构”，要求债务国维护宏观经济稳定性，提高政府有效的治理能力，抵御债务风险。世行为各国政府牵头制定“综合发展框架”，该框架已成为世行向发展中国家提供援助的指导性文件，强调长期结构性和社会性问题，认为建立在透明、互信和协商基础上的伙伴合作能提高援助的效能。在综合发展框架的基础上，各国要编制减贫战略文件，世界银行对此也有专门的技术规范。只有编制完成了减贫战略文件，世界银行才能制定国别援助战略，启动援助程序。

这些机制及其方案具有不同的原则和规范，给受援国造成了思想观念的混乱，也产生了政策措施的重叠，浪费了紧缺的援助资源，加重了受援国的负担，制约了援助的效能，挫伤了援助伙伴的积极性，使得贫穷问题久拖不决。鉴于此，国际减贫机制应该统一编制减贫战略，在此基础上制定援助战略。

三　理顺援助机构之间的关系

虽然最不发达国家把联合国、布雷顿森林体系、双边援助机构称为“发展伙伴”，但很多情况下，这些组织给穷国带来的麻烦和帮助一样多。繁杂的援助机构、冗长的工作流程、遍地开花的援助项目让穷国疲于应付，也严重制约了援助效率。“援助的协调对支持一个以千年发展目标为基础的减贫战略是关键的……整个问题的关键所在是充分利用联合国体系”。[①] 作为联合国最

① 〔美〕杰弗里·萨克斯（Jeffrey Sachs）：《贫穷的终结》，邹光译，上海人民出版社，2007，第 245 页。

大的发展援助机构的发展计划署应作为编制减贫战略的权威机构。联合国开发计划署应建立专门的“最不发达国家”发展援助办公室，所有的援助申请都统一集中到这个办公室，办公室由秘书处、经社理事会等联合国机构、世界银行、经合组织、非盟等成员构成，然后集中对项目进行审批。这样对内能整合联合国机制内部资源，把联合国大会、经社理事会、秘书会的相关职能集中到发展援助办公室，利用现有的开发计划署与联合国国别小组的工作架构，构建对最不发达国家进行发展援助的新机制，对外能吸收世界银行和经合组织的专业知识，使其成为发展援助方案的专家库和智囊团。世界银行在项目管理、统计分析、经济管理等方面具有独特的优势和职能。经合组织在同行审查方面形成了切实可行、效果显著的工作机制，要把经合组织作为一个援助申报、同行审查的专业机构，使其在援助有效性方面发挥技术优势。联合国开发计划署与世界银行帮助最不发达国家制定减贫战略。在此基础上开发计划署制定援助战略；世界银行负责项目审核和评估，多边和双边金融及发展机构应加紧按最高标准协调统一业务程序，以降低援助成本，并且更为灵活地使用和交付官方国际发展援助款项；经合组织负责统计并监督落实援助任务；非盟和非洲开发银行协助开发计划署的援助工作，并遵从相关的工作规范。

如此一来，国际减贫机制形成了一套分工明确、优长互补、运转协调、成效显著的工作机制。援助资金和方案在这个机制下更能发挥援助效能。

“最不发达国家”发展援助办公室将“千年发展目标”作为全球减贫目标，根据联合国开发计划署的援助资源分配规则来分配资源，即根据联合国开发计划署执行局第95/23号决定，核心资源分配目标中60%给予最不发达国家。联合国、世界银行等多边援助机构和经合组织等双边援助机构必须将援助金额的60%用于最不发达国家。

当地公民社会的参与是援助成功的关键。如果减贫政策受一个远距离、不负责任的、反应迟钝的腐败机构操控，减贫的资源则很难到达穷人手中。必须要让当地受益的人群参与到减贫项目中来，这样才能使得决策更负责任，更能改善项目质量，节约减贫成本。“当地的信息更能辨别提供公共服务的低廉价格和合适的方式。”[①] 任何国际减贫机制都应该建立在与当地形成的合作伙伴关系的基础上。

四　统一决策机制

从决策程序和投票规则来看，国际机制之间会产生冲突和矛盾。2000年国际货币基金组织、世界银行、联合国、经合组织发表了《更好的世界》（A Better World for All），其中设定的发展目标被整合进了联合国千年宣言。从政治意识形态而言，联合国机制的表决制度更具有左派色彩，而布雷顿森林体系具有右派倾向，其份额投票制度体现了资本的力量，而忽视了社会参与。但是，当下多边国际机制在减贫领域出现了“第三条道路”，即中间道路。两大机制之间的矛盾日益弥合，然而，随着减贫的失败，“联合国机制和布雷顿森林体系之间的历史张力将重新出现，而且将变得更加紧张。”[②] 联合国大会的成员国一国一票，

① Pranab Bardhan, “Efficiency, Equity and Poverty Alleviation: Policy Issues in Less Developed Countries”, *The Economic Journal*, 1996, 106 (438): 1354.

② Jean-Philippe Thérien , “Multilateral Institutions and the Poverty Debate: Towards a Global Third Way?”, *International Journal*, 2002, 57 (2): 252.

集体讨论，实行大国一致原则。联合国系统下的其他援助机制大多按照普遍一致的原则通过援助计划。如世界粮食计划署每年都要制订国家援助计划。该援助计划的编制以联合国发展援助框架（UNDAF）为基础，采取与联合国开发计划署、联合国人口基金会、联合国儿童基金会类似的编制方法。只要有5个成员国的同意，计划便可提交大会讨论。会议在普遍同意的原则下通过援助计划。对于紧急援助，世界粮食计划署制定了紧急状况的标准和反应机制，只有符合这些标准才能启动紧急援助程序。世界粮食计划署还对紧急援助的退出机制做出明确规定。对于特别需求的援助世界粮食计划署也有相应的机制安排。世界银行和IMF采用基础投票和加权投票相结合的投票规则，根据出资额来确定份额投票权，除特别规定外，一切事项需经半数投票权同意方能通过，份额分配等重大事项需要85%以上的投票份额同意。世界银行所有的贷款项目都需要得到执行董事会的批准，只有获得一半以上的投票才能通过。经合组织的表决采取一致同意的规则，所有重要决议都需要得到成员国一致同意，所有成员国的发言权同等重要。然而，经合组织本身不实施任何援助项目，所有援助都是由成员国实施。援助双方需要经过外交谈判才能达成援助协议，这个过程没有任何投票程序，基本上都是援助国起决定性的主导作用。

多种决策程序导致援助国无法集中资源解决日益严峻的贫穷问题。不同的国家具有不同的利益偏好，多种决策程序中的选择呈现离散状态，无法统一国际社会的援助行动。不同的决策程序也导致国际减贫机制之间产生冲突和矛盾，抵消了国际社会减贫的努力。世界银行与国际货币基金组织在决策程序上就保持了高度的统一性，非常值得借鉴。国际货币基金组织和世界银行的投票权大小都与会员国认购的股本成正比，每一会员国有 250 票基本投票权。国际货币基金组织按各国所缴纳的份额，每 10 万特别提款权增加 1 票；世界银行成员国每认购 10 万美元的股本即增加 1 票。与基本投票数相加就是该国的投票总数。这使得两个组织能够在同一基础上做出可预测的援助决策。当然，发展援助的决策不应该以股本作为标准，而应该以贫困的深度作为援助的依据，但世界银行与国际货币基金组织在决策程序的设计上值得其他国际机制效法。

国际减贫机制应该在投票决策之前，就援助项目和方案进行广泛深入的磋商，按照各自分工进行专业化的作业，力争在援助项目立项阶段达成一致。援助项目统一由联合国开发计划署专门的“最不发达国家”发展援助办公室进行审核。项目审核完成后，发展援助办公室进行投票表决。投票规则采取一人一票制，简单多数和一票否决制相结合，援助项目的出资方具有一票否决权。联合国及其所属援助机构、世界银行、欧盟、地区开发银行等多边援助机制直接与援助国谈判援助协议，不必再经过此前相关的项目审核程序。由于援助方已经在联合国开发计划署专门的“最不发达国家”发展援助办公室的协调下对项目进行了严格审核，在技术和程序上已经通过了审批，援助机构只需就援助协议进行谈判。这种制度安排既保证了“最不发达国家”发展援助办公室的权威性，又体现了援助方的独立性。由于每个援助项目的主要出资方可能不同，实际上每个援助机构都拥有一票否决权，这有效保证了各援助机构的独立性。经合组织等双边援助机构不涉及表决投票程序，援助与否取决于双边的谈判协商。

总之，重建国际减贫机制的重叠结构能提高援助的有效性。援助项目统一由联合国开发计划署“最不发达国家”发展援助办公室进行技术和程序审核，其作用相当于“出纳”。世界银行提供专业的知识和技术支撑，其作用相当于“采购员”。所有援助方都要向经合组织申报援助信息，经合组织根据现有的报告程序进行援助信息申报，经合组织进行同行审查，其作用相当于“会计”。

小　结

机制的重叠降低了援助的有效性，千年发展目标无法按期实现，国际减贫机制由于存在功能与价值冲突、援助标准相互冲突、行为体身份重叠、机制治理手段不一等问题，无法实现减贫目标。因此，必须厘定贫穷标准，协调援助工具和援助机构，统一决策机制，以此重构国际减贫机制的重叠结构，充分发挥各种国际机制的减贫效能，促进千年发展目标按期实现。

第五章　中国的对非援助

第一节　中国的对非政策

中非友谊源远流长，在争取民族解放的斗争中始终相互同情、相互支持，为双边关系打下了坚实的历史基础。

新中国成立和非洲国家独立开创了中非关系新纪元。1949年10月16日非洲事务会议主席保罗·罗伯逊致电毛泽东主席，祝贺中华人民共和国诞生。[①] 1955年4月18～24日周恩来总理率领中国代表团出席了在印度尼西亚万隆市举行的第一次亚非会议。来自29个国家和地区的代表与会。参加会议的非洲国家有埃及、埃塞俄比亚、利比里亚、利比亚和苏丹等。会议闭幕时发表了洋溢着团结合作精神的《亚非会议最后公报》，提出指导国际关系的十项原则，其核心内容便是由中国和印度首先倡导的“互相尊重主权和领土完整、互不侵犯、互不干涉内政、平等互利、和平共处”五项原则。1956年5月30日埃及与中国建立大使级外交关系，成为非洲第一个与中国建交的国

① 赵儒林：《中非关系50年大事记（1949～1999）》，《西亚非洲》2000年第5期，第73页。

家，谱写了中非关系新篇章。半个多世纪以来，双方政治关系密切，经贸关系发展迅速，在国际事务中的磋商与协调日益加强。中国向非洲国家提供了力所能及的援助，非洲国家也给予中国诸多有力的支持。

中非关系可以分为三个时期：1949～1977年，中非关系正常化时期；1978～1995年，中非关系转型期，其间中国改革开放带来了中国外交政策的调整，中国对非外交政策在20世纪80年代走向成熟；[①] 1995年至今，中非关系快速发展时期。截至2010年6月，我国与非洲49个国家建立正式外交关系，布基纳法索、冈比亚、圣多美和普林西比、斯威士兰四个国家与中国台湾建立了所谓的外交关系。

近年来，中非关系引起了国际社会前所未有的关注，学术界也呼吁深入研究中非关系，超越中非关系研究中"丛林之龙"（Dragon in the Bush）的阶段，[②] 把中非关系置于亚非关系研究的大局中，全面深入研究双边关系。有人也认为，虽然非洲不断引起政策制定者的注意，但是在中国看来，非洲还是中国外交政策关注最少的地区。[③] 中非关系最终取决于双边经贸交往的深度和广度。

一　中国对非政策的总体原则和目标

2006年1月12日，中国政府在北京发表《中国对非洲政策

---

① Gerald Segal, "China and Africa", *Political and Social Science*, 1992, 519: 120.

② Daniel Large, "Beyond 'Dragon in the Bush': The Study of China-Africa Relations", *African Affairs*, 2008, 107 (426): 45.

③ Gerald Segal, "China and Africa", *Annals of the American Academy of Political and Social Science*, 1992, 519: 126.

文件》，文件确定了中非关系四项原则和目标。第一，真诚友好，平等相待。坚持和平共处五项原则，尊重非洲国家自主选择发展道路，支持非洲国家联合自强。第二，互利互惠，共同繁荣。支持非洲国家发展经济、建设国家，同非洲国家开展形式多样的经贸及社会发展领域的合作，促进共同发展。第三，相互支持，密切配合。加强与非洲在联合国等多边机制内的合作，支持彼此正当要求与合理主张；继续推动国际社会重视非洲的和平与发展。第四，相互学习，共谋发展。相互学习借鉴治国理政和发展的经验，加强科教文卫领域的交流合作，支持非洲国家加强能力建设，共同探索可持续发展之路。一个中国原则是中国同非洲国家及地区组织建立和发展关系的政治基础。中国政府赞赏绝大多数非洲国家恪守一个中国原则，不同中国台湾地区发展官方关系和进行官方往来，支持中国统一大业。中国愿在一个中国的基础上与未建交国建立和发展国家关系。文件还对双方在政治、经济、教育、科技、文化、卫生、社会、和平和安全等方面的合作制定了切实可行的目标和方案。

文件宣示了中国对非政策的目标及措施，规划了今后一段时期双方在各领域的合作，必将推动中非新型战略伙伴关系深入发展。

二　中非新型战略伙伴关系不断推进

在 2006 年的中非合作论坛北京峰会上，中非一致同意建立和发展政治上平等互信、经济上合作共赢、文化上交流互鉴的新型战略伙伴关系。

（一）政治互信不断增强

从 2000 年 10 月首届部长级会议上江泽民主席提出中非建

立“长期稳定、平等互利的新型伙伴关系”，到2006年11月中非合作论坛北京峰会上胡锦涛主席和非洲领导人一致同意建立和发展“政治上平等互信、经济上合作共赢、文化上交流互鉴的新型战略伙伴关系”，中非关系层次不断提升，内涵日益丰富。论坛搭建的多层次平等对话机制，促进双方增进了解、扩大共识，推动了中非关系稳步提升。北京峰会后，中国国家主席胡锦涛、全国人大常委会委员长吴邦国、国务院总理温家宝、全国政协主席贾庆林等国家领导人共访问了36个非洲国家。非方有36位总统、副总统、总理、议长访华。中国外长坚持每年首访非洲的传统，北京峰会后共访问了埃及、南非、卢旺达、几内亚比绍、马拉维、厄立特里亚、赞比亚等16个非洲国家，突尼斯、布隆迪、埃塞俄比亚、赤道几内亚、佛得角、马里、科特迪瓦、尼日尔、中非等15个非洲国家外长访华。中国已与28个非洲国家建立了外交部政治磋商或战略对话机制。[①] 1978～1990年，230多个撒哈拉以南非洲国家的政党访问了中国，中国共产党派出了56个代表团访问了撒哈拉以南非洲39个国家。[②] 到2002年，中共与撒哈拉以南40多个国家的60多个政党建立了党际关系，其中大部分是执政党，党际交往十分频繁（见表5－1）。

（二）务实合作全面推进

中非合作论坛以共同发展为目标，以深化合作为宗旨，以互

---

① 《中非合作论坛北京峰会后续行动落实情况》，http：//www. focac. org/chn/dsjbzjhy/bzhyhywj/t627503. htm。

② Li Anshan, “China's New Policy toward Africa”, in Robert I. Rotberg, *China into Africa: Trade, Aid, and Influence*, Washington, D. C.: Brookings Institution Press, 2008: 24.

表 5 - 1　中非政党交往次数统计（2002～2006 年）

单位：次

项目	2002 年	2003 年	2004 年	2005 年	2006 年	总次数
非政党访华次数	16	13	16	24	21	90
中共访非次数	17	8	20	19	14	78

资料来源：Li Anshan，“China's New Policy toward Africa”，in Robert I. Rotberg，*China into Africa：Trade，Aid，and Influence*. Washington，D. C.：Brookings Institution Press，2008：24.

利共赢为原则，构筑起全方位立体式合作体系。10 年来，中国向非洲提供的无偿援助、无息贷款和优惠贷款大幅增加，合作成果惠及中非双方。双方贸易额由 2000 年的 106 亿美元增长至 2008 年的 1068 亿美元，年增长率保持在 30% 以上。2010 年前三季度，双方贸易额已达 937 亿美元，同比增长 48%。2009 年中国对非直接投资 14.4 亿美元，比 2000 年增长近 6 倍。截至 2009 年底，中国免除 35 个非洲重债穷国和最不发达国家无息贷款债务 300 多笔。2008 年，中国企业对非直接投资流量达 54.9 亿美元，截至 2008 年底对非直接投资存量达 78.1 亿美元。2009 年1～6 月，中国非金融类对非直接投资达 5.52 亿美元。中国与 31 个非洲最不发达国家完成了涉及 478 个税目（按 2009 年中国海关税则 8 位编码计）输华商品的免关税换文，并于 2007 年 7 月 1 日起陆续实施。为促进非洲商品对华出口，中方举办了两次非洲商品展。中国政府支持中国金融机构设立中非发展基金。基金于 2007 年 6 月开业运营，首期规模 10 亿美元。双方还在基础设施建设、能源、农业、金融、医疗卫生等领域开展了务实高效合作，对中非互利双赢、共同发展起到积极有效的推动作用。

（三）人文交流日益密切

中非合作论坛尊重中非各自的文化特性，促进了不同文明和谐共存、交流互鉴。10 年来，中非在教育、科技、文化以及人员交流、人力资源开发等领域合作成果丰硕。中非青年联欢节、中非文化聚焦、中非科技伙伴计划、中非法律论坛、中非联合研究交流计划等合作项目，有力增进了中非人民的相互了解和友谊。南非在落实中非人文交流方面成果尤为突出，目前已有 5 所孔子学院在南非落户。中国对非培训工作加速推进，迄今为止已为非洲培训近 3 万名各类人才；2009 年非洲在华留学生达 1.2 万多名。[①] 北京峰会后，非洲国家共有 15 个政府文化代表团访华，中国共与 15 个非洲国家签署了文化协定年度执行计划。中国在埃及、毛里求斯、贝宁设立的中国文化中心，已成为非洲人民了解中国和中国文化的重要窗口。中国先后有 20 个省市的艺术团组共 734 人赴非洲访问演出，参加了非洲国家举办的 27 个艺术节或庆祝活动。中方共邀请 21 个非洲国家的艺术团组 370 人来华访问演出并参加中国举办的国际性艺术节。中非双方互办的“文化聚焦”活动，成为中非文化交流的亮点。2008 年 10 月，“2008 非洲文化聚焦”活动在中国深圳成功举行，2009 年 4 ~ 10 月中方在 20 余个非洲国家举行“2009 中国文化聚焦”活动，多角度、全方位展示了双方文化和文化交流成果，有力推动了中非文化交流的发展和繁荣。[②]

---

① 习近平：《共创中非新型战略伙伴关系的美好未来——在纪念中非合作论坛成立 10 周年研讨会开幕式上的演讲》，《新华月报》2010 年第 24 期，第 80 ~ 81 页。

② 《中非合作论坛北京峰会后续行动落实情况》，http：//www.focac.org/chn/dsjbzjhy/bzhyhywj/t627503.htm。

三　中非合作论坛是发展双边关系的重要机制

2000 年创立的中非合作论坛已成为中非进行集体对话与多边合作的有效机制，构筑了中非间长期稳定、平等互利新型伙伴关系的重要框架和平台。2003 年 12 月 15 ~ 16 日在埃塞俄比亚首都亚的斯亚贝巴，双方共同举行中非合作论坛第二届部长级会议。会议通过了《中非合作论坛——亚的斯亚贝巴行动计划（2004 ~2006）》及后续行动。北京峰会肯定了该行动计划的成功实施。在 2006 年中非合作论坛北京峰会上，胡锦涛主席代表中国政府宣布了加强中非务实合作、支持非洲发展的八项政策措施。目前这八项措施得到了全面实施。2009 年 11 月 8 ~ 9 日，中非合作论坛第四届部长级会议在埃及沙姆沙伊赫召开。来自中国和 49 个非洲国家（以下简称“双方”）的外交部长和负责经济合作事务的部长出席了会议，会议通过了《中非合作论坛——沙姆沙伊赫行动计划（2010 ~2012 年）》。

（一）政治互信是中非合作的基础

中国与非洲国家同为发展中国家，在民族解放独立斗争中结下了深厚的传统友谊，在发展本国经济中相互依赖、相互支持，彼此学习借鉴，双方存在广阔的合作空间，在处理国际事务中相互支持、相互合作，尊重和照顾，彼此关切，团结协作，共同维护本民族独立和尊严。中非合作是发展中国家之间的互动，双方有着共同的利益诉求和主张，与欧美发达国家必然产生利益冲突，只有在外交领域相互合作才能维护共同的利益。中国坚定地支持非洲国家的独立自主权，反对干涉非洲国家内政。中国支持非洲在所有涉及世界经济安排中的充分代表权，尊重《联合国宪章》、和平共处五项原则及其他公认的国际关系准则，与非洲共同致力于建立多边、民主、平等的国际政治经济新秩序。中国对非战略是基于世界多极化和不干预的和平外交政策的，这符合双边利益。[①] 坚持“共同但有区别的责任”原则，解决非洲面临的气候变化问题。反对人权领域的政治化和双重标准，优先关注发展权。中非双方在外交领域彼此协调立场，共同维护本国利益。这一切都建立在政治互信的基础之上。双方高层外交活跃，领导人互访会晤频繁，对话交流顺畅。政党、议会、司法合作不断推进。中国政府将继续支持联合国安理会在帮助解决非洲地区冲突问题上发挥建设性作用，继续支持并参与联合国在非洲的维和行动。

中国在撒哈拉以南 48 个非洲国家建立了 38 个大使馆，与 14 个国家开展了军事交流。中国共产党与非洲各党派党际交流频繁。中国全国人大与非洲 12 个以上的议会开展了议会外交。中非高层互访频繁。江泽民主席曾 4 次访问非洲。自 2003 年始，胡锦涛主席曾 6 次访问非洲，2006 年温家宝总理访问了 7 个非洲国家。中央政治局常委出访过大部分非洲国家，48 个非洲国家的代表出席了 2006 年中非合作论坛北京峰会。

（二）经贸合作是中非合作的主要领域

中非合作的目的在于促进双方经济发展，提高民众生活水平，增进民众的福祉。中非经贸合作能快速有效地减轻非洲贫穷，促进社会就业，改善基础设施，促进对外贸易，提高国际经济竞争力。贸易和投资在中非关系中扮演了重要角色。[②] 自 2000

① Denis M. Tull, “China's Engagement in Africa: Scope, Significance and Consequences”, *The Journal of Modern African Studies*, 2006, 44 (3): 459 - 479.

② Barry Sautman, Yan Hairong, “Friends and Interests: China's Distinctive Links with Africa”, *African Studies Review*, 2007, 50 (3): 80.

年中非合作论坛建立以来，中非合作的主要内容是经贸合作。中国政府决定：2010～2013年向非洲国家派遣50个农业技术组，为非洲国家培训2000名农业技术人员，为非洲国家援建的农业技术示范中心数量增至20个。向联合国粮农组织捐款3000万美元设立信托基金，积极利用该信托基金支持中国在联合国粮农组织“粮食安全特别计划”框架下，与非洲国家开展南南合作。中方决定将中非发展基金规模增加到30亿美元，支持中国企业扩大对非投资。2010～2013年，中方向非洲国家提供了100亿美元的优惠性质贷款，主要用于基础设施项目和社会发展项目。在促进中非贸易方面，中方承诺进一步向非洲国家开放市场。决定逐步给予与中国有外交关系的非洲最不发达国家95%的产品免关税待遇，2010年首先对60%的产品实施免关税。为帮助非洲国家改善商业设施条件，中方在非洲国家建设了3～5个物流中心。支持中国金融机构设立10亿美元的非洲中小企业发展专项贷款，帮助非洲的中小企业发展。中国政府决定，免除非洲所有与中国有外交关系的重债穷国和最不发达国家截至2009年底对华到期未还的政府无息贷款债务。

（三）人文交流是中非合作的新动力

中国和非洲都拥有灿烂的历史和文化，加强中非文化交流与文明互鉴，能促进世界不同文明的对话与交流。中非合作不仅是政府之间的合作，而且还是双边民众之间的交流互动。人文交流是民间交流的主要内容和形式，能促进双方理解、信任和合作。与此同时，人文交流又能推动双边政治、经贸、安全等领域的合作，成为中非合作的动力。

根据中非合作论坛的行动计划，2010～2013年中国为非洲国家培训的各类人才总计达到2万名。中方出资150万美元，支持“非洲发展新伙伴计划”在非洲实施护士及助产士培训项目；为非洲国家援助50所中非友好学校；倡议实施“中非高校20+20合作计划”，选择中方20所大学（或职业教育学院）与非洲国家的20所大学（或职业教育学院）建立“一对一”的校际合作新模式。2010~2013年，招收了200名非洲中高级行政管理人员来华攻读公共管理硕士（MPA）学位；继续增加中国政府奖学金名额，到2012年将向非洲提供的奖学金名额增至5500名。加大为非洲国家中小学、职业院校培养和培训师资的力度，为非洲国家培训1500名校长和教师；适时召开“中非合作论坛——科技论坛”，并倡议启动“中非科技伙伴计划”，帮助非洲国家提高自身科技能力。2010~2013年中方实施了100个联合研究和示范项目，接收100名非洲博士后来华进行科研工作；为援非30所医院和30个疟疾防治中心提供价值5亿元人民币的医疗设备和抗疟物资；邀请在援非疟疾防治中心工作的受援国专业技术人员来华培训，并使之成为可持续发展项目；为非洲国家培训医生、护士和管理人员达到3000名。在中非合作论坛框架下召开“中非合作论坛——文化论坛”，加强双方政府间文化部门的定期磋商；共同打造中非文化交流“文化聚焦”品牌，逢双年在中国举办“非洲文化聚焦”活动，逢单年在非洲举办“中国文化聚焦”活动；启动“中非文化人士互访计划”，加强中非文化艺术管理部门以及文化艺术界专业人士之间的交流与合作；在非洲增设中国文化中心，为中非文化交流常态化以及公众了解、研习提供便利。实施“中非联合研究交流计划”，通过研讨会、学者互访、合作课题研究等多种方式，加强双方学者、智库的合作与交流。

第二节 中国对非洲的援助

一 对非援助概况

中国对非援助以“文化大革命”为时间节点，分为三个阶段。1950～1963年，新中国先后与一些亚非拉国家建交，赢得国际社会对新中国的承认。为此，中国开展了一些力所能及的对外援助，至少15个国家得到了援助，其中大部分是社会主义或民族独立的国家。1957年，随着中苏关系的恶化，为抵制苏联在非洲的势力，中国加大了对一些非洲国家的援助力度。扎伊尔总统蒙博托是当时中国对非援助最大的受益者，因为他反对苏联支持的邻国安哥拉。

“文革”期间的1964～1977年，由于中苏关系全面恶化，中国在国际社会高举反霸旗帜，加强与第三世界国家发展外交关系，赢得了广大亚非拉国家的支持，在1971年恢复了联合国安理会常任理事国席位。中国的对外援助扩大到了23个新成立的国家，其中16个是非洲国家。其间，为争取与中国台湾地区建立所谓外交关系的非洲国家支持，大陆方面同意，只要与台湾断交，大陆将继续完成台湾在这些国家的援助项目，并对这些国家增加更多的援助。即便是在“文革”期间，中国仍不断加大对外援助力度。至20世纪70年代末，中国为74个国家提供了援助。其间，中国每年用于对外援助的金额达到3.5亿美元。①

① Deborah Brautigam, “China’s foreign Aid in Africa: What Do We Know?” in Robert I. Rotberg, *China into Africa: Trade, Aid, and Influence*. Washington, D. C.: Brookings Institution Press, 2008: 203.

1956～1977年，中国为36个非洲国家提供了总额达24.76亿美元的经济援助，大约占中国外援总额42.76亿美元的58%。在70年代，虽然苏联是非洲最大的武器贸易伙伴，但是其对非洲的援助仅为18亿美元。① 20世纪60年代后期到80年代初期，中国对非洲的援助为每年1亿美元左右。这个数目与英国、法国和美国所提供的援助数目相比很小，这三国在1971～1981年间向非洲国家每年援助的数目分别是2.5亿美元、13亿美元和8亿美元。②

改革开放初期，中国自身缺乏资金，导致用于外援的经费减少。中国对非援助项目更加注重经济效果。1989年，受西方制裁和国内政治环境的影响，中国加强了对非关系，对非援助大幅增加。20世纪90年代共有52个国家接受了中国的外援，其中非洲国家为24个。③ 中国对外援助一直保持快速增长的势头。2003年，中国外长李肇星在中国合作论坛上说，2000～2003年，中国政府对外援助的44%用于对非援助。根据这一增长速度计算，2006年大约为4.62亿美元，2007年大约为6.16美元，2009年大约为10亿美元。④

近年来，中国实行"走出去"战略，鼓励有实力的企业到

---

① Li Anshan, "China's New Policy toward Africa", in Robert I. Rotberg, *China into Africa: Trade, Aid, and Influence*, Washington, D. C.: Brookings Institution Press, 2008: 25.

② 马丁·戴维斯、曹大松：《中国对非洲的援助政策及评价》，《世界经济与政治》2008年第9期，第39页。

③ an Taylor, "China's Foreign Policy towards Africa in the 1990s", *The Journal of Modern African Studies*, 1998, 36 (3): 451.

④ Deborah Brautigam, "China's foreign Aid in Africa: What Do We Know?" in Robert I. Rotberg. *China into Africa: Trade, Aid, and Influence*. Washington, D. C.: Brookings Institution Press, 2008: 209.

外国投资，中国对外优惠贷款在2001～2005年间以35%的速度增长。至2005年底，中国进出口银行批准了总额约500亿美元的200多个非洲项目的优惠贷款。然而世界银行的报告表明，截至2005年，中国进出口银行仅为55个项目发放了大约8亿美元的优惠贷款。按照经合组织的标准，该行的大部分优惠贷款不符合官方发展援助的标准。中国不少公私合资的公司在非洲开展业务，不少对非援助是通过这些公司实施的。[①] 按照国际标准，这些公司的援助都不符合官方发展援助的标准。

2006年6月，温家宝总理称在1957～2006年期间，中国政府对非援助金额总共约为444亿元人民币，约合57亿美元。[②] 这一数据与此前大多数学者的估计大体一致。这些援助包括商业部的赠款和零利率贷款，还有中国进出口银行的利息补贴。

二　对非援助工具

中国对非援助的形式主要有无偿赠与（资金或物质）、减免债务、零利率贷款、贴息贷款、低利率优惠贷款、人员培训、知识技术援助、工程援建、军事援助等，其中大部分具有促进非洲发展的作用，但不少援助与经合组织发展援助委员会的标准有区别。

根据《中非合作论坛——北京行动计划（2007～2009年）》和《中非合作论坛——沙姆沙伊赫行动计划（2010～2012年）》，中国对非援助主要分为以下几个方面。

---

① David Seddon, "China: Africa's New Business Partner", *Review of African Political Economy*, 2006, 33 (110): 749.

② Deborah Brautigam, "China's foreign Aid", in Robert I. Rotberg. *China into Africa: Trade, Aid, and Influence*. Washington, D. C.: Brookings Institution Press, 2008: 208.

（1）在和平与安全领域，将继续参与联合国在非洲的维和行动，根据联合国安理会有关决议精神在亚丁湾和索马里海域打击海盗。

（2）在经济贸易领域，中国将中非发展基金规模增加到30亿美元，支持中国企业扩大对非投资。在非洲设立境外经贸合作区，提供优惠性质的贷款。2010～2013年，中方向非洲国家提供100亿美元的优惠性质贷款，主要用于基础设施项目和社会发展项目。免除关税。给予与中国有外交关系的非洲最不发达国家95%的产品免关税待遇。在中国设立“非洲产品展销中心”，对入驻的非洲企业提供减免费用等优惠政策，促进非洲商品对华出口。在非洲国家建立物流中心。支持中国金融机构设立10亿美元的非洲中小企业发展专项贷款，帮助非洲的中小企业发展。提高非洲国家能源资源产品附加值，提高其深加工能力。给予更多具备条件的非洲国家以“中国公民组团出境旅游目的地”地位。

（3）在发展领域，向联合国粮农组织的信托基金捐资，与非洲国家开展南南合作。中国继续减免非洲国家债务，免除非洲所有与中国有外交关系的重债穷国和最不发达国家截至2009年底对华到期未还的政府无息贷款债务。加强科技合作与技术转让。向非洲国家派遣农业技术组，先为非洲国家援建农业技术示范中心，运营好已经建立的农业技术示范中心。开展联合研究，邀请博士后来华工作。援建医院和抗疟中心。提供价值5亿元的医疗设备和抗疟物资。向非洲派遣援外医疗队。与非洲国家共享中巴（中国－巴西）地球资源卫星数据。实施中国青年志愿者非洲服务计划，派遣青年志愿者赴非洲国家从事医疗、卫生、体育、农业、教育等志愿服务活动。

（4）在人文教育领域，第一，为非洲国家培训人力资源。为非洲国家培训农业技术人员、信息通信人才、医生、护士、管理人员、汉语教师和本土师资。第二，开展教育援助。为非洲国家援助50所中非友好学校。促进双边高校建立“一对一”的校际合作。第三，加快孔子学院发展，在非洲增设中国文化中心。举办非洲国家政府官员新闻研修班。

按照经合组织发展援助委员会关于ODA（官方发展援助）的定义，第一部分的援助属于赠与，符合发展援助的特点；但如果用于反恐的话，则不属于发展援助范畴。第二部分中除了优惠贷款外，其他大部分不属于ODA，而且优惠贷款是否符合标准，还要看赠与部分能否达到25%。即便是非洲发展基金也不符合ODA的标准。在第三部分中，除了建立研究和培训中心外（日常运营成本除外），其他援助工具都属于ODA。在第四部分中，人力资源培训是否属于ODA，要看具体情况，如果是免费或者赠与部分达标，则应视为ODA。其他都不符合ODA的标准。

三　对非援助机制

中国的外援机构统一由中共中央领导，国务院负责具体实施。每年财政部制定对外援助预算。商务部对外援助司拟订并组织实施对外援助的政策和方案，推进对外援助方式改革；组织对外援助谈判并签署协议，处理政府间援助事务；编制对外援助计划并组织实施；监督检查对外援助项目的实施。商务部对外投资和经济合作司具体实施对外援助项目。商务部的对外援助项目招投标委员会负责项目招投标。

中国进出口银行是中国外援机制的金融中枢。中国进出口银行是国有企业，政府全资拥有，具有政府职能，直属国务院领导，是中国外经贸支持体系的重要力量和金融体系的重要组成部分。中国进出口银行是中国机电产品、成套设备、高新技术产品进出口和对外承包工程及各类境外投资的政策性融资主渠道、外国政府贷款的主要转贷行和中国政府对外优惠贷款的承贷行。在对外援助中，中国进出口银行的相关职责是贯彻中国政府的外经贸政策和外交政策，促进中国机电产品、成套设备和高新技术产品进出口，推动有比较优势的企业开展对外承包工程和境外投资，促进对外关系发展和国际经贸合作，提供政策性金融支持。其主要外援业务是办理出口信贷和进口信贷，办理对外承包工程和境外投资贷款，办理中国政府对外优惠贷款。以优惠贷款为例，其主要流程是：①借款国政府向中国政府提交金额不少于2000 万元的项目申请；②中国进出口银行开展可行性评估，并将评审意见报送到中国商务部，国务院决定是否批准；③中国和借款国政府签署政府间优惠贷款框架协议；④借款国政府与中国进出口银行签署项目贷款协议；⑤根据合同条款，中国的承包商及出口商应向外国执行机构提交单据，要求还贷；⑥外国执行机构将单据以及进程情况报告递交给受援国政府；⑦外国政府将申请草案、单据和进展报告递交给中国进出口银行；⑧中国进出口银行向出口商拨付贷款；⑨外国政府将本金、利息、银行费用及分期付款支付给中国进出口银行（见图 5 –1）。

卫生部、农业部、教育部等职能部委都承担了一些特定的对外援助任务，这些部委负责协助商务部、外交部的对外援助工作。在商务部内，涉及对非洲援助的主要有 3 个下属部门，即西亚非洲司（主要负责对西亚和非洲地区的贸易与投资，向政府提供政策建议，并向国内企业提供非洲经贸合作的资讯，鼓励对

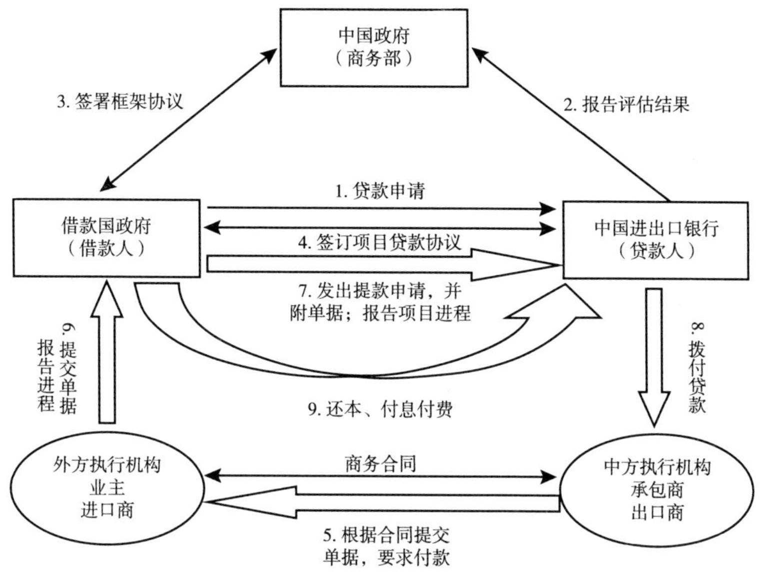

图 5－1　优惠贷款业务流程

资料来源：中国进出口银行网站，http：//www. eximbank. gov. cn/yewuarticle/yewu/youhuidk/200811/7639_ 1. html。

非洲进行经贸投资）、对外投资和经济合作司（主要负责中国企业对外经济合作的规则制定，以及对外投资、工程承包与劳务合作事务）、对外援助司（全面负责中国援外政策的制定、项目的实施与评估等相关事宜）。

外交部的作用举足轻重，外交部虽然不直接组织实施对外援助，但对外援助项目的提出、立项、规模等都离不开外交部，外交部是对外援助的发起者。其中，中国大使馆外派的经济商务参赞处起重要作用，负责组织实施在驻在国的援助项目，保持与驻在国的中国公司的联系，以及向商务部提供有关驻在国的经贸合作信息等。外交部及其驻外使馆起着顾问与监督作用。此外，中共中央外联部、全国人大和政协也能决定对外援助项目。

四　中国援助政策的嬗变路径

（一）从意识形态到注重实效

新中国成立后，为了支持第三世界民族解放和独立事业，为了赢得国际社会对新中国的承认，中国开始了力所能及的援助外交。同时也致力于输出中国的社会主义经验，履行无产阶级国际主义义务，扩大共产主义阵营以及与苏联争夺国际支持。作为国家的工具，中国对非援助的目的是在非洲国家争取建立世界和平统一战线，在国际范围内争取支持中国的力量，为中国的发展创造有利的国际环境。① 因此中国在自身经济十分困难的情况下，向其他社会主义国家和亚非民族主义国家提供了一系列经济援助。20 世纪 60 ~ 70 年代，由于国际局势变化，中苏关系恶化，中国的对外援助开始转向以支持所谓的“亲中国”国家为主的、具有地缘政治需要的、以意识形态输出为特色的对外援助，更加重视对非洲国家的援助工作，初步形成了更有意识形态目标的对外援助方针政策和管理体制。中国对外援助资金在 20 世纪 70 年代初期急剧增加。对外援助成为中国输出意识形态和争取国际地位以及与苏联竞争的重要手段。对外援助政策带有浓厚的政治色彩，很少有经济考量，援助的具体形式主要基于受援国的需要和请求。② 新中国成立初期至“文革”期间，中国的外援基本都是单边赠与，意识形态色彩浓厚。改革开放后，中国的外援开始注重经济成效，对外援助更加务实，立足自身实力，开展力所能及

① 张浚：《不附加条件的援助：中国对非援助政策的形成》，《外交评论（外交学院学报）》2010 年第 5 期，第 34 页。

② 李小云、武晋：《中国对非援助的实践经验与面临的挑战》，《中国农业大学学报》（社会科学版）2009 年第 4 期，第 47 页。

的对外援助，对一些国家提出的援助请求不再无条件满足，而是根据本国经济实力和援助效果批准援助申请。20 世纪，承认“一个中国”（即承认世界上只有一个中国，其代表为中华人民共和国，台湾是中国不可分割的一部分）成为非洲国家申请援助的重要条件。进入 21 世纪，两岸关系持续改善，在非洲争夺外交空间的斗争对中非合作的影响逐渐减弱，中国对非援助更加强调互惠互利，以援助带动中国的产品出口、劳务输出和工程承包。中国通过发展中非关系促进本国经济发展，非洲国家通过中国的援助获得了发展机遇。①

（二）从反殖反霸导向到经贸利益导向

中国外援政策的嬗变源于中国对外战略的转型。新中国成立初期，受国际政治大格局影响，中国外交实行“一边倒”的政策，中国在国际上与苏联保持一致立场，反对美帝国主义。20 世纪 60 年代，中国反对美帝国主义，同时反对苏联的修正主义错误路线。70 年代，中国的对外政策与美国的立场逐渐协调，反对苏联。中国奉行反帝、反殖、反修的对非外交政策。政策上的变化源自当时对中国不利的国际环境，苏联、美国等都曾仇视中国，中国被迫大力发展中非关系，以寻求更大的国际空间。1989 年，由于西方国家对中国实行制裁和禁运，中国在国际社会陷入孤立境地，非洲成为中国打破孤立和制裁的突破口，中国大力发展对非外交，非洲成了中国外交的主要舞台。20 世纪 90 年代，中国国企改革后，企业效益大幅提升，中国经济实力大增，资源和市场成了中国经济发展的约束瓶颈。

---

① Paul Tiyambe Zeleza, “Dancing with the Dragon Africa's Courtship with China”, *The Global South*, 2008, 2 (2): 171 - 187.

1997年，中共十五大提出："更好地利用国内国外两个市场、两种资源，积极参与区域经济合作和全球多边贸易体系，鼓励能够发挥我国比较优势的对外投资。"中国鼓励企业实施"走出去"战略。由于中非双边经济存在很强的互补性，双边经贸关系快速发展，共同致力于建设新型战略伙伴关系。

（三）从单边承诺到互惠互利

"援外八项原则"是中国第一次正式宣示的国家对外援助政策，它第一次从政策上承诺了对非援助的自愿性义务。周恩来总理1963年底1964年初在访问亚非十三国时提出：第一，中国政府一贯根据平等互利的原则对外提供援助，从来不把这种援助看作单方面的赐予，而认为援助是相互的。第二，中国政府在对外提供援助的时候，严格尊重受援国的主权，绝对不附带任何条件，绝不要求任何特权。第三，中国政府以无息或者低息贷款的方式提供经济援助，在需要的时候延长还款期限，以尽量减少受援国的负担。第四，中国政府对外援助的目的，不是造成受援国对中国的依赖，而是帮助受援国逐步走上自力更生、经济上独立发展的道路。第五，中国政府帮助受援国建设的项目，力求投资少，见效快，使受援国政府能够增加收入，积累资金。第六，中国政府提供自己所能生产的、质量最好的设备和物资，并且根据国际市场的价格议价。如果中国政府所提供的设备和物资不合乎商定的规格和质量，中国政府保证退换。第七，中国政府对外提供任何一种技术援助的时候，保证做到使受援国的人员充分掌握这种技术。第八，中国政府派到受援国帮助进行建设的专家，同受援国自己的专家享受同样的物质待遇，不容许有任何特殊要求和享受。"援外八项原则"具有浓重的意识形态色彩，反映了当时国际社会两大阵营对抗的国际局势，说明中苏关系恶化给中国外交带来了严峻挑战，为了团结和争取非洲国家对中国的支持，开辟中国外交新阵地，中国加大了对非外交力度，“援外八项原则”由中国自身进行了单方面的责任承诺，对受援国不附加任何条件，奠定了中国援非的基本政策基础。

1982 年中共十二大结束 3 个月之后，赵紫阳总理出访非洲 11 国，提出“平等互利、讲求实效、形式多样、共同发展”的中非经济技术合作四项原则。这四项原则是对周总理提出的八项原则的补充和完善，更加强调了中非双方合作与共同发展，凸显了务实的外援政策，传递的是淡化意识形态、突出经济合作、确立中非关系新起点的重要信息。

在 20 世纪 80 ~ 90 年代，中国对非援助项目更加注重经济效果、效率和利润，目的在于互惠互利。在 1989 年，受西方制裁和国内政治环境的影响，中国加强了对非关系。当年钱其琛外长 8 次访问非洲国家，中非之间的教育文化交流和经济合作得到了快速发展。1996 年中国国家主席江泽民访问非洲 6 国时，提出了“真诚友好、平等相待、互利互惠、加强磋商、面向未来”的加强中非关系的五点建议，得到非洲国家的广泛认同。五点建议的内容和精神全面超越了意识形态的传统框架，突出了中国支持非洲发展的坚定政策，为进入 21 世纪的中非合作确立了指导原则。

中国通过援助非洲也赢得了自身的发展机遇。中国企业借助对外援助成功走出了国门，在非洲市场成为非洲企业有力的竞争伙伴。中国对非经贸联系为中国创造了大量的就业机会，大量传统行业的工人避免了失业。中国的援助为中国塑造了良好的国际形象，提升了中国的软实力。中国的能源需求不断攀升，中国也从非洲获得了大量的油气资源产品，保证了中国的能源安全。通过援助，非洲国家更有力地支持中国的主权和领土完整，支持中国的市场经济国家地位，抵御了某些世贸组织成员对中国倾销行为的指责。①

五　援助的新变化

近年来，中国对非援助手段日益多元化、渠道多样化，涵盖了资金援助、知识技能援助和综合管理援助。

（一）人力资源培训

中国不仅从资金和物质上援助非洲，更强调“授人以渔”的援助方式。近年来，中国通过多种形式为非洲国家开展人才培训，通过提高人力资源素质，增强非洲减贫和自我发展的能力。中国政府通过举办短训班，为非洲国家培训专业技术人员和政府官员。2003 年举办了“经济改革与发展战略”短训班，16 个国家共 22 名经济和金融部门的管理人员和 7 名非洲开发银行的官员参加了培训。双方交流了经验和想法，非洲参训人员更加深入地了解了中国的改革进程。中国频繁邀请非洲外交官访华。从 1996 年起，中国外交学院连续举办“了解中国”的专题报告会，130 多个国家和 9 个国际组织参加了专题报告会。与中国建交的非洲国家的 161 名外交官和 10 个地区组织参加过该专题报告会。从 2001 年至今，北京大学政府学院为非洲外交官和经济管理人员举办了各种短训班和课程班。中国政府也举办各种培训班培训非洲专业技术人员。2007 年上半年，中国政府举办了 93 次培训，来自非洲 49 个国家的 2241 名相关人员参加了培训。根据行

① Barry Sautman, Yan Hairong, “Friends and Interests: China's Distinctive Links with Africa”, *African Studies Review*, 2007, 50 (3): 86.

动计划要求，2007～2009 年中国共培训 15000 名非洲专业技术人员。

（二）出口关税减免

中国为非洲商品出口到中国市场实行关税减免政策，鼓励非洲商品出口到中国市场。非洲 26 个最不发达国家的零关税商品从 199 种增加到 454 种。2005 年，大约有 12400 家非洲客商参加了第 97 届广州贸易博览会，交易金额高达 17 亿美元。中非贸易额从 1 亿美元到 10 亿美元用了 20 年时间，从 10 亿美元到 100 亿美元也用了 20 年时间，但从 100 亿美元到 500 亿美元只用了 6 年时间，从 500 亿美元到 1000 亿美元只用了 2 年时间。2005 年中非贸易额接近 400 亿美元（397.4 亿美元），2006 年达 554.64 亿美元，2008 年达 1000 亿美元。关税减免能发挥非洲国家贸易的比较优势，提高了非洲产品的市场竞价能力，为非洲产品进入中国市场打破了价格樊篱，使得非洲国家能通过公平贸易获得发展资金，也有利于改善双边贸易结构，平衡贸易差额，充分利用双边经济互补优势。

（三）技术输出

中国向非洲国家出口高新技术设备，也向它们出口技术，促进非洲技术进步和产业发展。中国大量机械设备、高科技产品出口到非洲，这类高附加值的工业产品占中国出口额一半以上。中国为尼日利亚提供了卫星发射技术和在轨服务，为其培训地面操控人员。不仅尼日利亚获得了中国的卫星发射技术，而且中国通过这样的合作成果打入国际商用卫星发射市场。中国还向苏丹派遣石油技术专家帮助改造升级老旧油井。

（四）设立经济特区（开发区）

中国通过中非发展基金鼓励国内企业在非洲直接投资，通过在当地设立经济开发区，把中国先进的技术和管理经验传授给当地企业。通过鼓励国内企业到非洲投资兴业来促进非洲发展，中国对这些企业发放优惠贷款，为非洲国家提供买方信贷。2000～2005年，中国对非直接投资为300亿美元。截至2007年中，中国对非直接投资高达1000亿美元。[①] 中国投资的领域越来越宽，由资源型产业发展到了交通、电力、电信、农业、纺织等行业。

2006年，在中非合作论坛北京峰会上，中国承诺在非洲兴建3～5个经济特区，在肯尼亚、毛里求斯、尼日利亚和赞比亚建立经济特区或出口加工区。在海外设立经济特区，有助于规避贸易保护主义给中国带来的风险，“中国制造”就能变成“非洲制造”，更容易被海外市场接受；海外经济特区的中国企业能开发新的市场，特别是一些新兴市场；减少海外中资企业的经营风险，这些企业能获得双方政府的保护；通过特区内的大量企业形成产业集群效应，增强企业竞争力。2007年，中国在坦桑尼亚Chambishi矿区建立了第一个经济和贸易特区。该特区位于坦桑尼亚铜矿资源核心地带，特区占地45平方公里，由中方公司承建，首期投资8亿美元。特区内的企业享受税费减免政策。特区内最大的一笔投资是2.5亿美元，用于建设铜矿冶炼厂，该厂将创造6000个就业机会。

2007年，中国在毛里求斯开始兴建非洲第二个经济特区。该国位于印度洋边缘，与南亚经济融为一体，又是南部非洲发展共同体以及东部和南部非洲共同市场组织成员，有大量华人在该国经商。该国自然资源缺乏，经济结构脆弱，外贸倚重欧

① 〔赞比亚〕丹比萨·莫约（Dambisa Moyo）：《援助的死亡》，王涛、杨惠等译，世界知识出版社，2010，第75页。

盟对它的食糖配额。在配额的压力下，该国将注意力投向中国，积极吸引来自中国的投资。特区占地面积为210公顷，中国国家开发银行投资5亿美元，区内有40家中国公司，主要从事纺织品、医药、电子产品等生产，将为当地创造5000个就业机会，为华人创造8000个就业岗位，每年为该国带来2亿美元收入。特区企业享受进口原材料关税减免。区内将修建一个渔港、一座大坝、一条公路等，区内将形成一个小城镇。区内企业大部分得到了山西省的金融支持，最大的投资商是山西天利企业集团。2001年该集团在毛里求斯投资设立了天利纺纱（毛里求斯）有限公司，2009年天利纺纱已成为具有良好经济和社会效益的总投资2.5亿元人民币、拥有5万锭生产规模、年产标准纱1.3万吨、员工500多人（其中80%为国内劳务输出）的毛里求斯最大外资企业之一。继在毛里求斯投资兴建天利纺纱之后，山西天利企业集团又于2004年在毛里求斯投资成立天利建设（毛里求斯）有限公司，目前已成为毛里求斯拥有国际A级施工资质的较大的中资建筑工程公司之一。另外，该集团还参股建设国家商务部境外经济贸易合作区项目——毛里求斯晋非经贸合作区。经济特区对毛里求斯经济发展的作用举足轻重。毛里求斯总理纳文钱德拉·拉姆古兰（Navinchandra Ramgoolam）说："协议对毛里求斯具有重要意义，它标志着中国对毛里求斯的经济转型做出了承诺。"①

在毛里求斯设立经济特区还有战略上的考量。毛里求斯位于印度洋边缘，深受印度影响，被视为印度传统的势力范围，中国

① Martyn J. Davies, "Special Economic Zone: China's Developmental Modele Come to Africa", in Robert I. Rotberg. *China into Africa: Trade, Aid, and Influence*. Washington, D. C.: Brookings Institution Press, 2008: 145.

在该国设立经济特区，能有效抵消来自印度洋大国的威胁。

尼日利亚也日益成为中国投资的目的地。2008 年，中国最大的对外投资就是尼日利亚的能源特许权，金额高达 22.7 亿美元。到 2006 年底，中国已完工移交的工程金额高达 36.8 亿美元，劳务承包量达 1.6 亿美元。2006 年，国家开发银行与非洲联合银行建立了日常的工作联系。2007 年，国家开发银行与非洲联合银行签署了《国家开发银行与非洲联合银行合作谅解备忘录》。非洲联合银行是尼日利亚四家大银行之一，资产规模约为 80 亿美元，已在尼日利亚股票交易所上市。2008 年，中国国家开发银行与尼日利亚非洲联合银行就入股一事进行谈判，国家开发银行拿出 50 亿美元入股。此前，中国工商银行持有南非标准银行 20% 的股份。2006 年初，尼联邦政府和中国广东新光国际集团签署了一项总值达 20 亿美元的改善尼铁路系统的协议。尼联邦政府筹资 3960 亿奈拉（约合 30 亿美元）以激活尼日利亚铁路公司。其中约 1300 亿奈拉（约合 10 亿美元）由尼联邦政府投资，其余约 2600 亿奈拉从中国公司那里以赠与贷款的方式获得。2007 年，尼日利亚政府耗资 5 亿美元建立了 Ogun 自由贸易区，新光国际集团为主要投资商，自由贸易区完工后，吸引了大约 100 家中国公司入驻。

2010 年 3 月，埃及政府与中国天津经济技术开发区谈判，希望天津方面帮助建设苏伊士经贸合作区。而根据埃及法律，天津经济技术开发区可在这个 15 亿美元的项目中最多持有 49% 的股份。目前该合作区第一期已经完工，合作区起步区 1.06 平方公里的基础设施已基本完备，并有约 10 家企业入驻，出租率达 60%，石油套管等大型重点项目也已经开工。据埃及投资部长马哈茂德·穆希丁（Mohamed Rachid）介绍，开发区将吸引 25 亿美元的直接投资。[①] 园内企业主要从事纺织、化工、油气管线、电子和汽配产品的生产，所有企业都是由当地企业组成的合资公司，产品全部供出口。

（五）设立中非发展基金

2006 年 11 月 4 日，胡锦涛主席在中非合作论坛北京峰会上宣布，为推动中非新型战略伙伴关系发展，促进中非在更大范围、更广领域、更高层次上的合作，中国政府将采取八个方面的政策措施，其中第三方面是“为鼓励和支持中国企业到非洲投资，设立中非发展基金，首期 10 亿美元，基金总额逐步达到 50 亿美元”。主要投资领域为：农业、制造业；基础设施和基础产业，如电力及其他能源设施、交通、电信和城市给排水等；资源领域，包括油气和固体矿产等资源合作；中国企业在非洲开办的工业园区等。2007 年 3 月 14 日，中国政府正式批准中非发展基金成立，首期由国家开发银行出资承办。

中非发展基金是一个针对非洲投资的信贷机构，也是目前全球最大的非洲发展基金。目前，该基金对 27 个项目做出投资决策，投资额达 5 亿多美元，涉及农业、电力、建材、矿业、机械、工业园区等多个领域，带动中国企业对非投资近 40 亿美元。中国在赞比亚、毛里求斯、尼日利亚、埃及、埃塞俄比亚等国的 6 个境外经济贸易合作区已开工建设，部分合作区的招商工作取得进展，已开始有企业入驻和生产项目投产。[②]

---

① Martyn J. Davies, “Special Economic Zone: China's Developmental Modele Come to Africa”, in Robert I. Rotberg. *China into Africa: Trade, Aid, and Influence*, Washington, D. C.: Brookings Institution Press, 2008: 150.

② 习近平：《共创中非新型战略伙伴关系的美好未来——在纪念中非合作论坛成立 10 周年研讨会开幕式上的演讲》，《新华月报》2010 年第 24 期，第 80 ~ 81 页。

当然，中国在非洲的投资也受到国际经济环境的影响。在2005年之前，中国的纺织品受到了西方国家的进口配额限制，大量工厂纷纷迁往非洲，利用美国的《非洲增长与机遇法》在莱索托投资设厂，享受当地政府提供的优惠政策。但2005年世贸组织取消了对中国纺织品的配额后，大量工厂关闭，重新迁回中国，导致当地大量工人失业，在莱索托有10000人因此失业。[①] 中国在非洲的商业行为也受到国际社会的关注，中国企业应该在改善劳动条件、提高劳动报酬、保护环境、优化竞争手段等方面更多考虑非洲国家的关切。许多国家非常担心中国商品对当地劳动力就业市场的破坏力，不愿意成为中国商品的倾销地。

第三节　健全中国援非机制

一　外界对中国援非的批评

中国对非援助也引来了争议和非难。这些批评和非议主要集中归纳为以下方面。

在援助主体方面，外界质疑中国援非的意图，认为中国以援助为手段，攫取非洲资源，将非洲作为中国的原料来源地和商品倾销地，认为中国援非是为了攫取经济利益。还有一些人认为，中国援助非洲具有殖民主义意图，通过援助非洲，开展新殖民主义。此外，中国政府的外援政策模糊，信息封闭，透明度很低，经常被一些国家和国际组织怀疑是在进行暗箱操作，甚至被当作

① Lindsey Hilsum, "Re-Enter the Dragon: China's New Mission in Africa", *Review of African Political Economy*, 2005, 32 (104/105): 424.

走私和洗钱的手段。当前就连中国国内学者对外援情况也知之不多，语焉不详。一些非洲国家利用偿还贷款走私违禁品和奢侈品，如象牙、钻石、黄金等。中国对非贸易也出现了一些不规范行为。而且，不少人认为，中国政府外援机制不完整，管理混乱，不少中国官员通过援助非洲中饱私囊，工程发包不规范，物资采购程序混乱，外援领域贪腐盛行，这与国际商业惯例和机制格格不入，对外国企业构成了不正当竞争。经合组织和欧盟就曾对这类行为进行打击，制定了《打击公务员商业贿赂条约》(Convention on Combating Bribery of Foreign Public Officials in International Business Transactions)，要求签约国将公务员在商业领域的贪腐行为视为犯罪。"统一的规则能大大减少腐败行为"。[①] 中国在非洲的经贸行为可能会给当地环境带来破坏，虽然西方国家也是如此，但是两者有差别。西方国家受到了来自非政府组织的监督，如绿色和平组织，但中国没有类似团体的制约。有实力的中国公司与非洲腐败的政府结合将给当地环境带来浩劫。[②]

在援助客体方面，有些人认为，中国不顾人权和民主，援助一些暴政和专制政府，这种不附带任何条件的援助使非洲民主和人权倒退，百姓生活并没有改善。中国在非洲以牺牲民主和人权来支持专制政府。[③] 2006 年美国对外关系委员会（U. S. Council

① Carl Pacini, Judyth A. Swingen, Hudson Rogers, "The Role of the OECD and EU Conventions in Combating Bribery of Foreign Public Officials", *Journal of Business Ethics*, 2002, 37 (4): 401.

② Howard W. French, "Commentary: China and Africa", *African Affairs*, 2007, 106 (422): 130.

③ Denis M. Tull, "China's Engagement in Africa: Scope, Significance and Consequences", *The Journal of Modern African Studies*, 2006, 44 (3): 459 - 479.

on Foreign Relations）发表的报告指责中国在非洲保护专制国家，如津巴布韦和苏丹等，中国的行为抵消了欧美国家在非洲提升人权的努力，而且中国在非洲国家的招投标中进行不正当竞争，因此美国把中国视为其在非洲的战略对手。[①] 而且认为由于中国的援助，一些非洲国家更加肆无忌惮地违反国际机制。虽然中国的外援不附带任何条件，但这些外援大多是投入非洲国家的民生部门，对改善当地人权状况非常有利。发达国家有条件的援助并没有实现减贫目标，其条件不是少了，而是太多了，况且这些援助条件并没有对准非洲的问题。援助要对准民众的福利，而非GDP的增长，保障人权、改善民生应该成为官方发展援助的目标。[②] 2002 年，安哥拉内战停止，国内基础设施在战争期间破坏严重，安哥拉急需资金修复基础设施。IMF 同意给安哥拉大笔信贷，为确保资金安全，IMF 要求安哥拉增加石油出口收入管理的透明度，要求安哥拉政府公布其在安哥拉国家石油公司 Sonangol 的账目，虽然安哥拉政府不太愿意就此进行改革，但由于没有其他选择，只好同意接受 IMF 的条件。2004 年，安哥拉政府突然中断了与 IMF 的谈判，原因是中国国际进出口公司同意向安哥拉政府提供 20 亿美元贷款，偿还期在 12 年以上，利率仅比伦敦银行拆借利率高 1.5 个百分点。[③] 中国的贷款使得安哥拉有能力拒绝 IMF 的要求。还有人认为，中国政府的援助对象往往不是

---

① Barry Sautman, Yan Hairong, "Friends and Interests: China's Distinctive Links with Africa", *African Studies Review*, 2007, 50 (3): 76.

② Arjun Sengupta, "Official Development Assistance: The Human Rights Approach", *Economic and Political Weekly*, 2002, 37 (15): 1424.

③ Henry Lee, "Dan Shalmon, Searching for Oil: China's Oil Strategies in Africa", in Robert I. Rotberg, *China into Africa: Trade, Aid, and Influence*. Washington, D. C.: Brookings Institution Press, 2008: 120.

非洲国家，而是这些国家的精英阶层和权势集团，对改善民众生活和社会发展帮助甚微。此外，还有些人批评，由于中国政府对外援监管不力，援助效果很差，有些援助资金最后落入官僚的口袋。

在援助本体方面，外界对中国援非的批评之一是中国的援助大多数不符合经合组织的发展援助标准，贷款偏多，赠款较少，而且多数贷款都是进出口信用贷款，贷款合同签订之初基本不具有优惠性质，这些信贷基本都是为了商品出口、工程承包和资源进口服务，赠与部分更是达不到经合组织发展援助委员会制定的25%的标准，不符合发展援助的标准。虽然这些贷款最后可能被免除或者贴息、免息等，但达到发展援助标准的不多。最集中的批评还集中于中国的外援机制。中国迄今为止还没有专门的援外法律法规。而且，中国也没有一个专门负责外援的政府部门。中国党政军工青妇都有外援的职能，职责不清，分工不明，多头管理，多头决策，名义上是多个部门齐抓共管，实际上没有一个部门专管。而一些欧美国家都有专门的援外法律和政府部门，决策科学民主，外援高效。如美国，参与外援的官方机构主要包括白宫、国务院、财政部和国际开发署。白宫和国务院是美国对外援助政策的主要决策行为主体，由它们向国会提出政策意见，由国会通过预算。它们在制定对外援助政策的时候主要考虑美国的战略利益和国际政治格局的稳定。因此，美国总统用对外援助拨款来巩固美国和受援国之间的友好关系，保护美国的海外贸易和安全利益，或推行其理念或主张。美国财政部和国际开发署是主要的执行机构。财政部主要负责国际金融机构的多边援助运作，通常是唯一提出给世界银行及美洲、亚洲等区域开发银行拨款额度的部门。财政部也负责美国和重债国家之间的双边关系。国际开发署是美国对外双边援助政策的最主要执行机构。除了军事援助以外，国际开发署几乎涉足所有的双边经济援助领域。美国外援体系的机构层级明晰，分工明确，职能互补，最终由国际开发署负责。

此外，有人认为援助的有效性不强。中国政府的援助并未达到援助的目标，也没有促进受援国发展，反而助长了专制和独裁。以安哥拉为例，1975 年，安哥拉独立。独立不久，安哥拉解放运动（the Popular Movement for the Liberation of Angola, MPLA）与安哥拉彻底独立全国联盟（the National Union for the Total Independence of Angola, UNITA）之间爆发内战。内战期间，中国与欧美等国支持 MPLA，苏联和古巴支持 UNITA，战争持续近 30 年，援助并没有给安哥拉带来和平和发展。近年来一些国际组织屡次批评中国政府搭世界银行和 IMF 重债穷国计划的便车，大肆向一些重债穷国放贷，抵消了国际社会减贫的努力。

二　对外界批评的回应

坚持不干涉内政是中国政府外交政策的基本原则。中国对非外交最基本的原则是尊重主权、不干涉内政和经济双赢。由于中国的对非政策尊重非洲国家的主权，坚持不干涉他国内政的原则，对非援助不附加任何条件。发展与中国的友好关系，有利于非洲国家政治稳定和经济繁荣，利用中国的援助能按照非洲国家自身的需求发展本国经济，不像欧美国家和一些国际组织，要求非洲国家在接受援助的同时，必须对本国政治经济体制进行结构性调整和改造，而且申请程序冗长，各种评估种类繁多，手续烦琐，效率低下，自主支配权很小。事实上，中国直接投资建设的基础设施产生了良好的效果。通常为保障援助取得成功，西方一般都有两种途径：在分配贷款前提出条件或者在贷款结束后评估效果。然而，这些国家和机构也认为，“实际上援助机构在贷款条件和效果评估方面努力不够”。[①] 它们所谓的条件在很大程度上不过是形式而已。许多人认为，援助附加条件能提高援助效率。这种附加条件要求受援国购买援助国的或者援助国指定的商品和服务；援助国使用本国的劳动力而非受援国的工人；受援国必须按照援助国的要求制定经济或者政治政策。20 世纪 90 年代的结构调整援助中，非洲国家要想获得援助必须采取市场导向的经济体制，进行民主化改革，消除贪腐和官僚主义。从理论上而言，附加条件能提高援助的有效性，但实际情况是援助国很难监控受援国的行为，许多条件成了一纸空文。西方国家对中国的指责不过是竞争援助的一种手段而已，它们所谓的“条件”就是一种争夺海外利益的托辞。此外，接受附加苛刻条件的援助也是非洲国家的无奈之举，只要有替代选项，非洲国家就不会接受这些附加条件。其实，西方国家也认识到，如果不与中国在援非问题上保持接触的话，西方国家通过援助和减债来换取在非洲的影响力的期望就会落空。[②] 2007 年，世界银行曾与尼日利亚就清理铁路达成 500 万美元的贷款协议，同时要求允许私人公司参与该工程，但中国愿意提供 90 亿美元贷款重修该国铁路系统，而且没有任何附加条件。事实上，利用中国的援助能迅速见效，无任何附加条件，受援国可以独立支配援助资金。中国的援助也提高

① William Easterly, “Can Foreign Aid Buy Growth?”, *The Journal of Economic Perspectives*, 2003, 17 (3): 37.

② Lindsey Hilsum, “Re-Enter the Dragon: China’s New Mission in Africa”, *Review of African Political Economy*, 2005, 32 (104/105): 424.

了非洲国家与欧美国家讨价还价的能力，提升了非洲国家的国际地位。

所谓中国向冲突地区提供军事援助的说法也是站不住脚的。2010 年 10 月，据美国媒体的报告，中国制造的武器出口到了苏丹冲突地区，但中国对此并不知情。报告称，在过去两年内，苏丹政府军使用了十多种中国制造的武器打击达尔富尔反政府军。按照联合国的禁运规定，只要武器不用于达尔富尔地区，苏丹可以从海外购买武器，此规定已经持续了 6 年。在 2009 年，俄罗斯向苏丹出口了 36 架米格 –24 和米格 –17 直升机。2008 ~ 2010 年，白俄罗斯出售了 15 架苏 –25 给苏丹。苏丹也承认，在达尔富尔地区使用了部分进口武器，但不是用于军事用途，因此并未违反联合国规定。报告出示了收集到的 18 种武器外壳，其中 12 种来自中国，4 种出自苏丹，还有 2 种来自以色列。以色列曾向乍得出口过这两种武器，乍得将这两种武器偷运到了苏丹。中国政府的出口行为并不违反联合国决议，也符合国际惯例。

中国也没有搭“重债穷国动议”的便车。国际开发协会把低收入国家债务可持续性框架风险级别评估作为赠款的单一标准，对应低、中、高三类风险，建立了交通信号灯体系（Traffic Light System）：红灯国家为高度风险国家，必须全部使用赠款，不得贷款；黄灯国家为中等风险国家，50% 为赠款，50% 为贷款；绿灯国家为低风险国家，全部使用贷款。据世界银行官员介绍，巴黎俱乐部的双边信贷机构、亚洲开发银行已经同意采用低收入国家债务可持续性框架。在发起和执行多边减债动议的过程中，国际货币基金组织和世界银行对中国向苏丹等重债穷国继续提供所谓“非优惠”贷款提出了异议。它们指出，在国际社会努力为重债穷国落实多边减债动议之际，中国商业贷款机构和其他包括政府性质的非优惠贷款机构利用低收入债务国家实施（或可能实施）多边减债动议后信用提高之际，向这些国家大量放贷，谋取投资回报的“搭便车”现象，有可能使重债穷国再度陷入债务不可持续的境地。一些发达国家的政要、媒体也纷纷指责中国为“搭便车者”。①

许多国家指责中国对非洲的援助不符合发展援助的要求，因为许多援助的赠与成分没有达到国际标准。事实上，中国没有商业参考利率，而OECD根据参考的贴现率计算优惠幅度与实际优惠差距较大，导致中国的援助无法达标。根据OECD的规定，优惠贷款需要有一定的赠与成分（Grant Element，GE）才能成为ODA，赠与的比重不低于25%。所谓赠与成分是贷款总金额中无偿赠与部分的比例，是根据贷款的利率、偿还期限、宽限期和综合贴现率等数据，计算出的衡量贷款优惠程度的综合指标。政府信贷的利率越低，宽限期越长，其赠与成分也就越大。衡量一笔政府贷款是否属于优惠性贷款以及它的优惠程度如何，应计算其赠与成分的百分比。

OECD提供了计算赠与成分的工具②，该工具可以简化为：名义贷款额减去净现值，然后除以名义贷款额，最后即赠与成分。赠与成分的计算与净现值（Net Present Value，NPV）关系紧密，而净现值受贴现率的影响很大。OECD发展援助委员会规定，除区域开发性银行（如非洲开发银行、亚洲开发银行、泛美开发银行）以及国际货币基金组织和世界银行根据各自标准定义的优惠贷款外，官方贷款的贴现率为10%，赠与成分达到

① 李若谷：《正确认识发展中国家的债务可持续问题》，《世界经济与政治》2007年第4期，第67页。

② 详见OECD网站http：//www.oecd.org/dataoecd/15/0/31738575.pdf。

25%以上就认为是优惠贷款。

然而，人民币贴现率计算方法不一样，国际货币基金组织计算 NPV 时以 OECD 商业参考利率（CIRR）为贴现率。若该货币没有 CIRR，则在该货币与某一货币挂钩时，使用被挂钩货币的 CIRR，否则就使用特别提款权的 CIRR。国际货币基金组织认为赠与成分高于 25%为优惠贷款。

由于人民币没有 CIRR，人民币贷款中赠与成分的计算，要参照 OECD 标准和中国实际情况，以人民银行公布的 5 年以上贷款利率作为贴现率。而目前国际货币基金组织用特别提款权的 CIRR 作为贴现率计算中国贷款优惠度，它比 5 年以上人民币贷款利率低，这造成中国一些贷款按照国际货币基金组织的算法，赠与成分达不到 25%的比例，因此被认定为“非优惠”贷款，这是不合理的。实际上，用 5 年以上人民币贷款利率做贴现率，中国贷款的赠与成分都能达到 25%。中国迄今为止对外提供的官方发展援助资金都是以人民币计价的，因此都具有优惠性质，以美元计价提供的优惠贷款也能够达到国际公认的优惠资金标准，其他资金也具备不同程度的优惠。中国并没有去获取商业性的“好处”，所要求的回报只是为了覆盖成本。此外，分析中国官方发展援助的优惠程度，还必须考虑到这些资金支持的项目有许多是中国公司承建的事实。中国的商品、技术和工程物美价廉，是国际公认的。因此，综合考虑贷款和工程造价的优惠程度等因素，中国提供的援助具有更大程度的优惠。

受援国家并未大规模举债。根据 2010 年重债穷国动议的年度报告，在到达完成点的重债穷国中，并没有发现因为获得了减债而出现新一轮的举债高峰。在 2006～2009 年期间，这些国家的外债每年减少了相当于本国 GDP 的 8.4%，尤其是 2006～

2007 年期间，债务明显减少，只是 2008～2009 年由于金融危机、食品燃料价格上涨等原因出现了债务增加的情况。[①] 这些国家的债务风险也没有恶化，反而得到了缓解。根据世界银行和 IMF 的债务可持续性风险评估，到达完成点的国家没有出现高度债务风险，负债水平较为合理，而且未来通过改革体制和财政、优化借债条款等可以进一步降低债务风险。

有些国家认为，中国援助非洲是为了攫取石油和天然气，因为中国在非洲的援助项目基本上都集中在能源领域。这种说法是非常不负责任的，与事实不符。中国在非洲的项目分布在基础设施、农业、通信、贸易等多个领域，尤其重视民生领域的投资。倒是有些国家如美国，其石油进口的 15% 来自非洲。[②] 在援助非洲的选择性上突出能源安全，在选择援助对象时首先考虑自身的战略利益。2002 年美国驻乍得大使罗兰德（Donald R. Norland）对美国众议院国际关系委员会非洲分会说，据可信的报道，五角大楼文件首次将两个概念——非洲和美国国家安全利益用在同一个句子中。[③] 因为美国日益增加的石油需求使得美国开始重视非洲的战略地位。美国在非洲攫取石油的意图比中国更明显。美国对非洲的投资 75% 投在石油资源领域，而 1979～2000 年，中国对非直接投资只有 28% 投在能源领域，64% 投在制造业。[④] 美国

① International Development Association And International Monetary Fund, Heavily Indebted Poor Countries (HIPC) Initiative and Multilateral Debt Relief Initiative (MDRI) —Status of Implementation, p. 10.

② Michael Klare, Daniel Volman, "America, China & the Scramble for Africa's Oil", *Review of African Political Economy*, 2006, 33 (108): 298.

③ Michael Klare, Daniel Volman, "America, China & the Scramble for Africa's Oil", *Review of African Political Economy*, 2006, 33 (108): 298.

④ Barry Sautman, Yan Hairong, "Friends and Interests: China's Distinctive Links with Africa", *African Studies Review*, 2007, 50 (3): 81.

负责非洲事务的助理国务卿坎斯坦纳（Walter Kansteiner）在2002年访问尼日利亚时说，非洲的石油对美国而言是战略利益，将随着美国的发展变得越来越重要。①

与某些西方国家对中国的指责相反，中国的援助深受非洲的欢迎，中国在非洲的形象良好，影响力日益上升。中国在非洲的良好形象也得到了公众的认可。2007年7月的皮尤报告（Pew Report，又名《世界大国的普遍不安》）指出，大众舆论对中国的评价非常积极。整个非洲大陆几乎每一个国家支持中国的人数都多于批评的人数，其比例至少为2∶1。在科特迪瓦和马里，超过90%的人对中国印象良好；在塞内加尔和肯尼亚，积极评价占压倒性优势，81%的人对中国印象良好；在加纳和尼日利亚，3/4受访者支持中国；而埃塞俄比亚为2/3；在乌干达，肯定者数量是否定者的2倍，分别为45%和23%。在过去10年中，尼日利亚对中国的支持率从59%上升到了75%。② 而且，不少非洲国家认为，美国在非洲的影响力弊大于利，而中国却反之。在肯尼亚，91%的人认为中国对其经济有益处，而对美国持肯定看法的比重只有74%。大部分国家都认为中国在非洲的影响力上升速度高于美国。在塞内加尔，79%的受访者认为中国的影响力正在上升，而美国只有51%。

三　构建中国特色的援非机制

援非机制的中国特色是指中国的对非援助体系根植于中国

---

① Michael Klare, Daniel Volman, "America, China & the Scramble for Africa's Oil", *Review of African Political Economy*, 2006, 33 (108): 299.

② 〔赞比亚〕丹比萨·莫约（Dambisa Moyo）：《援助的死亡》，王涛、杨惠等译，世界知识出版社，2010，第78页。

特色的社会主义制度，要体现中国的政治体制特色；中国的外援要具有民族特色，展示中华民族博大精深的文化内涵，体现中华民族扶危济困、乐善好施的高尚品格；中国的外援要从中国的国情出发，坚持量力而行、互利共赢的外援方针；中国的对外援助要维护中华民族核心利益，服务于中国和平发展的大战略。

（一）问题领域

对非援助的问题领域是减贫。贫穷成为问题领域一要取决于客观事实情况，二要考量其对外战略价值。这样的战略利益取决于国家之间的权力关系，权力和利益决定了一国的贫穷能否进入国际机制的问题领域。这种主客观标准导致国际机制对贫穷的认定政出多门，存在相互抵牾之处，导致国际机制对全球性问题治理乏力。虽然如此，对贫穷的认定还是具有一定的客观数量标准，绝大多数标准采用日均生活费或者人均 GDP，也有的数量标准是一系列指标组成的指数，如人类发展指数、多维贫穷指数等。中国外援应首先采用人均 GDP 的数量标准，并结合人的发展标准和经济脆弱性标准。3 年内每年人均国内生产总值不高于 750 美元，超过 900 美元就不属于最不发达国家。不发达国家人力资产指数门槛是 58，超过 64 就不属于最不发达国家。2006 年审查确定最不发达国家经济脆弱性指数为 42，低于 38 的国家不属于最不发达国家。

（二）援助行为体：援助国与受援国

援助主体和客体开展援助合作，涉及援助主体的援助体系和援助客体的遴选标准，这是援助行为体的基本内容。就援助主体而言，中国要着力构建法制化和正规化的援助管理体系。就援助客体而言，中国的对非援助基于非洲国家的现实需要，坚持不附加任何政治条件。

1. 对外援助法律管辖对外援助活动

发达国家如美国、日本等都有关于对外援助的相关法律法规文件。早在1961年，美国就颁布了《对外援助法案》，并依据该法案成立了国际发展署。日本也有《对外援助大纲》。这些立法的内容包括对外援助的原则、目的、对象、执行机构、提案、批准程序、援助金额占GDP的比例等方面，通过法律来规范政府的对外援助行为，避免了对外援助的随意性。但现阶段中国还没有一部关于对外援助的相关法律，对外援助包括对非援助都是在政策的指导下进行。政策指导和个案处理的方式稳定性不高，可预见性不强，可操作性和实效性不高。现阶段，中国已经致力于建设一个法治国家，对外援助要向着专业化、科学化、规范化的方向发展，提高对外关系的科学发展能力。中国的对外援助法应该对援助对象、援助方式、援助管理、责任追究等方面做出具体规定，把对外援助各个环节纳入法制化轨道，援助全程都必须接受国内法的管辖。通过统一完善的对外援助法确定受援国地位，对外援助法全程管辖外援活动。

2. 由专门的援外部门实施对外援助

随着中非新型合作伙伴关系的建立，特别是中非合作论坛北京峰会后，中国对非援助的范围日益广泛，涵盖了农业、医疗、教育等方面，涉及多个行业和党政机构，对外援助的管理日益复杂，加强部门之间的协调与合作成为中国对外援助的当务之急。然而，当前我国还缺少一个能全面统筹协调对外援助工作的职能部门，严重影响了对外援助的效果。西方援助大国都有这样一个部门掌管各自国家的对外援助工作，而且行政级别都比较高。如美国的国际开发署、德国的经济合作与发展部等。美国的国际开发署享有和美国国务院同等的政治地位，其行政级别显然比我国的商务部对外援助司的行政级别高得多。我国对外援助的管理体系应该遵从中国特色的政治领导体制，中共中央全面领导对外援助，国务院具体实施，全国人大和全国政协行使监督权，各人民团体在中央领导下参与对外援助。在现有的中共中央外联部成立专门机构全面负责对外援助，国务院成立专门的跨部委对外援助委员会，国务院总理兼任委员会主任，国务委员任常务主任，外交部、商务部、农业部等部委主要领导任副主任，构建跨部委领导机构，组建专门的工作团队，包括项目、招投标、金融服务、采购、信息统计等部门。各人民团体经中共中央外联部批准，可开展对外援助，但具体外援工作应由国务院统一实施，国务院每年向全国人大和政协报告对外援助情况。针对援非工作的特殊性，国务院对外援助委员会可成立专门的援非机构。民间机构和个人的援助不属于官方发展援助，可由私人自行组织实施，或者经由民政部门备案。

3. 与此同时，通过政府与民间、政策与学术、国际与国内等机构和组织的合作协调，综合治理问题领域

中国应积极建设信息统计平台，公开相关外援信息和资料，为广大科研机构参与对非援助研究提供支持；① 努力健全私人捐助的渠道并鼓励志愿者援助非洲，开创对非民间外交的新渠道和新领域，募集更丰富的援非资源。积极与国际双边、多边援助机构合作，在发挥本国援外政策优势的前提下，不断学习欧美等发达国家援外的先进经验和做法，在援助对象、援外工具、援助标

---

① 许亮：《美国援助非洲政策评析》，《西亚非洲》2010 年第 7 期，第 25 页。

准和门槛等方面不断改革，提高中国对非援助的国际影响力。当前，中国还没有依照《政府信息公开法》公开外援信息，因此引起了国际社会的质疑。国内学术研究机构参与对非援助的渠道不畅通，政策与研究无法良性互动，影响了中国外援科学理性发展的水平，不利于构建中国对外援助的大战略。中国在确定援助对象时应重点考虑该国民生问题，对受援国各党派的斗争保持公正立场，与各种势力保持经常接触，免遭受援国国内政治突变对中国国家利益的威胁。此外，根据经合组织的发展援助标准，中国许多对非援助都不能计入官方发展援助。这主要跟中国对外援助实施方式有关，许多援外工程不进行公开的国际招标，因而不计入官方发展援助。由于信息不公开，许多援助不为国际社会所知。当前中国参与和制定国际机制的国际义务随着国际地位的提高越来越多了，中国作为一个负责任的大国必须在现有国际体系内行事，适应和改变国际规则是中国对外援助的一大挑战。

4. 对受援国不附加任何政治条件

不附加任何政治条件是中国外援的基本政策立场。2009 年 11 月 8 日，温家宝总理在埃及沙姆沙伊赫召开的“中非合作论坛”第四次会议开幕式主旨讲话中重申了这一原则，并坚定地承诺：中国对非洲的支持和援助，过去没有、将来也永远不会附加任何政治条件。“互不干涉内政，平等相待”是中国独立自主和平外交的基本原则。然而，从实事求是唯物主义认识论看，不干涉原则应该与当前公认的国际准则相结合。中国不附加条件的援助政策是有历史和现实依据的。首先，从历史因素看，中国与非洲国家都曾遭受西方殖民统治，沦为殖民地和半殖民地。中国与非洲对“国家主权”和“民族尊严”等记忆深刻，十分珍视独立自主的权利。非洲国家也绝不愿以牺牲主权和尊严来换取贷款与援助。因此，“不附加条件”和“不干涉内政”原则从根本上体现了一种相互尊重和平等的精神内涵。其次，从现实因素看，中国30多年的发展成就证明，照搬照抄西方的发展模式和经验无法实现国家强大，只有结合本国历史和现实条件才能实现独立发展，必须尊重受援国选择发展道路和模式的权利。世界银行推行的所谓市场化结构调整战略并没有给非洲国家带来经济发展和社会稳定。所谓“华盛顿共识”无法帮助非洲国家减贫。再次，从文化上看，儒家文化信奉自觉自知，不强人所难，中国相信非洲的问题需要非洲人民自己来解决。① 这也符合援助委员会强调的“主有性”（ownership）原则。

近年来，非盟等国际组织提出“非漠视原则”，它是非盟在《非盟宪章》中提出的对成员国适当干预的新理念。“非漠视原则”规定，非盟有权在成员国出现“战争罪行、种族屠杀、反人类罪以及对合法秩序的严重威胁”等情况时对其进行军事干预，在成员国之间发生武装冲突时派部队制止战争。这一原则与中国援非政策并不矛盾，中国一直以来都积极支持参与联合国在非洲的维和任务，在国际组织呼吁关注非洲贫穷问题，但中国并未把减贫等发展问题与政治脱钩，不以牺牲广大民众的利益来谋求政治影响。中国介入非洲内部事务都是通过联合国、非盟等国际和地区组织来进行的，从不单方面对非洲内部事务进行干预。中国介入非洲事务的最佳方式是与非盟及非洲次地区组织积极合作，尽量以非盟的决策和行动为依据。这样才能实现“不干涉

① 贺文萍：《中国援助非洲：发展特点、作用及面临的挑战》，《西亚非洲》2010年第7期，第13页。

原则”与“非漠视原则”的协调。

中国的援非对象都是非洲发展中的穷国，援助内容根据受援国现实需要来确定。与西方国家援非不同，中国都是根据非洲国家的需要来决定援助形式和内容的，而不是根据自身的标准来决定。欧美等发达国家在对非援助中设立了许多政治和意识形态标准，在民主、人权、治理等方面把自己的价值观强加给受援国，如果不符合条件的话，将得不到任何援助，这种基于片面政治意识形态的援助标准遭到了非洲国家的普遍抵制。欧美援助国总是炫耀其援助资金而对非洲国家的内政外交蛮横干预，完全不顾非洲穷国的民生和发展。中国从非洲国家发展现状出发，在水利、电力、通信、道路、港口等基础设施建设方面加大援助力度，在关系到民生的医疗、饮水、教育等领域进行重点援助。中国对安哥拉的援助就体现了这个特点。2002年，安哥拉内战停止后，急需资金修复基础设施。国际货币基金组织同意给安哥拉提供信贷，但为此设定了苛刻的条件，要求安哥拉政府提高石油出口收入管理的透明度。这个要求涉及安哥拉政府的主权让渡，引起安哥拉政府的不满，但迫于现实，安哥拉政府勉强同意接受国际货币基金组织的苛刻条件。与此同时，安哥拉政府向中国等国家寻求帮助。安哥拉政府与国际货币基金组织的谈判失败后，中国国际进出口公司同意为安哥拉政府提供20亿美元的贷款，大大缓解了安哥拉战后重建的资金难题，此举得到了安哥拉政府和国民的广泛好评。2008年，中国翻建年久失修的坦赞铁路，该铁路东起坦桑尼亚的达累斯萨拉姆，西迄赞比亚中部的卡皮里姆波希，全长1860.5公里。由中铁集团承建的安哥拉罗安达、本格拉两条总里程约1800公里的铁路于2008年11月通车。达累斯萨拉姆港和洛比托港也得到更新改造。[①] 这些基础设施为发展当地经济提供了现代化的交通条件。中国还在刚果（布）、苏丹、埃塞俄比亚等国修建大坝，帮助埃及兴建民用核能项目，在非洲修建道路、桥梁、政府大楼、医院、学校等基础设施。中非合作论坛北京峰会后，中方共为非洲国家新建 96 所农村学校，并为 30 所学校提供了教学设备。目前，用于装备 30 所学校的教学设备已运抵交付。

5. 最不发达国家是中国援非的主要对象

中国把最不发达国家作为援助的主要对象，将 60% 的援助资源用于对最不发达国家的援助。非洲的最不发达国家有 33 个，除布基纳法索、冈比亚、圣多美和普林西比 3 国与我国没有建交外，其余 30 个国家都是中国的援助对象。最不发达国家经济社会发展落后，疾病蔓延、武器扩散、恐怖主义、种族冲突、跨国犯罪、生态环境脆弱等非传统安全问题突出，严重威胁国际社会的安全稳定。解决最不发达国家的贫穷问题关系到整个国际社会的利益。中非友好传统源远流长，双方在近代反殖民、反帝国主义斗争中拥有共同的经历。双方相互支持，相互同情，在一些重要国际问题上秉持相同的立场和主张，存在广泛的共同利益。帮助非洲国家减贫是国际社会的责任和义务，中国作为负责任的发展中大国可以通过承担国际义务提升本国的软实力。对外援助还能帮助中国企业打开海外市场，提升国际竞争力，充分利用国内外两种资源，发展本国经济。外援也是发展中非双边友好关系的重要渠道和内容。大量非洲最不发达国家一直都是欧美外交的重要目标，我国利用对非援助能有效团结和争取对华友好力量，为

---

① Robert I. Rotberg, "China's Quest for Resources, Opportunities, and Influence" in Robert I. Rotberg. *China into Africa*: *Trade*, *Aid*, *and Influence*, Washington, D. C.: Brookings Institution Press, 2008: 6.

中国发展营造良好的国际环境。此外，非洲还有不少国家对中国具有重要的战略利益，对这些国家的援助能确保国家外交利益。对这些国家贫穷的认定要从国家战略利益的层面来考虑，不仅考量具体客观的经济指标，更要根据受援国国内的政治形势来判断外援价值，尤其是要培养受援国国内精英阶层对中国的认同和友好。

（三）援助本体

目前，中国对非洲援助的主要形式有成套项目、技术合作、人力资源开发合作、援外医疗队、一般物质援助、紧急人道主义援助、现汇援助、优惠贷款、援外青年志愿者等。运用多种援助工具和手段，构建政治、经济、文化、社会等领域全方位、多角度的援助范围，构建结构合理、科学有效的援助体系。

（1）以优惠贷款为支撑开展项目援助。受援国提出援助项目，双方经过项目论证，确定援助项目，援助项目采取定向招标的方式确定中方中标企业施工建设，中标企业和受援国向中国国际进出口银行申请优惠贷款，签订优惠贷款合同，资金由银行管理，银行经过合作双方同意，根据施工进度划拨资金给中标企业。项目施工完成后，双方组织工程验收，银行将剩余款项划拨给施工企业，工程交付给受援国使用。非洲国家利用优惠贷款还可以从中国采购成套设备和技术，或者出口大宗物质，促进双边贸易增长。受援国按照合同规定向银行支付本息，由于利率极低，有的甚至是零利率，受援国还本付息压力很小，资金使用成本极低。不少贷款最后还可能得到中国政府的减免。1995 年，中国政府开始对非洲国家所欠债务实施利息减免计划。1996 年，中国与非洲 13 个国家签订了优惠利率贷款协议。2000 年，中国承诺减免非洲国家债务。2003 年，中国与 31 个非洲国家签订了协议，减免总额达 1.45 亿美元的债务。根据商务部的统计，截至 2008 年 3 月，中国减免了非洲 32 个国家的债务。

援助项目优惠贷款成为当前中国对非援助的主要形式，具有见效快、可操作性强等优势，深受非洲国家欢迎。其原因主要有以下五项。第一，由于项目施工任务主要由中国企业承担，中国企业的技术优势能为非洲国家的发展提供知识和技术的支持，非洲国家在得到资金援助的同时也能得到技术援助。第二，项目援助能帮助中国企业扩大对非洲的劳务和技术出口，赢得国际市场份额，提高企业竞争力，也能为国内和当地提供就业机会。第三，项目援助提供了一整套解决方案，使得受援国能直接运行这些设施，不需要在后期进行长期的培训和学习，这类援助项目称为“交钥匙”（Turnkey Project）工程。第四，项目优惠贷款经过严格的立项审查和工程进度管理，保证了援助效果，容易得到中国政府和金融机构的批准。与其他资金援助相比，项目优惠贷款经过严格的技术论证，采用严格的工程管理程序组织实施，项目的可行性和实效性很高，援助双方都很认可。第五，项目优惠贷款能有效防止援助资金的流失，防止受援国政府产生工程腐败，提高了援助资金使用效率。项目资金由中国国际进出口银行管理，所有款项都需要经过双方同意才能划拨，任何一方都无法独立支配资金。

项目优惠贷款的援助方式也存在不足之处，饱受国内外争议。第一，由于项目资金由金融机构掌管，受援国无权独立管理资金，受援国的自主性受到一定限制。这与经合组织援助委员会提出的尊重受援国自主性存在冲突，也妨碍了建设发展伙伴关系。第二，国内外不少人质疑项目招投标不透明，外国企业无法参与投标，国内企业参与度不高，对招投标的公正性持怀疑态度。第三，工程移交之后，日常的管理和维护跟不上，工程效益没有保障。第四，国有企业参与面广，援助性质受到质疑。国有企业在管理上归属于国有资产管理部门，商务部或外交部以及国有企业有各自的行为目标，将经济行为和政治行为混合在一起，可能会出现政府对企业具体业务的过多干预，也可能会造成企业打着国家利益的旗号追求自身利益，游说甚至左右有关的援助政策。

此外，优惠贷款的管理机构目前较为混乱。商务部负责无息贷款和援外合资合作项目基金，中国国际进出口银行负责援外优惠贷款和优惠出口买方信贷。这 4 种形式的援助贷款在资金来源、操作程序和风险补偿机制上均有差异，主管单位各自为政，亟须进行整合。根据 1995 年中国对外援助改革确定的目标，对最不发达国家应增加无偿援助，一般不再提供无息贷款，但是，无息贷款在中国对外援助中所占比例仍然较大。建议将无息贷款逐步并入无偿援助之中，由商务部统一管理。将优惠出口买方信贷逐步纳入援外优惠贷款的政策之中，由中国进出口银行统一管理。在实践中，优惠出口买方信贷实际上是具有优惠性质的援助贷款，因此，应明确其援助贷款的性质。建议优惠贷款统一整合后由中国进出口银行管理，政府部门不再干预具体的贷款项目。对不同国家、不同性质项目的贷款，可以制定有差别的利率和期限，但是所有贷款品种的评估、审批、放款和管理程序应该基本一致。目前，从资金来源看，中国的对外无偿援助、无息贷款和合资合作资金都来源于国家财政预算资金，但援外优惠贷款和优惠出口买方信贷则由中国进出口银行在金融市场上发债筹资，财政对其进行贴息。其中，援外优惠贷款利率和人民银行基准利率之间的差额由商务部从援外预算中补贴，优惠出口买方信贷利率与中国进出口银行筹资成本之间的差额由财政部给予综合性补贴。今后应将援外贷款的资金来源调整为财政预算资金和机构自筹资金，合理规划两类资金的比例。对于自筹资金应规定统一的贴息方法，同时建立完善的风险补偿机制和核销程序。①

（2）直接的物质和资金援助。除了项目贷款和进出口贷款外，中国也直接向非洲国家提供资金和物质援助，受援国可以完全直接支配。这些援助有的可以通过多边援助组织，如世界银行、联合国开发计划署、粮农组织等进行。这些多边组织接受援助后，再向非洲国家提供援助。2008 年，中国向联合国开发计划署捐款 2820 万美元。② 2005 年中国停止接受世界粮食计划署的捐赠，2006 年中国对该署的捐助增加了 260%，总数达到 57.7 万吨，其中大部分用于对朝鲜的援助，还有一些用于对利比里亚、几内亚比绍、斯里兰卡和十余个其他国家的援助。2010 年中国向世界粮食计划署捐赠 400 万美元。③ 还有的是直接的双边援助，如赠款、物质援助等，特别是紧急人道主义援助。中国已成为对非洲提供人道主义援助的主要国家之一。④ 在 2006 年中非合作论坛北京峰会上，中国承诺此后 3 年内，为非洲国家援助 30 所医院，并提供 3 亿元人民币的无偿援助用于向非洲国家提供防疟药品和设立 30 个抗疟中心。近年来，中国还加大了对非洲自然灾害和战乱地区的人道主义关切。印度洋地震海啸发生

① 刁莉、何帆：《中国的对外发展援助战略反思》，《当代亚太》2008 年第 6 期，第 132 ~ 133 页。

② “Living up to its Commitments”，*UNDP Annual Report 2009*，第 38 页。

③ 见世界粮食计划署官网，http：//www.wfp.org/about/donors/wfp-donors/2010。

④ 罗建波、刘鸿武：《论中国对非洲援助的阶段性演变及意义》，《西亚非洲》2007 年第 11 期，第 28 页。

后，中国政府立即向索马里、肯尼亚和塞舌尔提供了救灾款项和物资。2007 年前后，中国先后向苏丹达尔富尔地区提供了 5 批人道主义救援物资和现汇援助。中国仅在 2007 年就向苏丹提供了价值达 8000 多万元人民币的人道主义援助物资。[①] 这些援助极大地缓解了地区局势，改善了当地民生。

（3）人力资源援助。帮助非洲国家培训教育、科技、卫生人才，提高人力资源质量，增强非洲国家减贫能力。直接向非洲国家派出教育、医疗、科技等人才队伍，提高当地发展能力。从 2001 年至今，北京大学政府学院为非洲外交官和经济管理人员举办了各种短训班和课程班。中国政府也举办了各种培训班培训非洲的专业技术人员。2007 年上半年，中国政府举办了 93 次培训，来自非洲 49 个国家的 2241 名相关人员参加了培训。根据行动计划要求，2007 ~ 2009 年中国培训了 15000 名非洲专业技术人员。1949 ~ 1977 年，中国向非洲 9 个国家派出了志愿教师，包括阿尔及利亚、埃及、多哥、刚果（布）、几内亚比绍、马里、索马里、坦桑尼亚和突尼斯。1954 年向埃及派出了首支志愿教师队伍。1978 ~ 1995 年，派驻国家增加到 21 个。2003 年，中国在非洲 30 多个国家的志愿教师共计 238 人。在非洲的中国教师教授从本科生到博士研究生的课程。中国也一直在帮助非洲建立国民教育体系。中国政府资助非洲学生来华留学，非洲学生也大幅增加。在 2000 年第一届中非合作论坛召开时，共有 1388 人在华留学。2005 年增加到 2757 人。到 2003 年底，中国在非洲开展了农业、中医、远程教育、计算机技术等领域的 43 个项

① 王锁劳：《达尔富尔问题与中国话语权——评〈全球视野下的达尔富尔问题研究〉一书》，《西亚非洲》2009 年第 3 期，第 75 页。

目，建起了21个研究实验室。[①]

中国还在大学为非洲提供远程教育培训。2002～2006年，吉林大学培训了225名非洲教师、医生、工程师等专业技术人员。东北师范大学也建立了一个非洲培训基地，从2001年起，开办了9期短训班，为30多个非洲国家培训了200多名政府官员。中国农业大学2001～2006年举办了10期短训班，培训了206名来自非洲的专家、学者、政府官员等。1996年，浙江师范大学在喀麦隆建立了中国语言培训中心。2003年，在教育部的帮助下，浙江师范大学成立了非洲研究中心。从2002年起，该校举办了13期培训班，培训对象主要是来自非洲高校的教师和管理人员，也包括中小学教师。该校与非洲12个国家的20多个高校建立了合作关系。2006年，浙江师范大学举办了“中非大学校长论坛”，来自非洲14所高校的30多位校长参加了论坛。2003年，教育部指定天津职业技术师范大学为援非职业技术教育中心。为响应《中非合作论坛——亚的斯亚贝巴行动计划（2004～2006）》的要求，该校设立了非洲职业教育研究中心，培训非洲中级专业技术人员，目前已经培训了200多名非洲学生，派出了84位教师协助非洲当地的职业培训。2005年，教育部授权11所大学举办了12次有关高等教育管理、远程教育、职业技术培训等领域的短训班和课程班。2005年，中非首次教育部长论坛在北京举行，国务委员陈至立出席了论坛。教育部每年都要举办发展中国家教育援助班，重点是非洲国家。2006年3月，教育部与商务部、外交部举办了第四次发展中国家教育工作

① Li Anshan, “China's New Policy toward Africa”, in Robert I. Rotberg, *China into Africa: Trade, Aid, and Influence*, Washington, D.C.: Brookings Institution Press, 2008: 29.

者培训经验交流会，来自不同大学的70多名与会者交流了各自的经验和做法。2006年12月，北大非洲研究中心举办了全国大学非洲教育、研究、援助研讨会，教育部、商务部、外交部官员和全国有关大学的教师参加了研讨会。2007年5月，第五次研讨会在成都召开，来自教育部、商务部、外交部的官员和20多所大学的教师共计50多人参加了会议。

（4）传播中国减贫经验，提高减贫的针对性。中国减贫取得了令人瞩目的成就，其经验值得非洲国家学习借鉴①。1981年，中国有64%的人口每天生活在不足1美元的水平之下，而当时撒哈拉以南非洲这一数字为42%。但到了2004年，情况发生了逆转，中国的贫穷发生率下降至10%，中国大约有5亿人口摆脱了绝对贫穷，而撒哈拉以南非洲只有小幅下降，仅降至41%。② 中国的减贫经验对非洲国家具有重要的参考价值。中国政府通过举办短训班，培训非洲国家的专业技术人员和政府官员。2003年举办了“经济改革与发展战略”短训班，16个国家共计22名经济和金融部门的管理人员和7名非洲开发银行的官员参加了培训。双方交流了经验和想法，非洲参训人员更加深入了解了中国的改革进程。中国频繁邀请非洲外交官访华。从1996年起，中国外交学院连续举办“了解中国”的专题报告会。130多个国家和9个国际组织参加了专题报告会。与中国建交的非洲国家的161名外交官和10个地区组织参加过该专题报告会。

① Li Anshan, “China's New Policy toward Africa”, in Robert I. Rotberg, *China into Africa: Trade, Aid, and Influence*, Washington, D. C.: Brookings Institution Press, 2008: 29.

② 中国国际扶贫中心、经合组织：《中国－发展援助委员会研究小组概念框架，促进中国与非洲各国分享增长与减贫的经验》，http://www.oecd.org/dataoecd/22/6/44470640.pdf。

学习中国的减贫经验需要了解中国的增长战略、体制改革以及发展政策推动大规模减贫的途径。新中国成立初期的土地改革、妇女解放、农业投资和教育卫生的改善以及后来在20世纪80年代的经济转型是中国实现长期可持续发展的重要促进因素。中国的发展模式近年来也成为非洲国家争相学习的成功经验。具体而言，中国的减贫经验可以概括为如下几点。

第一，积极高效利用发展援助和国际合作。国际捐助方通过资金和技术援助对中国经济增长与减贫的支持作用不可忽视。自20世纪70年代接受日本政府提供的发展贷款起，中国已建立了三种类型的发展合作模式：双边捐助、多边捐助以及国际非政府组织支持。同时，中国还建立了一个经实践证明行之有效的战略框架，用以管理各种类型的发展合作。中国在有效吸收外部支持和建议，但又不依赖援助方面走出了依赖症的困境。中国在将外部支持融入本国社会、经济与文化发展进程方面探索出一条独立发展的道路。这些经验对于那些依赖国际援助的非洲国家至关重要。

第二，农村和农业的发展是增长与减贫的原动力。农业增长与农村发展向来是中国稳定增长与减贫的重要推动力量。农业生产力的提高不仅保障了食品安全，而且还创造了机构转型所需要的初始资本。首先，农业生产力的提高源于对人民公社的改革、土地经营方式从集体经营向家庭承包经营的转变、取消对农产品价格的控制以及允许农民自主处理农产品。价格由市场决定，农村市场全面搞活，乡镇企业迅速发展，农村非农就业水平显著提高。与此同时，农村基础设施建设明显加强。结果是，农业生产力水平持续提高，温饱问题彻底解决了，为小康社会建设和经济结构升级奠定了稳定的基础。由于中国绝大多数贫穷人口集中在农村，农业增长与农村发展使数以亿计的中国人摆脱了极端贫穷。相对公平的土地分配制度也在减少贫穷人口方面发挥了重要的作用。此外，农业的发展释放了大量的农村劳动力，使其得以在非农部门就业，从而为中国制造业部门的飞速发展奠定了坚实的基础。中国也曾在农业研发方面进行了大量的投资，显著地提高了农业技术水平。

然而，在非洲，许多国家的农业却依然步履蹒跚，生产手段仍十分落后。非洲绝大部分人口居住在农村，其比例甚至高于改革开放之初的中国。农业增长与农村发展对非洲国家的减贫同样至关重要。非洲具有较好的发展农业的自然条件和人口优势。非洲的人口密度远低于中国，人口的劳动能力较强，土地资源相对丰富，气候条件较为适宜。但是，非洲发展中国家政府的治理能力较弱，政治环境不稳定，社会冲突不断。非洲国家应该在政府的管理能力上向中国学习。中国一直把农业作为中非合作的重要先导领域，中国农业的发展经验值得非洲国家学习。

第三，基础设施建设是减贫的基础条件。基础设施建设尤其是交通、能源、水利、卫生及灌溉设施等一直都是发展中国家的发展瓶颈。改革开放以来，中国利用国内外资金和技术不断加快基础设施建设步伐。中国农村基本建成了电力、电话、电视的基础设施，农村道路网基本硬化，水利设施较为完善。中国基础设施建设得益于分税制改革带来的中央和地方财权与事权的统一，同时建立了科学合理的转移支付制度，形成中央与地方政府、政府与市场、公共和私人部门之间明晰的责任划分。中国发展基础设施的经验具有高度的可复制性和稳定的预见性，值得发展中国家学习。

中国也积极援助非洲国家发展基础设施。撒哈拉以南非洲许多发展中国家基础设施建设资金缺乏，21 世纪初，中国投资非洲基础设施建设的资金从每年 5 亿美元攀升到 2006 年的 70 亿美元。中国对非洲的基础设施投资主要分布在电力和交通两个部门，近年来通信和水利成为中国投资的热点。

第四，为工业发展提供良好的外部条件。中国在沿海地区设立经济特区，为企业提供土地、税收等优惠政策，积极利用外资发展制造业；大力发展资本市场，为企业融资提供多元化的选择平台，中国的创业板顺利上市，金融制度不断创新；实施出口导向战略，鼓励企业扩大出口，提高产品的国际竞争力，创造了大量的就业机会；统一了国内市场，打破市场分割和封锁，为企业提供了广阔的竞争空间，利用市场合理配置了生产资料。

许多非洲发展中国家的产业战略模糊，发展思路不清，而且工业基础薄弱，政府引导产业发展的能力不足。不少资源型国家产业结构失衡，资源枯竭和环境污染严重，可持续发展能力不足。缺乏资金和技术，劳动力质量低下，市场发育缓慢，资源的有效利用不足，市场无法在资源配置中起基础性作用。

第五，稳定是发展的前提。中国保持了长期的社会和政治稳定，政府管理能力不断提高，国内治安秩序良好，社会比较和谐，周边国际环境有利于中国和平发展。许多非洲国家政府治理能力不足，政党、选举等政治环境不稳定，军人干政陋习未改，民族宗教冲突频繁，国内治安环境恶劣，边境控制能力低下，难民、战争、走私等现象突出，缺乏国内发展的和平环境。

当然，中国在自身发展中也走过弯路，遇到过挫折，教训也很多。在中国成为那些努力促进本国经济增长与减贫的国家竞相学习的榜样时，一些重要的教训也应引起足够的重视，如城乡差别、环境可持续发展以及收入分配不公平等问题。为了实现工业化，中国在20世纪50年代末采取了城市地区先发展的策略。经过几十年的发展，城乡差距逐渐扩大，到目前，则是通过不断增加对农村的投资来消除这一差距。快速的工业化以及对原材料和能源的巨大需求使人们对资源严重透支。此外，随着经济的发展，居民收入差距也在不断扩大。同时，强调经济增长的战略也导致社会事业的发展在一定程度上被忽视。

小　结

中非传统友好关系源远流长，中国奉行独立自主的和平外交政策，中非本着“真诚友好，平等相待”“互利互惠，共同繁荣”“相互支持，密切配合”“相互学习，共谋发展”的总体原则，不断推动中非新型战略伙伴关系深入发展。双方以中非合作论坛为平台，政治互信不断增强，经贸关系日趋紧密，人文交流日益活跃。对非援助一直都是中非双边关系的重要内容，新中国成立之初，中国不顾自身困难，开始对非洲国家进行无私的援助。随着双边关系的快速发展，2009年中国对非援助高达10亿美元。中国在和平与安全领域、经济贸易领域、发展领域、人文教育领域对非洲进行了大量援助。1957～2006年间，中国政府对非援助金额总共约为444亿元人民币，约57亿美元。其间，中国援非政策几经嬗变，从意识形态到互惠互利，从反殖反霸导向到对外战略导向，从单边承诺到务实互惠，对非援助出现了许多新的变化和挑战。中国对非援助引起了国内外广泛关注，争议和批评不绝于耳，中国必须构建具有中国特色的援非机制。为此，一要在问题领域把最不发达国家的认定标准确定为贫穷的标准。二要在援助行为体方面，对援助主体的管理体系进行改革，从法律法规、组织机构、协作平台等方面构建规范的外援体系。在遴选援助客体时坚持对受援国不附加任何政治条件，把非洲最不发达国家作为援助的重点，兼顾对中国具有重要战略价值的国家。三要在援助本体方面不断丰富援助形式，实物援助与经验传播并重。

结　　语

非洲是人类的发源地，非洲人民曾经创造了辉煌的人类文明，至今仍然熠熠生辉，深刻影响着人类生活。非洲资源丰富，被誉为“世界原料仓库”。然而近代欧洲殖民者的入侵，打断了非洲自主发展的历史，非洲陷入了被殖民、被压迫的苦海，非洲成了当今世界唯一存在赤贫的大陆，世界上总共 39 个最不发达国家中有 33 个是非洲国家。撒哈拉以南的非洲都笼罩在贫穷的阴霾之中，全世界约 2/3 的穷人生活在非洲。金融危机加剧了非洲的贫困，非洲经济增长放缓，不断有新的人群陷入贫穷。为了消除非洲的贫穷，国际社会设计了多种机制性安排，制定了千年发展目标，对非洲进行了大量援助。联合国机制、国际金融机制、经合组织等制定了多个援助非洲的发展方案，为非洲国家提供减债服务、优惠贷款、无偿赠款等发展援助。然而，根据联合国开发计划署的报告，按照现有发展速度，非洲国家将无法在 2015 年实现千年发展目标。国际减贫机制虽然对非洲国家进行了援助，但非洲国家却无法实现减贫机制确立的发展目标。本书认为，由于国际减贫机制呈现重叠结构，降低了国际机制的效能，影响了发展援助的有效性，因而无法实现减贫的目标。只有重构国际减贫机制的重叠结构，才能实现千年发展目标。

机制是社会公共生活有序运行的手段，社会机制的结构和过程由主体、客体和本体三部分组成。从主体来看，机制是由人创设的社会实践的产物。从客体来看，机制的调整对象是人与人之间的交往关系。从本体来看，机制是规范体系。社会机制不是自然产物，它是人类社会发展到一定阶段后出现的历史现象，源自价值意识的规范化，源自人的社会交往关系。机制发生的路径有历史演进、理性设计和建构三种方式。机制的功能在于规范社会公共政治生活，使社会各单元有序参与公共事务，有效地稳定各方预期，促进社会各组成部分之间的合作，实现各自的利益诉求。当机制跨越国内社会生活领域进入国际社会层面时，国内机制就上升为国际机制。由于全球性问题的存在，机制的功能体现为全球治理。国际机制也是由主体、客体、本体三个部分组成的。国际机制的主体、客体、本体分别是国际行为体、问题领域、国际治理。相同的问题领域往往存在多个相互联系的国际机制，形成了国际机制之间错综复杂的关系，国际机制的重叠包括问题领域重叠、行为体重叠、治理重叠。机制重叠影响了机制的效能。只有对国际机制的重叠结构进行有效治理，国际机制的目标才能实现。

非洲减贫的国际机制大致有三类：联合国机制、国际金融机制、双边援助机制。这三类机制功能与价值的冲突、援助标准相互冲突、行为体身份重叠、机制治理手段不一，严重影响着其效能，降低了援助的有效性，抵消了非洲减贫的努力。因此，必须统一国际机制对贫穷的认识，厘定贫穷标准，协调援助工具，理顺援助机构之间的关系，统一决策机制，重构国际减贫机制的重叠结构，只有这样才能实现减贫目标。

重构国际减贫机制的重叠结构也对中国的对非援助具有重要

的理论意义和实践价值。中非友谊源远流长，非洲一直都是中国外交工作的重点地区，对非援助是中非双边关系的重要内容，随着中非双边政治、经贸、人文、社会交往的日益频繁，中非新型战略伙伴关系不断深入发展，中国对非援助的范围和领域不断扩展，力度也不断加大，中国的对非援助引起了国内外的广泛关注，出现了不少争议和质疑的声音。为此，中国必须改善对非援助工作，构建具有中国特色的援非机制。

理顺国际减贫机制绝非易事，最终将取决于国家实力的对比。减贫成为国际问题领域，一方面是事实使然，另一方面是国家利益驱动。当今世界，安全问题仍将占据国际政治的最高议程，非传统安全紧随其后。贫困、宗教、文化等社会性问题上升至国际政治议事日程，必然离不开国家权力与利益的较量。欧美等发达国家利用贫困问题对发展中国家的政治、民主、人权、治理等问题进行干涉，对发展中国家选择的发展道路和发展方式无端指责，反映了发达国家在利用传统的军事等手段无法实现本国利益时另辟蹊径，借发展问题指责发展中国家，目的还是国家利益和权力。不可否认，发达国家的援助对减贫的作用不可或缺，其减贫成效有目共睹，但其意图的偏差和利益偏好，决定了其援助无法超越传统权力政治范畴。在援助国中，强国试图维护既有的国家减贫机制，新兴大国更是倾向于改革国际机制，甚至另起炉灶，建立新的国际机制。由于利益目标和国家权力离散，形成统一的非洲减贫机制任重道远。

现阶段，各种减贫机制在各自领域形成了独特的优势和能力，完全可以优势互补，开展广泛的分工与合作，形成减贫的国际合力。联合国机制由于其全球代表性和政府性特征，在非洲减贫中完全可以承担统筹协调的中枢。联合国发展计划署可以作为减贫的“司令部”，负责所有援助项目的多边援助立项和双边援助备案，联合国对多边项目进行实质审查，对双边项目进行形式审查；联合国国别小组具体实施各国的减贫战略；各个成员国有义务向联合国机构、世界银行等金融机构捐款；世界银行应发挥专业优势，为各国制定减贫战略，并向在联合国立项的减贫项目提供金融援助，开展项目评估；经合组织的同行审查机制能保证援助的有效性，在捐助申报、捐助比重等方面形成了严密的工作规范。在非洲减贫中，经合组织可以在多边、双边援助申报中发挥独特优势，成为非洲减贫机制的统计中心。巴黎俱乐部、八国集团、二十国集团等非正式机制通过论坛性质的会议形式发表联合宣言等，形成国际机制的网状决策机制，在减贫目标、手段、战略等方面达成共识，协调各国的减贫行动，对正式的国际减贫机制起到良好的补充作用。

近年来，随着国力的增强，中国的国际影响力日益提升，中国对非洲的援助引起了国际社会的密切关注。同为发展中国家，中国对非洲进行力所能及的援助表达了中国人民对非洲人民的深情厚谊，体现了中国政府作为负责任大国的气度，深受不少非洲国家的好评。同时，作为发展中国家，中国的对外援助处于起步阶段，外援管理需进一步规范，外援机制有待完善，还存在不少问题和困难。当务之急，中国应该建立统一集中的对外发展援助管理机构，制定专门的法律法规，规范对外援助行为。要把对外发展援助纳入政务信息公开范围，及时发布相关信息，增强对外援助透明度，引入社会公众监督，防止贪腐渎职。同时，要与联合国、世界银行、经合组织广泛合作，积极参与国际减贫机制。随着中国在世界银行和国际货币基金组织投票份额的提高，中国在国际金融机制中的话语权日益增强，通过国际金融机制能有效维护国家利益。中国虽然不是经合组织成员国，但中国与经合组织的合作关系良好，经合组织成员国曾经对中国进行了大量援助。作为联合国安理会五大常任理事国之一，中国更应积极全面参与联合国减贫行动。中国在对外援助中要坚持独立自主的和平外交政策，坚持不附加任何政治条件的外援政策，同时与国际机制密切合作，重点援助民生领域。在维护国家利益的前提下，在对外援助中与国际社会保持一致立场。逐步对外公开援助信息，按照国际经贸规则实施对外援助项目，支持经合组织的援助申报和统计工作，积极向经合组织报告外援情况。利用二十国集团等非正式的国际机制声明中国的对外援助政策，积极推动国际机制朝着更有利于发展中国家利益的方向改革。

参考文献

一　专著类

艾周昌、沐涛编《中非关系史》，华东师范大学出版社，1996。

艾周昌、舒运国主编《非洲黑人文明》，福建教育出版社，2008。

艾周昌编注《中非关系史文选》，华东师范大学出版社，1989。

安春英：《非洲的贫困与反贫困问题研究》，中国社会科学出版社，2010。

陈乐民：《战后西欧国际关系》，中国社会科学出版社，1987。

陈玉刚：《超国家治理》，上海人民出版社，2009。

陈志敏、崔大伟主编《国际政治经济学与中国的全球化》，上海三联书店，2006。

楚树龙：《国际关系基本理论》，清华大学出版社，2003。

樊勇明：《西方国际政治经济学》，上海人民出版社，2006。

胡鞍钢、胡光宇等：《援助与发展》，清华大学出版社，

2005。

胡锦山:《非洲的中国形象》，人民出版社，2010。

胡宗山:《国际关系理论方法论研究》，世界知识出版社，2007。

金应忠、倪世雄:《国际关系理论比较研究》，中国社会科学出版社，2003。

李少军:《国际政治学概论》，上海人民出版社，2005。

李少军:《国际政治学概论》，上海人民出版社，2009。

李同成、金伯雄主编《中国外交官在非洲》，上海人民出版社，2005。

李香丽:《国际关系理论视野中的中国对非援助:实践成效和理性反思》，2008。

李小云、唐丽霞、武晋编《国际发展援助概论》，社会科学文献出版社。

李小云主编《中国与非洲》，中国财政经济出版社，2010。

李智彪主编，陈宗德等著《非洲经济圈与中国企业》，北京出版社，2001。

联合国教科文组织:《〈非洲通史〉的编写》，1983。

梁根成:《美国与非洲》，北京大学出版社，1991。

梁守德、刘文祥:《邓小平的国际政治理论》，江苏人民出版社，2003。

林尚立等:《政治与人》，复旦大学出版社，2005。

刘宏松:《国际防扩散体系中的非正式机制》，上海人民出版社，2011。

刘鸿武、李新烽主编《全球视野下的达尔富尔问题研究》，世界知识出版社，2008。

刘鸿武、沈蓓莉主编《非洲非政府组织与中非关系》，世界知识出版社，2009。

刘鸿武主编《非洲研究译丛》，世界知识出版社。

刘廷忠主编《当代世界经济政治与国际关系》，高等教育出版社，2009。

陆庭恩：《非洲问题论集》，世界知识出版社，2005。

罗建波：《非洲一体化与中非关系》，社会科学文献出版社，2006。

门洪华：《霸权之翼》，北京大学出版社，2005。

倪世雄等：《当代西方国际关系理论》，复旦大学出版社，2001。

潘忠：《国际多边发展援助与中国的发展》，经济科学出版社，2008。

潘忠岐：《世界秩序：结构、机制与模式》，上海人民出版社，2004。

秦亚青：《霸权体系与国际冲突》，上海人民出版社，2008。

秦亚青：《权力·制度·文化》，北京大学出版社，2005。

秦亚青：《西方国际关系理论经典导读》，北京大学出版社，2009。

秦亚青主编《理性与国际合作》，世界知识出版社，2008。

秦亚青主编《文化与国际社会》，世界知识出版社，2006。

沈丁立、张贵洪主编《金融危机与亚洲国际关系》，上海人民出版社，2010。

时殷弘：《国际政治与国家方略》，北京大学出版社，2006。

时殷弘：《战略问题三十篇》，中国人民大学出版社，2008。

世界银行：《减贫与可持续发展》。

苏长和：《全球公共问题与国际合作》，上海人民出版社，2000。

苏长和：《全球公共问题与国际合作》，上海人民出版社，2009。

王缉思：《国际政治的理性思考》，北京大学出版社，2006。

王杰编《国际格局与国际组织》，北京大学出版社，1993。

王杰主编《国际机制论》，新华出版社，2002。

王逸舟：《西方国际政治学》，上海人民出版社，2006。

王逸舟：《西方国际政治学》，中国社会科学出版社，2007。

王逸舟：《全球政治与国际关系经典导读》，北京大学出版社，2009。

王逸舟主编《国际政治理论与战略前沿问题》，社会科学文献出版社，2007。

王正毅、张岩贵：《国际政治经济学》，商务印书馆，2003。

王正毅：《国际政治经济学通论》，北京大学出版社，2010。

韦森：《经济学与哲学》，上海人民出版社，2005。

韦森：《文化与制序》，上海人民出版社，2003。

吴忠主编《国际减贫理论与前沿问题》，中国农业出版社，2010。

徐以骅主编《世纪之交的国际关系》，上海远东出版社，2001。

阎学通、漆海霞等：《中外关系定量预测》，世界知识出版社，2009。

阎学通、孙学峰：《国际关系研究实用方法》，人民出版社，2001。

杨光主编《中东非洲发展报告 No. 12（2009～2010）》，《国际金融危机对中东非洲经济的影响》，社会科学文献出版社，2010。

余潇枫：《国际关系伦理学》，长征出版社，2002。

俞可平主编《国际政治前沿译丛》，中央编译出版社，2009。

俞正樑：《国际关系与全球政治》，复旦大学出版社，2007。

袁正清：《国际政治理论的社会学转向》，上海人民出版社，2005。

张贵洪编《国际组织与国际关系》，浙江大学出版社，2004。

张磊、樊胜根主编《新千年减贫战略》，中国财政经济出版社，2007。

张曙光、苏长和主编《中国与国际组织研究丛书》，上海人民出版社。

张永宏：《非洲发展视域中的本土知识》，中国社会科学出版社，2010。

赵可金、倪世雄：《中国国际关系理论研究》，复旦大学出版社，2007。

赵遵生：《中国人在非洲》，浙江人民出版社，2010。

中国社会科学院西亚非洲研究所：《纪念中国社会科学院建院三十周年学术论文集》（西亚非洲研究所卷），经济管理出版社，2007。

周弘主编《对外援助与国际关系》，中国社会科学出版社，2002。

朱锋：《国际关系理论与东亚安全》，中国人民大学出版社，2007。

朱锋：《人权与国际关系》，北京大学出版社，2000。

资中筠主编《国际政治理论探索在中国》，上海人民出版社，1998。

《1935年以后的非洲》，《非洲通史》第八卷，中国对外翻译出版公司，2003。

《非洲政治与国际关系系列》，世界知识出版社。

《世界政治与国际关系原版影印丛书》，北京大学出版社，2003。

《中非关系系列》，世界知识出版社。

《中非合作论坛北京峰会》，世界知识出版社，2009。

〔德〕于尔根·哈贝马斯（Jurgen Habermas）：《后形而上学思想》，曹卫东、付德根译，译林出版社，2001。

〔荷〕罗尔·范德·维恩（Roel Vander Veen）：《非洲怎么了?》，赵自勇，张庆海译，广东人民出版社，2009。

〔美〕塞缪尔·P. 亨廷顿：《变化社会中的政治秩序》，上海人民出版社，2008。

〔美〕塞缪尔·P. 亨廷顿：《文明的冲突与世界秩序的重建》，周琪等译，新华出版社，2010。

〔美〕埃里克·吉尔伯特（Erik Gilbert）、〔美〕乔纳森·T.：《非洲史》，海南出版社、三环出版社，2007。

〔美〕彼得·卡赞斯坦（Peter J.）：《国家安全的文化》，北京大学出版社，2009。

〔美〕彼得·卡赞斯坦（Peter J.）：《地区构成的世界》，北京大学出版社，2007。

〔美〕道格拉斯·C.：《制度、制度变迁与经济绩效》，格致出版社、上海人民出版社，2008。

〔美〕德怀特·D.：《艾森豪威尔回忆录》，东方出版社，

2007。

〔美〕凡勃伦（Thorstein Veblen）：《有闲阶级论》，蔡受百译，商务印书馆，2012。

〔美〕弗雷德里克·皮尔逊（Frederic S.）：《国际政治经济学》，北京大学出版社，2006。

〔美〕哈里·杜鲁门（Harry S.）：《杜鲁门回忆录》，东方出版社，2007。

〔美〕海伦·米尔纳（Helen V.）：《利益、制度与信息》，上海人民出版社，2010。

〔美〕汉斯·摩根索、徐昕、郝望等：《国家间政治》，北京大学出版社，2006。

〔美〕杰弗里·萨克斯（Jeffrey Sachs）：《贫穷的终结》，邹光译，上海人民出版社，2007。

〔美〕卡伦·明斯特（Karen A.）国际关系精要》，上海人民出版社，2007。

〔美〕肯尼思·W.：《国际关系中的思想流派》，北京大学出版社，2003。

〔美〕肯尼思·华尔兹（Kenneth N.）：《国际政治理论》，上海人民出版社，2008。

〔美〕莉萨·马丁（Lisa L.）：《国际制度》，上海人民出版社，2006。

〔美〕罗伯特·J.：《国际政治》，中国人民大学出版社，2007。

〔美〕罗伯特·O.：《局部全球化世界中的自由主义、权力与治理》，北京大学出版社，2004。

〔美〕罗伯特·基欧汉（Robert O.）：《国际化与国内政

治》，北京大学出版社，2003。

〔美〕罗伯特·基欧汉（Robert O.）：《权力与相互依赖》，北京大学出版社，2002。

〔美〕罗伯特·基欧汉（Robert O.）：《新现实主义及其批判》，北京大学出版社，2007。

〔美〕罗伯特·吉尔平（Robert Gilpin）：《国际关系政治经济学》，杨宇光等译，上海人民出版社，2006。

〔美〕罗尔斯（Rawls）：《正义论》，中国社会科学出版社，2009。

〔美〕莫顿·卡普兰（Morton A.）：《国际政治的系统和过程》，上海人民出版社，2008。

〔美〕诺斯（North）：《经济史中的结构与变迁》，上海三联书店，1994。

〔美〕斯蒂芬·范埃弗拉（Stephen Van Evera）：《政治学研究方法指南》，陈琪译，北京大学出版社，2006。

〔美〕威廉·内斯特（William Nester）编《国际关系》，姚远、汪恒译，北京大学出版社，2005。

〔美〕温都尔卡·库芭科娃（VendulkaKubalkova）、〔美〕尼古拉斯·奥鲁夫（Nicholas Onuf）、〔美〕保罗·科维特（PaulKowert）主编《建构世界中的国际关系》，北京大学出版社，2006。

〔美〕小约瑟夫·奈：《理解国际冲突》，张小明译，上海人民出版社，2009。

〔美〕亚历山大·温特（AlexanderWendt）：《国际政治的社会理论》，秦亚青译，上海人民出版社，2008。

〔美〕亚历山大·温特（AxexanderWendt）：《国际政治的社

会理论》，秦亚青译，上海人民出版社，2000。

〔美〕伊曼纽尔·沃勒斯坦（ImmanuelWallerstein）：《美国实力的衰落》，谭荣根译，社会科学文献出版社，2007。

〔美〕约翰·伽思维尼恩（JohnGhazvinan）：《能源战争》，伍铁、唐晓丽译，国际文化出版公司，2008。

〔美〕约翰·米尔斯海默（John J. ）：《大国政治的悲剧》，上海人民出版社，2008。

〔美〕约瑟夫·S. 奈：《全球化世界的治理》，世界知识出版社，2003。

〔美〕约瑟夫·S. 奈：（Joseph S. ）：《硬权力与软权力》，北京大学出版社，2005。

〔美〕詹姆斯·N. 罗西瑙：《没有政府的治理》，张胜军、刘小林等译，江西人民出版社，2001。

〔美〕詹姆斯·德·代元（James Der Derian）主编《国际关系理论批判》，秦治来译，浙江人民出版社，2003。

〔美〕詹姆斯·多尔蒂、〔美〕小罗伯特·普法尔茨格拉夫：《争论中的国际关系理论》，阎学通等译，世界知识出版社，2003。

〔美〕朱迪斯·戈尔茨坦（Judith Goldstein）、〔美〕罗伯特·O.：《观念与外交政策》，北京大学出版社，2005。

〔挪〕弗里德约夫·南森研究所编《绿色全球年鉴（2001/2002）》，中国国家环境保护总局国际合作司译，中国环境科学出版社，2002。

〔日〕星野昭吉、刘小林主编《冷战后国际关系理论的变化与发展》，北京师范大学出版社，1999。

〔西〕安东尼·埃斯特瓦多道尔（Antoni Estevadeordal）、

〔美〕布莱恩·弗朗兹（Brian Frantz）、〔美〕谭·罗伯特·阮（Tam Robert Nguyen）等：《区域性公共产品：从理论到实践》，上海人民出版社，2010。

〔英〕爱德华·卡尔：《20 年危机（1919～1939）》，秦亚青译，世界知识出版社，2005。

〔英〕克里斯·布朗（ChrisBrown）、〔英〕克尔斯滕·安利（KirstenAinley）、吴志成等：《理解国际关系》，中央编译出版社，2010。

〔英〕克里斯托弗·希尔（ChristopherHill）：《变化中的对外政策政治》，唐小松、陈寒溪译，上海人民出版社，2007。

〔英〕马丁·怀特（Martin Wight）等：《权力政治》，宋爱群译，世界知识出版社，2004

〔英〕亚当·罗伯茨（Adam Roberts）、〔新西兰〕本尼迪克特·金斯伯里（Benedict Kingsbury）主编《全球治理》，吴志成译，中央编译出版社，2010。

〔赞比亚〕丹比萨·莫约（DambisaMoyo）：《援助的死亡》，王涛、杨惠等译，世界知识出版社，2010。

Chris Alden, Daniel Large, Ricardo Soares de Oliveira, *China Returns to Africa* : *A Rising Power and a Continent Embrace*, New York: Columbia University Press, 2008.

Firoze Madatally Manji, Stephen Marks, *African Perspectives on China in Africa*, Oxford: Fahamu, 2007.

Hans J. Morgenthau, *Politics among Nations* : *the Struggle for Power and Peace*, New York: Knopf, 1978.

J. Stephen Morrison, Jennifer G. Cooke, Indira Campos, *U. S. and Chinese Engagement in Africa* : *Prospects for Improving U. S. – China –*

Africa Cooperation, Washington, DC: CSIS Press, 2008: 61.

James N. Rosenau, *Linkage Politics; Essays on the Convergence of National and International Systems*, New York: Free Press, 1969.

John F. Kennedy, Robert A. Goldwin, *Why Foreign Aid?*, Chicago: Rand McNally, 1963.

Kenneth Neal Waltz, *Theory of International Politics*, *Reading*, Mass. : Addison – Wesley Pub. Co. , 1979.

Margaret C. Lee, Henning Melber, *China in Africa*, Uppsala: Nordiska Afrikainstituter, 2007.

Meine Pieter van Dijk, *The New Presence of China in Africa*, (Amsterdam, Netherlands): Amsterdam University Press, 2009.

Robert I. Rotberg, *China into Africa : Trade, Aid, and Influence*, Washington, D. C. : Brookings Institution Press, 2008.

Stephen D. Krasner, *International Regimes*, Ithaca: Cornell University Press, 1983: 372

Stephen D. Krasner, *Power, the State, and Sovereignty : Essays on International Relations*, London: Routledge, 2009.

Stephen D. Krasner, *Structural Conflict : the Third World against Global Liberalism*, Berkeley: University of California Press, 1985: 363.

二　论文类

安春英:《非洲经济增长与减贫发展的悖论——兼论非洲从贫困化增长到益贫式增长范式的转变》,《西亚非洲》2010 年第 3 期。

安春英:《非洲贫困与反贫困战略思想述评》,《西亚非洲》

2007 年第 8 期。

安春英：《非洲脱贫战略的演进——减贫战略报告》，《西亚非洲》2005 年第 1 期。

安春英：《乌干达：艾滋病与减贫》，《亚非纵横》2005 年第 4 期。

安春英：《政府在非洲国家减贫中的作用评析》，《西亚非洲》2009 年第 8 期。

安春英：《中非减贫发展理念的比较与分析》，《上海师范大学学报（哲学社会科学版）》2010 年第 5 期。

安春英：《中非减贫领域经验及互鉴》，《亚非纵横》2009 年第 6 期。

白小川、范勇鹏：《欧盟对中国非洲政策的回应——合作谋求可持续发展与共赢》，《世界经济与政治》2009 年第 4 期。

查尔斯·斯蒂思、李娇：《中非关系：美国视角下的简要评估》，《国际政治研究》2006 年第 4 期。

陈欢：《从价值哲学的角度审视制度的涵义》，《中国集体经济》2008 年第 15 期。

陈梅红：《论国际机制及我国应如何全面参与国际机制》，《法制与社会》2008 年第 30 期。

谌华侨：《国际机制有效性透析》，《国际关系学院学报》2010 年第 4 期。

邓力平、席艳乐：《官方发展援助：国际公共产品与传统发展援助》，《东南学术》2010 年第 1 期。

刁莉、何帆：《中国的对外发展援助战略反思》，《当代亚太》2008 年第 6 期。

丁韶彬：《官方发展援助的新趋势》，《现代国际关系》2006

年第 5 期。

丁韶彬：《国际道义视角下的发展援助》，《外交评论》（外交学院学报）》2009 年第 4 期。

杜小林：《谁来帮助非洲减贫?》，《当代世界》》2005 年第 3 期。

葛传红：《对待国际机制的两种态度——关于“机制困境”的分析》，《社会科学》2003 年第 3 期。

耿喜梅：《国际机制理论与“球权”理论之比较》，《河南社会科学》2005 年第 3 期。

顾建新：《国际援助非洲教育发展及对我国的启示》，《西亚非洲》2008 年第 3 期。

顾自安：《制度发生学探源：制度是如何形成的》，《当代经济管理》2006 年第 4 期。

郭萍：《积极参与东亚国际制度建设是中国的战略选择》，《东南亚纵横》2005 年第 12 期。

郭树勇：《利用社会建构主义理论成果推动中国国际关系研究》，《世界经济与政治》2003 年第 4 期。

何帆、唐岳华：《冷战后官方发展援助的决定因素》，《国际政治科学》2007 年第 4 期。

何杰：《权力与制度——国际机制理论的现实主义分析》，《欧洲研究》2003 年第 4 期。

贺文萍：《中国援助非洲：发展特点、作用及面临的挑战》，《西亚非洲》2010 年第 7 期。

胡国勇、路卓铭：《坦桑尼亚的贫困状况、减贫策略及其对我国的启示》，《社会科学家》2007 年第 5 期。

胡月晓：《关于官方发展援助》，《国际问题研究》2008 年第 1 期。

黄梅波、胡建梅：《八国集团对非援助效果及对策——基于遵约率角度的分析》，《世界经济与政治论坛》2010 年第 4 期。

黄梅波、王璐、李菲瑜：《当前国际援助体系的特点及发展趋势》，《国际经济合作》2007 年第 4 期。

黄顺武、关雪凌：《世界银行减贫的目标、支柱与前景》，《兰州学刊》2008 年第 11 期。

霍淑红：《社会力量影响下国际机制的发展及中国的战略趋向》，《教学与研究》2008 年第 8 期。

贾文华：《欧盟官方发展援助变革的实证考察》，《欧洲研究》2009 年第 1 期。

蒋京峰、洪明：《欧盟对非洲的援助简述》，《华中科技大学学报》（社会科学版）2004 年第 4 期。

克劳斯·施瓦布、潘莉莉：《21 世纪的全球治理》，《外交评论》（外交学院学报）2008 年第 6 期。

拉瓦尔·M. 玛拉法、张春宇、陆航：《千年发展目标与减贫政策在中国和尼日利亚的作用》，《西亚非洲》2007 年第 10 期。

李安山：《东京非洲发展国际会议与日本援助非洲政策》，《西亚非洲》2008 年第 5 期。

李安山：《论“中国崛起”语境中的中非关系——兼评国外的三种观点》，《世界经济与政治》2006 年第 11 期。

李安山：《浅析法国对非洲援助的历史与现状——兼谈对中国援助非洲工作的几点思考》，《西亚非洲》2009 年第 11 期。

李安山：《全球化视野中的非洲：发展、援助与合作——兼谈中非合作中的几个问题》，《西亚非洲》2007 年第 7 期。

李安山：《中非关系研究三十年概论》，《西亚非洲》2009年第4期。

李若谷：《正确认识发展中国家的债务可持续问题》，《世界经济与政治》2007年第4期。

李小军：《国际机制的有效性与局限性》，《上海行政学院学报》2007年第1期。

李小云、武晋：《中国对非援助的实践经验与面临的挑战》，《中国农业大学学报》（社会科学版）2009年第4期。

李增刚：《公共产品与国际组织——以世界银行和国际货币基金组织的职能演变为例》，《经济评论》2005年第3期。

梁益坚：《试析非洲国家相互审查机制》，《西亚非洲》2006年第1期。

梁志：《“经济增长阶段论”与美国对外开发援助政策》，《美国研究》2009年第1期。

刘海泉：《国际机制视角中的欧盟共同安全与防务政策》，《同济大学学报》（社会科学版）2009年第6期。

刘宏松：《多边出口控制机制的局限与困境——非正式国际机制的视角》，《国际政治研究》2009年第3期。

刘宏松：《非正式国际机制的形式选择》，《世界经济与政治》2010年第10期。

刘鸿武、张永宏、王涛：《基于本土知识的非洲发展战略选择——非洲本土知识研究论纲》（上），《西亚非洲》2008年第1期。

刘鸿武：《当代中非关系与亚非文明复兴浪潮——关于当代中非关系特殊性质及意义的若干问题》，《世界经济与政治》2008年第9期。

刘鸿武：《论中非新型战略伙伴关系的时代价值与世界意义》，《外交评论》（外交学院学报）2007 年第 1 期。

刘乃亚：《互利共赢：中非关系的本质属性——兼批“中国在非洲搞新殖民主义”论调》，《西亚非洲》2006 年第 8 期。

刘庆荣：《以交易费用为视角考察国际机制的有效性》，《学术探索》2004 年第 7 期。

刘晓平：《欧盟对外援助之“人权导向”对非洲的影响》，《世界经济与政治论坛》2009 年第 3 期。

刘志云：《国际机制理论与国际法学的互动：从概念辨析到跨学科合作》，《法学论坛》2010 年第 2 期。

罗建波、刘鸿武：《论中国对非洲援助的阶段性演变及意义》，《西亚非洲》2007 年第 11 期。

马丁·戴维斯、曹大松：《中国对非洲的援助政策及评价》，《世界经济与政治》2008 年第 9 期。

马卫华、应樯子：《国际货币基金组织与世界银行之比较研究》，《华北电力大学学报》（社会科学版）2006 年第 2 期。

毛小菁：《国际社会对非援助与非洲贫困问题》，《国际经济合作》2004 年第 5 期。

门洪华：《对国际机制理论主要流派的批评》，《世界经济与政治》2000 年第 3 期。

门洪华：《国际机制的有效性与局限性》，《美国研究》2001 年第 4 期。

门洪华：《国际机制理论与国际社会理论的比较》，《欧洲》2000 年第 2 期。

门洪华：《国际机制与美国霸权》，《美国研究》2001 年第 1 期。

门洪华：《国际机制与中国的战略选择》，《中国社会科学》2001年第2期。

耐革尔·伍兹、安瑞塔·纳利卡、祝东力：《治理与责任的限度：世贸组织、国际货币基金组织与世界银行》，《国际社会科学杂志》（中文版）2002年第4期。

倪世雄：《80年代西方国际关系理论简介之四 国际机制论》，《国际展望》1991年第9期。

欧阳永：《国际机制的创设与国家利益的博弈——一种国际政治经济学的视角》，《平原大学学报》2006年第6期。

秦亚青：《西方国际关系学的现实主义与新现实主义理论》，《外交学院学报》，1996年第2期。

任东来：《对国际体制和国际制度的理解和翻译》，《欧洲》2001年第3期。

沙伯力、严海蓉：《非洲人对于中非关系的认知》（上），《西亚非洲》2010年第8期。

沙伯力、严海蓉：《非洲人对于中非关系的认知》（下），《西亚非洲》2010年第11期。

舒建中：《解读国际关系的规范模式：国际机制诸理论及其整合》，《国际论坛》2006年第3期。

舒运国：《中非关系与欧非关系比较》，《西亚非洲》2008年第9期。

舒运国：《中国对非援助：历史、理论和特点》，《上海师范大学学报》（哲学社会科学版）2010年第5期。

宋秀琚：《国外中非关系研究综述》，《西亚非洲》2010年第7期。

宋燕波：《自然资源走出贫困的途径》，《绿色中国》2005

年第19期。

苏长和：《解读〈霸权之后〉——基欧汉与国际关系理论中的新自由制度主义》，《美国研究》2001年第1期。

苏长和：《跨国关系与国内政治——比较政治与国际政治经济学视野下的国际关系研究》，《美国研究》2003年第4期。

隋书卿：《试论国际机制及中国对国际机制的参与》，《哈尔滨学院学报》2006年第11期。

孙同全、潘忠：《国际发展援助中各关系方的行为研究》，《国际经济合作》》2010年第10期。

孙同全：《国际发展援助中"援助依赖"的成因》，《国际经济合作》2008年第6期。

孙同全：《战后国际发展援助的发展阶段及其特点》，《北京工商大学学报》（社会科学版）2008年第4期。

谭-丹·特鲁翁、黄觉：《撒哈拉以南非洲的治理与贫困：重新思考移民管理的最佳实践》，《国际社会科学杂志》（中文版）2007年第4期。

唐淙：《浅析联合国与世界银行的关系》，《经济师》2010年第5期。

汪淳玉、王伊欢：《国际发展援助效果研究综述》，《中国农业大学学报》（社会科学版）2010年第3期。

王晨燕：《西方国家发展援助管理模式及特点》，《国际经济合作》2005年第8期。

王慧英：《试论战后初期美国发展援助政策的实质》，《西南师范大学学报》（人文社会科学版）2003年第2期。

王明国：《国际机制对国家行为的影响——机制有效性的一种新的分析视角》，《世界经济与政治》2003年第6期。

王明国：《试析国际政治经济学与国际机制论》，《国际关系学院学报》2007 年第 5 期。

王锁劳：《达尔富尔问题与中国话语权——评〈全球视野下的达尔富尔问题研究〉一书》，《西亚非洲》2009 年第 3 期。

王学军、刘鸿武：《美国对中非关系的认知论争与政策趋势》，《现代国际关系》2009 年第 2 期。

王亚栋：《构建一种可行的地区多边合作机制——对“上海五国”的国际机制理论解读》，《俄罗斯研究》2001 年第 2 期。

王玉萍：《金融危机背景下的欧盟对外发展援助》，《生产力研究》2010 年第 4 期。

王玉萍：《欧盟对外发展援助政策和共同外交与安全政策关系探析》，《当代世界与社会主义》2006 年第 2 期。

魏杰：《新世纪减贫战略中的非洲高等教育》，《比较教育研究》2006 年第 12 期。

吴波：《日本对非洲官方发展援助战略》，《西亚非洲》2004 年第 5 期。

吴燕妮：《欧盟发展援助政策的有效性问题及解决》，《欧洲研究》2010 年第 3 期。

习近平：《共创中非新型战略伙伴关系的美好未来——在纪念中非合作论坛成立 10 周年研讨会开幕式上的演讲》，《新华月报》2010 年第 24 期。

夏立平：《论当代国际机制发展趋势与中国的选择》，《国际问题研究》，2007 年第 1 期。

邢玉春：《西方国家援助非洲新动向及其对非洲发展的影响》，《西亚非洲》2006 年第 5 期。

熊文驰：《人权、援助与发展问题——以非洲国家为例》，

《世界经济与政治》2010年第8期。

熊志勇：《发达国家援助非洲的方式——以坦桑尼亚为例》，《西亚非洲》2003年第1期。

徐秀军：《新现实主义与新自由主义国际关系理论的本体论分析》，《社会主义研究》2008年第4期。

许亮：《美国援助非洲政策评析》，《西亚非洲》2010年第7期。

薛琳、赵岩：《国际学界论当代中非关系》，《西亚非洲》2010年第7期。

严启发、林罡：《世界官方发展援助（ODA）比较研究》，《世界经济研究》2006年第5期。

杨宝荣：《“重债穷国减债计划”非洲案例研究》，《西亚非洲》2005年第3期。

杨宝荣：《美国对非洲的官方援助》，《亚非纵横》2005年第2期。

杨宝荣：《西方减贫战略对非洲国家的政治影响》，《西亚非洲》2003年第5期。

于宏源：《国际机制中的利益驱动与公共政策协调》，《复旦学报》（社会科学版）2006年第3期。

于营、林松：《论全球化背景下的国际机制》，《北华大学学报》（社会科学版）2005年第1期。

于营：《论全球化背景下的国际机制》，《东北亚论坛》2005年第3期。

于营：《权力、利益、观念——国际机制的三种理论范式分析》，《长春大学学报》2005年第1期。

郧文聚：《从国际援助的发展看中国对非农业援助》，《西亚非洲》2000 年第 2 期。

张海冰：《21 世纪初日本对非洲官方发展援助政策评析》，《世界经济研究》2008 年第 10 期。

张海冰：《八国集团框架下的对非洲援助》，《社会科学》2009 年第 7 期。

张海冰：《德国对非洲援助政策评析》，《西亚非洲》2008 年第 7 期。

张海冰：《关于中国对非洲援助能源导向的观点分析》，《世界经济研究》2007 年第 10 期。

张海冰：《中德对非洲援助政策的比较分析》，《德国研究》2008 年第 1 期。

张珩：《浅析中国对非洲援助的历史、形式和实质》，《齐齐哈尔大学学报》（哲学社会科学版）2010 年第 3 期。

张宏明：《中国对非援助政策的沿革及其在中非关系中的作用》，《亚非纵横》2006 年第 4 期。

张浚：《不附加条件的援助：中国对非援助政策的形成》，《外交评论》（外交学院学报）2010 年第 5 期。

张丽娟、朱培香：《美国对非洲援助的政策与效应评价》，《世界经济与政治》2008 年第 1 期。

张胜军：《联合国与世界银行：走出历史和结构的困境?》，《国际政治研究》2000 年第 3 期。

张涛华：《论国际社会中国际机制的独立整合行为》，《理论界》2007 年第 10 期。

张文武：《建立国际秩序的新理念》，《学术探索》2005 年第 6 期。

张象：《论中非关系的演变：历史意义、经验与教训》，《西亚非洲》2009 年第 5 期。

张永蓬：《欧盟对非洲援助评析》，《西亚非洲》2003 年第 6 期。

张周项：《再论国际联盟的失败——基于国际机制论的新视角》，《江西金融职工大学学报》2009 年第 S1 期。

张子珩、冯九璋：《南部非洲的贫困与人力资源能力研究》，《西亚非洲》2007 年第 1 期。

赵黎青：《西方发展援助中的新正统理论》，《国际经济合作》1998 年第 11 期。

赵儒林：《中非关系 50 年大事记（1949～1999）》，《西亚非洲》2000 年第 5 期。

赵长峰、薛亚梅：《新形势下中国对非援助探析》，《社会主义研究》2010 年第 1 期。

周宝根：《官方发展援助新动向及其对我国的影响》，《国际经济合作》2008 年第 2 期。

周宝根：《援助促进受援国发展吗？——国外发展援助有效性的学理纷争》，《国际经济合作》2009 年第 5 期。

周永生：《官方发展援助的政策目标》，《外交学院学报》2002 年第 4 期。

周玉渊：《从东南亚到非洲：日本对外援助的政治经济学》，《当代亚太》2010 年第 3 期。

朱旭峰：《国际思想库网络——基于“二轨国际机制”模型的理论建构与实证研究》，《世界经济与政治》2007 年第 5 期。

邹佳怡、莫小龙：《从世界银行政策变化看全球化的矛盾和发展援助的职能》，《世界经济与政治》2002 年第 1 期。

Aaron Beacom, “A Question of Motives: Reciprocity, Sport

and Development Assistance", *European Sport Management Quarterly*, 2007 (1).

Alastair Fraser, "Poverty Reduction Strategy Papers: Now Who Calls the Shots?", *Review of African Political Economy*, 2005, 32 (104/105).

Alexander J. Yeats, "What Are OECD Trade Preferences Worth to Sub – Saharan Africa?", *African Studies Review*, 1995, 38 (1).

Andreas Hasenclever, Peter Mayer, Volker Rittberger, "Integrating Theories of International Regimes", *Review of International Studies*, 2000, 26 (1).

Andreas Hasenclever, Peter Mayer, Volker Rittberger, "Interests, Power, Knowledge: The Study of International Regimes", *Mershon International Studies Review*, 1996, 40 (2).

Andrew T. F. Lang, "Reflecting on 'Linkage': Cognitive and Institutional Change in the International Trading System", *The Modern Law Review*, 2007, 70 (4).

Arjun Sengupta, "Official Development Assistance: The Human Rights Approach", *Economic and Political Weekly*, 2002, 37 (15).

Arun Ghosh, "The World Bank and the Attack on World Poverty", *Economic and Political Weekly*, 1987, 22 (44).

Axel Dreher, "IMF Conditionality: Theory and Evidence", *Public Choice*, 2009, 141 (1/2).

Barrett E. Kirwan, Margaret McMillan, "Food Aid and Poverty", *American Journal of Agricultural Economics*, 2007, 89 (5).

Barry Buzan, "From International System to International Society: Structural Realism and Regime Theory Meet the English

School", *International Organization*, 1993, 47 (3).

Benedicte Bull, "Confronting the 'Three Horsemen of the Apocalypse': Critical Literature on the World Bank, the International Monetary Fund and the World Trade Organisation", *The European Journal of Development Research* (3).

Brett Ashley Leeds, David R. Davis, "Beneath the Surface: Regime Type and International Interaction, 1953 – 78", *Journal of Peace Research*, 1999, 36 (1).

Carl Pacini, Judyth A. Swingen, Hudson Rogers, "The Role of the OECD and EU Conventions in Combating Bribery of Foreign Public Officials", *Journal of Business Ethics*, 2002, 37 (4).

Craig Forrest, "A New International Regime for the Protection of Underwater Cultural Heritage", *The International and Comparative Law Quarterly*, 2002, 51 (3).

Daniel D. Bradlow, Claudio Grossman, "Limited Mandates and Intertwined Problems: A New Challenge for the World Bank and the IMF", *Human Rights Quarterly*, 1995, 17 (3).

Daniel Hillyard, Joshua C. Hall. David Ellerman, "Helping People Help Themselves: From the World Bank to an Alternative Philosophy of Development Assistance", *Knowledge, Technology & Policy*, 2007 (3).

Daniel Large, "Beyond 'Dragon in the Bush': The Study of China – Africa Relations", *African Affairs*, 2008, 107 (426).

David Craig, Doug Porter, "The Third Way and the Third World: Poverty Reduction and Social Inclusion Strategies in the Rise of 'Inclusive' Liberalism", *Review of International Political Economy*,

2005，12（2）.

David Ellerman，“Autonomy – Respecting Assistance：Toward an Alternative Theory of Development Assistance”，*Review of Social Economy*，2004（2）.

David Ellerman，“Knowledge-based Development Assistance”，*Knowledge*，*Technology & Policy*，2000（4）.

David Seddon，“China：Africa's New Business Partner”，*Review of African Political Economy*，2006，33（110）.

Deborah A. Bräutigam，Monique Segarra，“Difficult Partnerships：The World Bank，States，and NGOs”，*Latin American Politics and Society*，2007，49（4）.

Deborah A. Bräutigam，Stephen Knack，“Foreign Aid，Institutions，and Governance in Sub - Saharan Africa”，*Economic Development and Cultural Change*，2004，52（2）.

Denis M. Tull，“China's Engagement in Africa：Scope，Significance and Consequences”，*The Journal of Modern African Studies*，2006，44（3）.

Doug Porter，David Craig，“The Third Way and the Third World：Poverty Reduction and Social Inclusion in the Rise of ‘Inclusive’ Liberalism”，*Review of International Political Economy*，2004，11（2）.

Ellen Verheul，Mike Rowson，“Poverty Reduction Strategy Papers：It's too Soon to Say whether this New Approach to Aid will Improve Health”，*BMJ*：*British Medical Journal*，2001，323（7305）.

Elling Tj Xf，Nneland，“Aid，Development and Politics in Southern Africa：A Critical Look at New Conditionalities in Official

Development Assistance", *Development Southern Africa*, 1998 (2).

Ernst B. Haas, "Is there a Hole in the Whole? Knowledge, Technology, Interdependence, and the Construction of International Regimes", *International Organization*, 1975, 29 (3).

Ernst B. Haas, "On Systems and International Regimes", *World Politics*, 1975, 27 (2).

Ernst B. Haas, "Why Collaborate?: Issue – Linkage and International Regimes", *World Politics*, 1980, 32 (3).

Fred Gale, "Cave 'Cave! Hic dragones' : A Neo – Gramscian Deconstruction and Reconstruction of International Regime Theory", *Review of International Political Economy*, 1998 (2).

Gerald Segal, "China and Africa, Annals of the American Academy of Political and Social Science, 1992, 519.

Gerry Helleiner, "Emerging Relationships between Poor Countries and External Sources of Finance: The Case of Tanzania, International Journal, 2002, 57 (2).

Goran Hyden, "Governance and Poverty Reduction in Africa, Proceedings of the National Academy of Sciences of the United States of America, 2007, 104 (43).

Gordon Crawford, Abdul – Galhru Abdulai, "The World Bank and Ghana's Poverty Reduction Strategies: Strengthening the State or Consolidating Neoliberalism? ", *Labour, Capital & Society*, 2009, 42 (1/2).

Graham Harrison, "Administering Market Friendly Growth? Liberal Populism and the World Bank's Involvement in Administrative Reform in Sub – Saharan Africa", *Review of International Political*

Economy, 2001, 8 (3).

Heloise Weber, "Reconstituting the 'Third World'? Poverty Reduction and Territoriality in the Global Politics of Development", *Third World Quarterly*, 2004, 25 (1).

Hendrik P. Van Dalen, Mieke Reuser, "What Drives Donor Funding in Population Assistance Programs? Evidence from OECD Countries", *Studies in Family Planning*, 2006, 37 (3).

Henri Bezuidenhout, "A Regional Perspective on Aid and FDI in Southern Africa", *International Advances in Economic Research*, 2009 (3).

Henrik Selin, Stacy Vandeveer, "Mapping Institutional Linkages in European Air Pollution Politics", *Global Environmental Politics*, 2003, 3 (3).

Heribert Dieter, "The International Monetary Fund and the World Bank. In need of a better performance? ", *Asia Europe Journal*, 2004 (1).

Howard W. French, "Commentary: China and Africa, African Affairs, 2007, 106 (422).

Howard White, "The macroeconomic impact of development aid: A critical survey", *Journal of Development Studies*, 1992 (2).

Hugh Ward, "International Linkages and Environmental Sustainability: The Effectiveness of the Regime Network", *Journal of Peace Research*, 2006, 43 (2).

Ian Taylor, "China's Foreign Policy towards Africa in the 1990s", *The Journal of Modern African Studies*, 1998, 36 (3).

Ikubolajeh Bernard Logan, Kidane Mengisteab, "IMF – World

Bank Adjustment and Structural Transformation in Sub – Saharan Africa", *Economic Geography*, 1993, 69 (1).

James Bohman, " International Regimes and Democratic Governance: Political Equality and Influence in Global Institutions", *International Affairs* (Royal Institute of International Affairs 1944 –), 1999, 75 (3).

James Putzel, " The business of aid: Transparency and Accountability in European Union Development Assistance", *Journal of Development Studies*, 1998 (3).

Jean – Philippe Thérien, " Multilateral Institutions and the Poverty Debate: Towards a Global Third Way? ", *International Journal*, 2002, 57 (2).

Joe Dewbre, Wyatt Thompson, Joshua Dewbre, "Consistency or Conflict in OECD Agricultural Trade and Aid Policies", *American Journal of Agricultural Economics*, 2007, 89 (5).

Joel P. Trachtman, " Institutional Linkage: Transcending 'Trade and ... ' ", *The American Journal of International Law*, 2002, 96 (1).

John Gerard Ruggie, "International Regimes, Transactions, and Change: Embedded Liberalism in the Postwar Economic Order", *International Organization*, 1982, 36 (2).

Jonathan E. Sanford, " The World Bank and Poverty: A Review of the Evidence on Whether the Agency Has Diminished Emphasis on Aid to the Poor", *American Journal of Economics and Sociology*, 1989, 48 (2) .: 151 –164

Jonathan E. Sanford, "The World Bank and Poverty: The

Plight of the World's Impoverished is still a Major Concern of the International Agency", *American Journal of Economics and Sociology*, 1988, 47 (3).

Jonathan Joseph, "Poverty Reduction and the New Global Governmentality", *Alternatives: Global, Local, Political*, 2010, 35 (1).

Joseph M. Grieco, "Anarchy and the Limits of Cooperation: A Realist Critique of the Newest Liberal Institutionalism", *International Organization*, 1988, 42 (3).

Jr. Richard L. Williamson, "Building the International Environmental Regime: A Status Report", *The University of Miami Inter – American Law Review*, 1990, 21 (3).

Julio Faundez, "Regime Change and the Governance Agenda – Are They Linked?", *Proceedings of the Annual Meeting (American Society of International Law)*, 2003 (97).

Kate Cooney, Trina R. Williams Shanks, "New Approaches to Old Problems: Market – Based Strategies for Poverty Alleviation", *The Social Service Review*, 2010, 84 (1).

Ken Conca, Fengshi Wu, Ciqi Mei, "Global Regime Formation or Complex Institution Building? The Principled Content of International River Agreements", *International Studies Quarterly*, 2006, 50 (2).

Kingsley Banya, Juliet Elu., "The World Bank and Financing Higher Education in Sub – Saharan Africa", *Higher Education*, 2001, 42 (1).

Kristof Rostoski, "Development cooperation between Germany

and China: does China still need development aid? ", *Asia Europe Journal*, 2006 (4).

Lindsay Whitfield, " Trustees of Development from Conditionality to Governance: Poverty Reduction Strategy Papers in Ghana", *The Journal of Modern African Studies*, 2005, 43 (4).

Lindsey Hilsum, " Re – Enter the Dragon: China's New Mission in Africa", *Review of African Political Economy*, 2005, 32 (104/105).

Mak Arvin, "Development Aid: A Fresh Look", *Journal of Development Studies*, 2009 (7).

Mark Robinson, Steven Friedman, " Civil Society, Democratization, and Foreign Aid: Civic Engagement and Public Policy in South Africa and Uganda", *Democratization*, 2007 (4).

Matthew R. Auer, "Agency Reform as Decision Process: The Reengineering of the Agency for International Development", *Policy Sciences*, 1998, 31 (2).

Matthijs Hisschemöller, Joyeeta Gupta, " Problem – Solving through International Environmental Agreements: The Issue of Regime Effectiveness", *International Political Science Review / Revue internationale de science politique*, 1999, 20 (2).

Michael Hodd, "Africa, the IMF and the World Bank", *African Affairs*, 1987, 86 (344).

Michael Klare, Daniel Volman, " America, China & the Scramble for Africa's Oil", *Review of African Political Economy*, 2006, 33 (108).

Muhammad Mustafizur Rahaman, "The Limits of Foreign Aid

in Strengthening Bangladesh's Parliament: Analysis of the U. N. 's Strengthening Parliamentary Democracy Project", *Asian Survey*, 2010, 50 (3).

N. Hermes, R. Lensink, "Changing the Conditions for Development Aid: A New Paradigm?", *Journal of Development Studies*, 2001 (6).

Ngaire Woods, "Making the IMF and the World Bank More Accountable", *International Affairs* (*Royal Institute of International Affairs 1944 -*), 2001, 77 (1).

Ngaire Woods, "Unelected Government: Making the IMF and the World Bank More Accountable", *The Brookings Review*, 2003, 21 (2).

Noel F. McGinn, "An Assessment of New Modalities in Development Assistance", *Prospects*, 2000 (4).

Nuno R. Garoupa, Joao E. Gata, "An Evolutionary Game Theoretical Approach to the Theory of International Regimes", *Defence and Peace Economics*, 1999 (3).

Oran R. Young, "Institutional Linkages in International Society: Polar Perspectives", *Global Governance*, 1996, 21 (/Apr).

Oran R. Young, "International Regimes: Problems of Concept Formation", *World Politics*, 1980, 32 (3).

Oran R. Young, "Political Leadership and Regime Formation: On the Development of Institutions in International Society", *International Organization*, 1991, 45 (3).

Oran R. Young, "Regime Dynamics: The Rise and Fall of International Regimes", *International Organization*, 1982, 36 (2).

Oran R. Young, "Review:" [untitled], *The American Political Science Review*, 2000, 94 (2).

Oran R. Young, "The Politics of International Regime Formation: Managing Natural Resources and the Environment", *International Organization*, 1989, 43 (3).

Organization for Economic Co-operation and Development (OECD), "Declaration on Integrating Climate Change Adaptation into Development Co-operation", *International Legal Materials*, 2006, 45 (4).

Päivi Hasu, "World Bank & Heavenly Bank in Poverty & Prosperity: The Case of Tanzanian Faith Gospel", *Review of African Political Economy*, 2006, 33 (110).

Pamela Blackmon, "Rethinking Poverty through the Eyes of the International Monetary Fund and the World Bank", *International Studies Review*, 2008, 10 (2).

Paul Collier, "Poverty Reduction in Africa", *Proceedings of the National Academy of Sciences of the United States of America*, 2007, 104 (43).

Paul Mosley, John Hudson, Arjan Verschoor, "Aid, Poverty Reduction and the 'New Conditionality'", *The Economic Journal*, 2004, 114 (496).

Paul Tiyambe Zeleza, "Dancing with the Dragon Africa's Courtship with China", *The Global South*, 2008, 2 (2).

Per - Olof Busch, Helge J? rgens, Kerstin Tews, "The Global Diffusion of Regulatory Instruments: The Making of a New International Environmental Regime", *Annals of the American Academy of Political and Social Science*, 2005 (598).

Peter Gibbon, "Present - Day Capitalism, the New International Trade Regime & Africa", *Review of African Political Economy*, 2002, 29 (91).

Peter Gibbon, "The World Bank and African Poverty, 1973 - 91", *The Journal of Modern African Studies*, 1992, 30 (2).

Pranab Bardhan, "Efficiency, Equity and Poverty Alleviation: Policy Issues in Less Developed Countries", *The Economic Journal*, 1996, 106 (438).

Prashant Bhushan, "The Revolving Door of the IMF/World Bank", *Economic and Political Weekly*, 2004, 39 (45).

Radoslav S. Dimitrov, "Knowledge, Power, and Interests in Environmental Regime Formation", *International Studies Quarterly*, 2003, 47 (1).

Raghuram G. Rajan, "The Future of the IMF and the World Bank", *The American Economic Review*, 2008, 98 (2).

Ray Kiely, "Poverty Reduction through Liberalisation? Neoliberalism and the Myth of Global Convergence", *Review of International Studies*, 2007, 33 (3).

"Reshaping IMF and World Bank: Meltzer Commission Report", *Economic and Political Weekly*, 2000, 35 (15).

Robert H. Wade, "The IMF and the World Bank under Stress: Renewal or Swansong?", *The Review of International Organizations*, 2006 (4).

Robert O. Keohane, "The Demand for International Regimes", *International Organization*, 1982, 36 (2).

Robert Paarlberg, Michael Lipton, "Changing Missions at the World Bank", *World Policy Journal*, 1991, 8 (3).

S. Guhan, "World Bank on Governance: A Critique", *Economic and Political Weekly*, 1998, 33 (4).

Sabrina Safrin, "Conflict and Coordination Across International Regimes: Trade in Bioengineered Agricultural Commodities", *Proceedings of the Annual Meeting (American Society of International Law)*, 2003 (97).

Samuel Paul, "Poverty Alleviation and Participation: The Case for Government - Grassroots Agency Collaboration", *Economic and Political Weekly*, 1989, 24 (2).

Selahattin Diboo? lu, "International Monetary Regimes and Incidence and Transmission of Macroeconomic Shocks: Evidence from the Bretton Woods and Modern Floating Periods", *Southern Economic Journal*, 2000, 66 (3).

Stanley Fischer, Allan H. Meltzer, Jeffrey D. Sachset al. , "The Future of the IMF and World Bank: Panel Discussion", *The American Economic Review*, 2003, 93 (2).

Stephan Haggard, Beth A. Simmons, "Theories of International Regimes", *International Organization*, 1987, 41 (3).

Stephen D. Krasner, "Transforming International Regimes: What the Third World Wants and Why", *International Studies Quarterly*, 1981, 25 (1).

Steven Levitsky, Lucan A. Way. Linkage versus Leverage, "Rethinking the International Dimension of Regime Change", *Comparative Politics*, 2006, 38 (4).

Suranjit K. Saha, "Role of Industrialisation in Development of Sub – Saharan Africa: A Critique of World Bank's Approach", *Economic and Political Weekly*, 1991, 26 (48).

Susanna Wolf, "Does Aid Improve Public Service Delivery? ", *Review of World Economics*, 2007 (4).

Thomas Gehring, " Integrating Integration Theory: Neo-functionalism and International Regimes, *Global Society*, 1996 (3).

Timothy Besley, Robin Burgess, "Halving Global Poverty", *The Journal of Economic Perspectives*, 2003, 17 (3).

Tom De Herdt, Johan Bastiaensen, "Aid as an Encounter at the Interface: The Complexity of the Global Fight against Poverty", *Third World Quarterly*, 2004, 25 (5).

Tony Porter, "Technical Collaboration and Political Conflict in the Emerging Regime for International Financial Regulation", *Review of International Political Economy*, 2003, 10 (3).

Uma Lele, Christopher Gerrard, "Global Public Goods, Global Programs, and Global Policies: Some Initial Findings from a World Bank Evaluation", *American Journal of Agricultural Economics*, 2003, 85 (3).

William Easterly, " Can Foreign Aid Buy Growth? ", *The Journal of Economic Perspectives*, 2003, 17 (3).

William Fitzgerald M. C. , K. C. , "An International Regime for Jerusalem", *Journal of The Royal Central Asian Society*, 1950 (3 – 4).

三 学位论文类

韩梅梅：《冷战后中美发展援助政策比较》，上海外国语大学，2009。

贺光辉：《美日对外援助之比较》，复旦大学，2003。

雷妮达（Lopes Sanches A. Leinira）：《对非洲的发展援助：中国的方式》，吉林大学，2009。

陆蓉：《合作型援助与支配型援助》，复旦大学，2009。

秦兴刚：《国际机制中的文化因素》，吉林大学，2006。

裘旭东：《国际宗教非政府组织以信仰为基础的发展援助》，复旦大学，2010。

吴萌：《冷战后中国对非洲的发展援助》，上海外国语大学，2008。

熊淳：《减贫战略框架下日本对非洲的基础教育援助研究》，华东师范大学，2010。

徐亮亮：《改革开放后中国对非洲援助外交面临的挑战与调整》，复旦大学，2010。

杨伟敏：《制度本体论研究》，中央党校，2008。

庄江山：《制度的哲学思考》，复旦大学，2007。

附录 非洲国际减贫机制的受援国

国家	IDA	LDC	HIPC	OECD
安哥拉	√	√	×	√
贝宁	√	√	√	√
布基纳法索	√	√	√	√
布隆迪	√	√	√	√
佛得角	×	√	×	√
喀麦隆	√	×	√	×
中非	√	√	√	√
乍得	√	√	√	√
科摩罗	√	√	√	√
刚果(金)	√	√	√	√
吉布提	√	×	×	×
刚果(布)	√	×	√	×
科特迪瓦	√	√	√	√
埃塞俄比亚	√	√	√	√
赤道几内亚	×	√	×	√
厄立特里亚	√	√	√	√
冈比亚	√	√	√	√
加纳	√	×	√	√
几内亚	√	×	√	×
几内亚比绍	√	√	√	√
肯尼亚	√	√	×	√
莱索托	√	×	×	×

续表

国家	IDA	LDC	HIPC	OECD
利比里亚	√	√	√	√
马达加斯加	√	√	√	√
马拉维	√	√	√	√
马里	√	√	√	√
毛里求斯	×	×	√	×
毛里塔尼亚	√	√	×	√
莫桑比克	√	√	√	√
尼日尔	√	√	√	√
尼日利亚	√	×	×	√
卢旺达	√	√	√	√
圣多美和普林西比	√	√	√	√
塞内加尔	√	√	√	√
塞拉利昂	√	√	√	√
索马里	√	√	√	√
苏丹	√	√	√	√
坦桑尼亚	√	√	√	√
多哥	√	√	√	√
乌干达	√	√	√	√
赞比亚	√	√	√	√
津巴布韦	×	×	×	√

说明：

1. 表格中共有42个国家，其中IDA受援国为38个、LDC33个、HIPC33个、OECD37个。

2. IDA国际开发协会，LDC最不发达国家，HIPC重债穷国，OECD经合组织

3. “√”表示“是”；“×”表示“否”。

4. 2011年IDA的低收入国家标准是人均GNI为995美元；OECD的低收入国家标准是人均GNI935美元（2007年美元比价）。

5. 根据重债穷国动议的减债程序，贝宁、布基纳法索、布隆迪、喀麦隆、中非、刚果（金）、刚果（布）、埃塞俄比亚、加纳、冈比亚、利比里亚、马达加斯加、马拉维、马里、毛里求斯、莫桑比克、尼日尔、卢旺达、圣多美和普林西比、塞内加尔、塞拉利昂、坦桑尼亚、乌干达、赞比亚等24个国家达到了完成点；科摩罗、乍得、几内亚比绍、科特迪瓦、几内亚、多哥等6国处于决策点向完成点过渡阶段；厄立特里亚、索马里、苏丹等3国尚未到达决策点。

后　　记

似水流年，光阴荏苒。寒窗四载，如白驹过隙。

在2007年丹桂飘香硕果累累之际，我有幸进入复旦大学深造，此乃我人生转折，幸莫大焉！

如今，学业已竟，感怀往事，心潮澎湃。“博学而笃志，切问而近思”。秉承先哲箴训，景仰前人功略，于细微处探幽，置天地间求索，睹物自鉴，备感才疏学浅。我生性驽钝，幸有良师因材施教，谆谆教诲，又遇挚友诤言规诫，热心相助，终得只言片语，聊以慰己。又恐辜负恩师厚望，心中惴惴不安。本书是在我的博士论文基础上修改完成的，如今，看着这本书稿，我心中的激动之情难以言表，这小小的成绩是在很多人的帮助下取得的，在此我向帮助过我的老师朋友一一致谢。

修读四载，亲身感受到老师们宽厚仁慈、学识渊博、治学严谨、循循善诱的学人风范和人格魅力。我的导师沈丁立教授德高望重，安贫乐道，虚怀若谷，诲人不倦。学习上对我严格要求，每遇艰难晦涩浩繁复杂之处，先生总是不厌其烦，引经据典，指点迷津。论文的写作倾注了先生大量的心血。选题论证、开题报告、谋篇布局、遣词造句，先生都事必躬亲，殚精竭虑。生活上更是对我嘘寒问暖，无微不至。倪世雄教授、朱明权教授、樊勇明教授、吴心伯教授、徐以骅教授、陈志敏教授、任晓教授对我，在课堂中循循善诱，在讨论中启蒙开智，在学习中鼓励督促、提携扶正，我深感师恩如山，涌泉难报。上海社会科学院潘光教授、刘鸣教授，上海国际问题研究院叶江教授，上海交通大学俞正梁教授，云南大学吴磊教授，复旦大学张贵洪教授在论文审阅过程中字斟句酌，不吝赐教，其真知灼见让我受益终生。四年中贤达良师对我悉心教导，苦心栽培，传道授业，解疑释惑，他们兢兢业业，呕心沥血。

寒窗四载，其间苦乐酸甜，艰难曲折，非我一人独力所能支撑，我的同门好友杨震经常热心相助，同窗室友王志、张杰、朱天祥与我互相扶持，互相鼓励，凝聚了深厚友情。

我的家庭在我四载修读中鼎力支持，我的父母永远是我寒窗苦读的动力和依靠。母亲驾鹤西去，未能目睹为儿今日成就，让我抱憾终生。父亲年事已高，为儿不能膝下尽孝，深感愧疚。爱人与我同时攻读博士学位，2010 年顺利从厦门大学毕业，与我共同品阅春华秋实。儿子在我们开始攻读博士学位之时进入小学，学习优秀，快乐成长，是我们一家的骄傲。

本书的出版得到了云南财经大学“引进人才”项目的大力资助。社会科学文献出版社的编辑及相关的同志为本书的出版付出了辛勤的劳动，在此一并致谢。

由于时间和个人能力有限，书中难免存在缺漏或瑕疵，恳请各位专家和读者指正。

刘美武

2014 年 5 月 15 日

图书在版编目(CIP)数据

重叠机制视域下的非洲国际减贫机制/刘美武著. —北京:社会科学文献出版社，2014.8
(云南财经大学前沿研究丛书)
ISBN 978-7-5097-6342-1

Ⅰ.①重… Ⅱ.①刘… Ⅲ.①贫困问题-研究-非洲 Ⅳ.①F140.47

中国版本图书馆 CIP 数据核字(2014)第 178766 号

·云南财经大学前沿研究丛书·
重叠机制视域下的非洲国际减贫机制

著　　者/刘美武

出 版 人/谢寿光
出 版 者/社会科学文献出版社
地　　址/北京市西城区北三环中路甲 29 号院 3 号楼华龙大厦
邮政编码/100029

责任部门/经济与管理出版中心(010)59367226　　责任编辑/蔡莎莎
电子信箱/caijingbu@ssap.cn　　责任校对/师军革
项目统筹/恽　薇　蔡莎莎　　责任印制/岳　阳
经　　销/社会科学文献出版社市场营销中心(010)59367081　59367089
读者服务/读者服务中心(010)59367028

印　　装/北京季蜂印刷有限公司
开　　本/787mm×1092mm　1/16　　印　　张/22.5
版　　次/2014 年 8 月第 1 版　　字　　数/269 千字
印　　次/2014 年 8 月第 1 次印刷
书　　号/ISBN 978-7-5097-6342-1
定　　价/79.00 元